高职高专会展专业新形态教材

会展基础

谢维光　徐艳红 主 编
杨　娇　吴艳林 副主编

清华大学出版社
北京

内 容 简 介

本书是会展相关专业的入门教材。全书内容包括初识会展、会展业与会展经济、展览会、会议、节事活动、奖励旅游、会展场馆设计与管理服务、会展行业管理、数字化会展九个项目。

本书注重知识的科学性与前沿性，紧紧围绕新时代特征，突出理念创新、体例创新、内容创新。本书项目任务式设计，增添师生互动；丰富新颖的案例，拓宽学生视野；二维码多媒体呈现，提高学习趣味；学界观点业界经验有机融入，理实一体，知行合一；配套微课、课件等资源，提升学习效果。

本书可作为高职高专会展相关专业会展概论、会展基础等课程的教材，也可供中职、本科相关专业选用，还可作为行业的培训、自学和参考资料。

图书在版编目(CIP)数据

会展基础 / 谢维光，徐艳红主编. -- 北京 : 清华
大学出版社，2025. 6. -- (高职高专会展专业新形态
教材). -- ISBN 978-7-302-69314-7

Ⅰ. G245

中国国家版本馆CIP数据核字第2025RQ4513号

责任编辑：施 猛 张 敏
封面设计：常雪影
版式设计：方加青
责任校对：成凤进
责任印制：刘 菲

出版发行：清华大学出版社
　　　　网　　　址：https://www.tup.com.cn，https://www.wqxuetang.com
　　　　地　　　址：北京清华大学学研大厦 A 座　　　　邮　　编：100084
　　　　社 总 机：010-83470000　　　　　　　　　　邮　　购：010-62786544
　　　　投稿与读者服务：010-62776969，c-service@tup.tsinghua.edu.cn
　　　　质 量 反 馈：010-62772015，zhiliang@tup.tsinghua.edu.cn
印 装 者：北京鑫海金澳胶印有限公司
经　　销：全国新华书店
开　　本：185mm×260mm　　　印　　张：14.5　　　字　　数：326 千字
版　　次：2025 年 6 月第 1 版　　　印　　次：2025 年 6 月第 1 次印刷
定　　价：49.00 元

产品编号：097390-01

前　言

随着全球化的不断深入和市场经济的快速发展，有"触摸世界的窗口""城市的面包和奶酪""无烟产业""旅游业皇冠上的宝石"等美誉的会展业作为一种新兴产业，在国内外呈现蓬勃的发展态势。会展不仅仅是商品展示和交易的场所，更是信息交流、思想碰撞、业务拓展的重要平台。如今，会展已经成为连接生产与消费、供给与需求的重要桥梁，对于推动区域经济发展、提升城市形象、增强企业间的交流与合作具有不可替代的作用。

21世纪，中国的会展经济跑入快车道，会展活动的数量不断增长，质量不断提升。北京奥运会、上海世博会、南京青奥会、北京亚太经济合作组织会议、中国国际进口博览会、世界互联网大会、G20峰会、北京冬奥会、成都世界大学生夏季运动会、杭州亚运会等成功举办，令人叹为观止。截至2024年底，中国有265个展会项目通过了UFI的认证，同比增长超过20%；UFI会员单位253家，同比增长10%，中国已成为亚洲最大的会展市场。随着互联网、移动互联网、区块链、VR、AR、AI、大数据技术应用，会展经济发展突飞猛进、日新月异、前景无限。

面对会展业发展的大趋势，会展教育迎来巨大机遇和挑战，其中教材建设作为会展教育的重要组成部分，也面临着新的考验。概论、导论、基础等入门类教材在内容上偏重会展基础理论知识和行业基本认知层面，容易出现新鲜度不足、趣味性差、感染力匮乏、互动性欠缺等问题，影响教学效果。针对上述问题，本教材编写团队采取了以下三点策略。

在表现形式上，撷取案例新颖，图文并茂，通过二维码等多样化方式拓展教材物理空间，开阔学生视野，发散学生思维，让学生尽享知识字符的律动，感受理论内容的多彩，沉浸式体验产业魅力。

在体系架构上，精心设计了"学习目标+引导案例——知识精讲——知识检测+实战训练"三段式教学模式。首先通过引导案例引入知识点、激发学习兴趣，然后细致讲解理论知识、分析经典案例、强化知识理解，最后通过检测与实操帮助学生亲近产业，在实践中巩固知识、提升技能。每章末设置"岗课赛证融通"板块，提升综合育人成效。

在创新意识和价值引领上，设置"做一做""资料卡""微案例"等板块，让学生知晓产业、热爱产业、投身产业，鼓励学生开阔视野、探索新知，培养学生以技傍身、以用立业，启迪学生以爱兴产、以德立身。

本书由义乌工商职业技术学院谢维光、佳木斯大学徐艳红担任主编，义乌工商职业技术学院杨娇、吴艳林担任副主编。其中谢维光负责总策划、统筹、审定，并编写项目一、项目二，杨娇编写项目三、项目八，徐艳红编写项目四~项目六，吴艳林编写项目七，义乌工商职业技术学院尹莹、朱晨明编写项目九，义乌工商职业技术学院张杰丽参与编写项目一，义乌国际商贸学校王萍参与编写项目二，义乌工商职业技术学院钟可嘉负责全书"岗课赛证融通"、附录的编写和课件制作。参编人员来自中职、高职、本科学校，注重中职、高职、本科层次贯通。

本书注重校企合作、产教融合，编写过程中得到杭州国际博览中心、义乌中国小商品城展览有限公司、上海喜马拉雅科技有限公司、义乌市自贸区产教融合体的大力支持，是义乌工商职业技术学院与义乌中国小商品城展览有限公司共建现代产业学院"商城国际会展学院"重要成果，是浙江省高职教育"十四五"教学改革项目"基于现代职业教育体系的中高职课程衔接体系建设研究"(JG20230227)、"新质生产力背景下会展专业群校企互嵌式产教深度融合路径探索与实践"(JG20240240)、义乌自由贸易发展区市域产教联合体课题"义乌市会展数字化水平现状与高质量发展策略"(2024084)、义乌工商职业技术学院2022校级教材项目成果。在编写本书的过程中，我们得到了众多行业人士和专家学者的大力支持与帮助，他们提供的宝贵行业经验和专业见解，使得本书的内容更加贴近实际，更具指导意义，在此表示衷心的感谢。

本书配套资料扫描下方二维码获取。

本书适用于会展相关专业，可作为会展概论、会展基础等专业课程的教材，中高职一体化、高职高专、本科等学历教育以及行业培训也可选用，同时可作为广大社会人士了解和学习会展基础理论知识、掌握基本会展实践技能的通用读本。

由于编者水平有限，书中难免存在欠妥之处，恳请广大读者不吝指正，万分感激。会展行业的不断发展变化，会展知识、理论与实践需要与时俱进，我们诚挚地希望读者在使用过程中，能够提出宝贵的意见和建议，以便我们不断完善和更新内容，共同推动会展行业的进步与发展。反馈邮箱：shim@tup.tsinghua.edu.cn

谢维光

2025年2月

目 录

项目一
初识会展

学习目标

知识目标：了解会展的概念、会展发展历程和会展的特点；掌握会展的类型；掌握会展的功能。

能力目标：能够分辨不同类型的会展活动；能够开展身边会展活动调查。

素质目标：强大自身实力，敢于展示自我；投身会展行业，讲好中国故事。

引导案例

广交会——"中国第一展"

中国进出口商品交易会(The China Import and Export Fair，简称广交会)，创办于1957年4月25日，每年春秋两季在广州举办，由中国对外贸易中心承办，是中国历史最长、层次最高、规模最大、商品种类最全、到会采购商最多且分布国别地区最广、成交量最高的综合性国际贸易盛会，被誉为"中国第一展"。

2024年4月15日至5月5日，第135届中国进出口商品交易会在广州举办，本届广交会展览面积是155万平方米，有2.86万家企业参加出口展，其中新参展的企业超过4 300家。有680家企业参加广交会的进口展。2024年4月23日至4月27日，第135届广交会第二期举办。此期广交会以"品质家居"为主题，集中展示家庭用品、礼品及装饰品、建材及家具，这三大板块共15个展区，线下参展企业9 820家，其中进口展有来自30个国家和地区的220家企业参展。2024年5月1日至5月5日，第135届广交会第三期举办，以"美好生活"为主题，集中展示玩具及孕婴童、时尚、家用纺织品、文具、健康休闲五大板块，共有21个展区，线下参展企业11 495家，其中进口展参展企业262家，来自29个国家和地区。2024年5月5日，第135届广交会圆满闭幕。

境外采购商到会人数创历史新高，共有来自215个国家和地区的24.6万名境外采购商在线下参会，比上届增长24.5%，刷新纪录。其中，共建"一带一路"国家采购商16万人，增长25.1%；RCEP成员国采购商6.1万人，增长25.5%；金砖国家采购商5.2万人，增长27.6%；欧美采购商5万人，增长10.7%。中美总商会、英国48家集团俱乐部、加中贸易理事会、土耳其伊斯坦布尔商会、马来西亚中国总商会、澳大利亚维州建筑业协会等119家工商机构组团参会。美国沃尔玛、法国欧尚、英国特易购、德国麦德龙、瑞典宜家、墨西哥科佩尔、日本似鸟等226家跨国头部企业组织买手参会。境外采购商对本届广交会给予高度评价，认为中国有最棒的供应链，广交会是其实现一站式采购的最佳平台。

新质生产力激发外贸新动能。本届广交会参展企业现场展示新品超100万件，举办334场新品首发首展首秀活动。企业在线上平台累计上传展品超254万件，其中新产品66万件、智能产品10万件、绿色低碳产品40万件、自主知识产权产品21万件。广交会上，新产品、新技术、新材料、新工艺、新创意层出不穷，涌现出更多高端、智能、绿色、低碳的产品，彰显了"中国智造"的硬实力，为外贸发展注入新活力。

进口展为境外企业拓展新空间。本届广交会进口展共有来自50个国家和地区的680家企业参展，其中共建"一带一路"国家参展企业占比64%。众多国际知名企业在广交会集中展示智能制造和优质家居消费类产品，吸引了全球采购商洽谈合作。

重要展团捷报频传，满载而归。韩国、日本、马来西亚等展团参展企业在现场与中国企业签下多个订单。土耳其、韩国、日本、马来西亚、印度等展团拟下届继续组团参展，部分展团考虑扩大题材范围。进口展参展企业表示，广交会为世界各国企业共享中国机遇、开拓全球市场提供了宝贵平台，每次来广交会都能感受到创新与活力。

线上平台运行平稳。本届广交会线上参会境外采购商40.8万人，来自全球229个国家和地区。参展企业店铺累计访问量341.2万次，其中出口展参展企业店铺累计访问量337.6万次，进口展参展企业店铺累计访问量3.6万次。参展企业累计连线展示1 291场次，共1.72万人次观看。本届广交会线上平台加大了连线展示、VR看厂、3D摄影等数字技术和智能引流，企业反馈询盘的采购商数量明显增长。

综合功能作用持续彰显。本届广交会着力打造集贸易对接、资讯交流、设计创新、贸易服务于一体的多功能综合平台。本届广交会成功举办264场"贸易之桥"广交会全球推广及供采对接系列活动，其中249场供采对接系列活动吸引了420家采购商和1 420家供应商"一对一"对接洽谈，意向采购金额超3.4亿美元。本届广交会设立粤港澳大湾区"9+2"城市进出口经贸活动区，为大湾区参展参会企业提供经贸合作交流服务。本届广交会还举办12场主题行业活动，涵盖新质生产力与行业高质量发展、新渠道新模式赋能高质量出海、全球市场战略新机遇、知识产权保护等主题。广交会产品设计与贸易促进中心(PDC)共有来自8个国家和地区的103家设计公司参加设计对接，较上届增长13%。贸易服务区引进230家企业参展，线上线下提供金融保险、物流仓储、检测认证等服务。本届广交会首次设立跨境电商和海外仓展示区，11个省份组织5个跨境电商综试区、150家跨境电商和海外仓企业参展，通过发展贸易新业态为中小企业"出海"创造新机遇。

知识产权保护效能持续提升。本届广交会继续以高标准做好知识产权保护和贸易纠纷处理工作，线上线下受理知识产权投诉案件涉及被投诉企业共计389家，最终认定179家企业构成涉嫌侵权；受理、调解贸易纠纷28宗，达成和解20宗。广交会高效的知识产权保护，不仅为企业创新发展保驾护航，也进一步增强了国际社会与中国开展经贸往来、互利合作的信心。

展会服务保障受到各方肯定。本届广交会100%推行绿色布撤展，100%使用绿色电力，多渠道开展绿色展台、场馆安全、展览运营等三项国家标准宣贯工作，推动绿色发展成果落地转化。本届广交会累计办证70.7万张，进馆客流量308万人次，进馆人数193万人，进馆车辆4.5万辆次，供餐113万人次，搭建展位7.4万个，铺设地毯104万平方米，设置导向标识约6万个①。面对连续强降雨等极端天气和超大规模人流、物流、车流带来的严峻挑战，在商务部和广东省政府有力领导下，在广州市等有关方面大力支持下，广交会迅速启动应急预案，加强保障力量，延长布展时间，增设防雨设施，加快进馆安检速度，推出一系列人性化服务，办证、交通、餐饮、现场服务、撤换展等各环节均经受住了考验，整体服务安全有序，得到全球展客商肯定，他们表示"在广交会上感受到了家的温暖"。本届广交会还举办了英歌舞等非遗表演和音乐剧《广交天下》展演，首次推出广交会美食街，升级打造广交会音乐美食节，精心为境外采购商设计系列文商旅线路，让中外客商在做生意之余领略了中华文化的独特魅力，感叹"不虚此行"。

资料来源：作者根据网络资料整理。

敲黑板 划重点

在现代社会，会展已成为不可或缺的重要活动。会展不仅是商品与服务的展示平台，更是思想交流、文化碰撞的窗口。它对经济社会的发展具有显著的助推作用，通过汇聚各类资源，促进商贸合作，推动产业升级。会展还能提升城市形象，增强城市吸引力，进而带动相关产业的发展。因此，会展不仅是经济的催化剂，更是社会进步的助推器，为经济社会的全面发展注入源源不断的活力。

知识精讲

任务一 了解会展

一、会展的概念

从传统意义上，会展是指会议和展览活动，随着时代的发展，会展的内涵也与时俱进，其含义不断发展变化。

一种观点是狭义的，即会展仅包括会议和展览会。这是会展的早期概念。欧洲是会展的发源地，在欧洲，会展被称为C&E(convention and exposition，会议与展览)或者M&E(meeting and exposition，会议与展览)。

---
① 数据引自广东省商务厅官网。

另一种是广义的,即会展指MICE或MICEE,M表示corporate meetings,公司业务会议;I表示incentive tour programs,奖励旅游;C表示conventions,协会或社团组织会议;E表示exhibitions,展览;E表示events,节事活动,如节日庆典、体育运动会、文艺演出等。

在国内,徐静、高跃认为,会展是指在一定地域空间,短时间内由多个人聚集在一起形成的集体性的物质和文化交流活动,主要由会议、奖励旅游、展览和节事活动四类活动组成。刘存绪、邱云、彭白桦等认为,会展是指在一定地域空间,许多人聚集在一起形成的、定期或不定期的、制度或非制度的传递和交流信息的群众性社会活动,包括各种类型的博览会、展览展销活动、大型会议、体育竞技活动、文化活动、节庆活动等。高峻、张健康认为,会展就是在某一预定的时空内举行的公司会议、奖励旅游、协会和社团组织的会议、展览会(包括交易会、博览会等)以及各种节事活动(包括各种大型活动,如奥运会,节庆活动等)的总称。上述定义中所说的“空间”是指活动必须有特定的目的地或场地,这一目的地或场地可以是有形的、实体的,也可以是无形的、虚拟的;“集体性”是指活动要有一定的规模,有一定的影响力;“物质和文化”是指活动的承载物,可以是物质形态,如展品,也可以是精神形态,如会议主题;“交流”是指活动目的。

关于会展的定义多种多样,不胜枚举,学界很难达成共识,同时与业界观点存在差异。杨琪在深入剖析了国内外会展相关概念和会展发展实践的基础上,对会展提出更科学的认识:“会展属于活动的范畴。活动是一个应用十分广泛的概念,可以是个人的活动,也可以是集体的活动,可以是有主题的活动,还可以是无主题的活动,不一而足。会展活动只是其中的一部分,只有同时具备集体性、和平性、组织性和计划性、一次性或临时性、主题性等五个方面的条件,才属于会展活动的范畴。”

其中,集体性,是指三人以上参与,而不是一两个人参与;和平性,是指友好和平的活动,而不是暴力恐怖和对抗性活动;组织性和计划性,是指会展活动不是临时突发的事情,而是有组织有计划地安排;一次性或临时性,是指会展活动并非一个日常性的工作,有时间的起点和终点,活动结束,事情也就随之结束;主题性,是指会展活动都是有主题的,有一定的目的的活动,而不是毫无目的的自发行为。因此,会展是指有计划有组织地按照特定主题和程序进行的一次性或临时性的集体和平活动。

准确理解会展概念,需要注意以下三点。

第一,大会展、会展概念的广义和狭义定义等都是不严谨的。

现在一些教科书中采用“大会展”说法或广义和狭义会展的说法。从逻辑上讲,一个字义明确的概念,具有明晰的内涵和外延,有什么样的内涵界定就会有确定的外延。在使用过程中,如果把不符合这个概念内涵的事物归入,就违背了逻辑上的“同一性”原则。

这些说法都是建立在“会展就是会议和展览”的观点基础之上的。事实上,我国最早出版的会展学术著作——保健云、徐梅的《会展经济》一书,就没有广义和狭义会展的说法,也没有“大会展”的说法。该书指出:“会展是会议、展览、展销等集体性活动的简称，是指在一定地域空间，由多个人集聚在一起形成的，定期或不定期的，制度或非制度的集体性和平活动。它包括各种类型的大型会议、展览展销活动、体育竞技运动、集中性商品交易活动等，例如各种展览会、博览会、体育运动会、大型国际会展、交易会等。交易会、博览会、展销会及各种大型体育运动会是会展活动的基本形式。"尽管这个定义在内涵表述上还很宽泛，界定还不够完善，但是至少说明两点：一是会展概念并不是一开始就有广义和狭义的说法；二是会展概念在最早的学术著作中就涵盖了会议、展览和各种大型体育运动会、竞技活动等，并非有人所认为的"会展就是会议和展览的简称"。

从字义来看，会展是"会"和"展"组成的合成词，如果把"会"解释成"会议"，就大大缩小了"会"的外延，如果把"会"理解为"集会"，自然就包括会议、展览和节庆活动等各种主题性和平活动了。

既然会展概念在内涵上有了明确的界定，外延上必然要与内涵完全一致，不能节外生枝，没有必要分出一个广义和狭义来。"大会展"只是一个口头语，并非学术概念，尽管在实践中有利于传播会展理念，让那些从事演艺、赛事、节庆活动的人逐渐产生会展行业的归属感，但是从学术上看，它不是一个严谨的表述，是需要引起学者们注意的。

第二，行业管理与学术界定是有区别的。

虽然会展概念涵盖了会议、展览、节庆、体育、赛事等多方面，但是并不意味在行业管理上就必须按照理论逻辑统一管理。随着社会的发展，行业细分程度越来越高，行业管理具体而微，不能泛化。有很多地方性行业组织只负责协调会议与展览业行业事务，不负责节庆活动、体育活动等事务，为了避免误会，就取名为"会议展览业协会"。有很多地方成立了节庆行业协会、婚庆行业协会、演艺行业协会等。由于各行各业都有会展，国家目前还没有统一的会展管理机构，各个职能部门只能在自己职责范围内实施管理工作。商务部出台促进展览业发展的政策文件，并不意味着会展业就是展览业；文化与旅游部出台文件，推动会展旅游事业，也不意味着会展业就是会展旅游。国家机构在自身职责范围内管理跨行业的交叉产业活动，这是非常常见的社会现象，不必以偏概全。

第三，会展、活动和"event(事件、活动)"的区别与联系。

有人认为，会展就是会议和展览，如果加上各种活动，就是大会展。西方没有会展这个词，要么是单独使用会议和展览的概念，要么是使用"event"的概念。因此，中国有会展专业，没有活动管理专业；西方没有会展专业，而有活动管理专业。在我国，"会展"概念直到20世纪末才被提出，至今才20多年。

活动概念有宏观、中观和微观的用法。活动可以指运动，物质运动过程可以用"活动"来表达，比如太阳黑子活动现象；可以指动物的运动现象，比如附近狼群活动频繁；还可以指人的活动，尤其是指人有目的的行动，比如每天早晨出门活动、举办生日宴会活动、开展联谊活动、举行会议活动、举办啤酒节活动、举办游园灯会活动等。人的活动中，有单独行动，这是个人活动；有集体行动，这是集体活动；有的是和平活动，有的是暴力活动、恐怖活动；有的是有计划的活动，有的是没有计划的、突发的活动；有的活动有主题，有的没主题；虽然从"有目的的行动"角度来看，工作本身就是人的社会活动，但是，我们一般不把"工作"称为"活动"，而把那些临时的、主题性的、集体性的和平交流称为活动。因此，相对于日常工作而言，单位举办的表彰活动、培训活动、会议活动、体育活动、文艺活动等，都用"活动"来概括，与常规的工作区分开来。可见，活动的概念存在广义和狭义的用法。

在中国，"活动"一词一开始并不是书面语，在1915年的《辞源》(正续编合订本)中就没有收录这个词，它是后来汉语白话发展的产物。在中国传统社会生活中，称这种有主题、有计划、有组织的活动为"事"，有和平性的集体活动，比如红白喜事；也有发动对抗性的集体活动，叫"起事"。

在英语中，会议、展览、活动等都有对应的具体的词汇，表达"会展"的一般方式主要有两种：一是用数个具体词汇的首字母拼合成新的合成代码，英语中这类表达有M&E、MICE、MEEC等，这样的代码还不能算是严格意义的单词，只能算是一个过渡；二是用一般性的词汇。表达会展与活动的一般性词汇主要有两个，即meeting和event。各种具体会议的单词，如conference、congress、convention、forum、summit、workshop等都可以用meeting来解释，可见meeting是关于集会的一般性概念。但是，meeting没有展示展览的意味。event则是外延比meeting更广的概念，相当于中国传统中的"事"，可以是和平的event，也可以是对抗性的event；可以是有计划的event，还可以是突发的event；可以是与人相关的event，也可以是物理的event，这些都相当于今天讲的"活动"。

但是，"event management"所讲的event既不是广义的人的活动、物理的活动，也不是指无计划的、突发的活动，更不是指恐怖的、暴力的冲突活动，而是指有计划的、和平的、集体的、有主题的、临时的活动。为了和一般性的"event"有所区别，西方学者"event management"中的event是特殊活动"special event"的意思，也有学者将其译作特殊事件。但是特殊活动只是口头上的区分，不是一个严谨的学术概念。所以，Donald Getz等在《Event Studies》一书中明确指出，Event studies的对象就是planned events，范围包括"individual celebrations and community festivals, sports, business meetings and exhibitions, mega events"。也就是说，event management所讲对象和我们讲的会展管理的对象是相同的。

另外，不赞成用"活动管理"来替代"会展管理"，原因如下所述。

首先，一个专门行业的母概念，是理论基础的基础，必须有区分度。读者可以据此进行识别。活动是一个应用极为广泛的概念，在各种学术成果的标题中都有这个词汇，无法成为一个有区别度的检索词，在学术论文数据库中检索"活动"，无法找到自己需要的文章。

其次，"活动"一词有广义和狭义的用法，在一个专业话语体系中容易引起混乱，而"会展"概念中，"会"就是指同时具备前文所讲5个要件(有计划的、和平的、集体的、有主题的、临时的)的集体活动，"展"则正好补充了"会"所不具备的展示等艺术手段方面的意涵，不存在广义和狭义的用法，不会造成概念混乱。

最后，西方活动管理所指的"活动"与会展所指的活动，具有高度的重合性，可以在一般性用法上通用，event management不必硬译成活动管理。至于用"事件"和"事件管理"的概念来翻译event和event management，并不符合中国人的汉语习惯用法，"事件"是指比较重大、对一定的人群会产生一定影响的事情。虽然event相当于汉语中的"事"，但是在翻译中需要灵活处理。如果作为event management或event industry使用，还是翻译成"会展产业"相对合理一些。

做一做

会展与展会是不是一回事？

二、会展的特点

(一) 集聚性

会展活动的突出特点之一就是"集聚"，即在一定时间里，人流、物流和信息流集中于某一特定的地域空间，这将提高资源的利用效率，节省生产成本，形成聚集经济效应。以展览会和会议为例，主办者通过各种方式和途径，邀请众多的参展商将大量的展品集中在一个经过特殊设计的展厅内进行展示，吸引了大量的观众来参加；或者把分布于各地

微课一

的各界精英集中到一起举行会议。这些都是产品、信息、人员在短时间内的集聚。会展活动是否成功关键要看是否能吸引和集合尽可能多的参与者进行交流和体验，并通过面对面的交流与体验来促进各方进一步的创新与消费。因此，会展组织者需要聚集大量的信息、大量的目标观众和专业公司，从而形成短时间内以场馆为汇聚中心的人流与物流，并通过网络、媒体、通信等现代媒体平台形成信息流，通过金融平台形成资金流。集聚性是会展产业活动的重要特征之一。正因为会展具有集聚性，会展活动才成为各行各业开展信息交流、产品体验与销售的重要平台，以会展活动为中心的平台在短时间内便迅速汇聚了各种相关的产业活动，产生了巨大的广告效应、经济效应和文化效应。也正是因为会展产品具有很好的集聚性的特点，能够为参与者提供大量有价值的信息和机会，才催生了会展市场，使会展产业得到飞速发展。

(二) 综合性

一个大型综合性会展活动往往覆盖全产业领域，影响深远。会展活动作为一种高度综合性的社会活动形式，其综合性体现在多个维度上。第一，从行业覆盖来看，会展活动往往跨越不同领域，汇聚了众多行业与企业的精华，无论是科技、文化、艺术还是商贸，

都能在会展活动中找到自己的舞台。这种跨行业的特性使得会展成为一个信息交流与资源共享的平台，促进了各行业的融合与创新。第二，会展活动的综合性还表现在其功能的多样性上。会展活动不仅是产品展示和交易的载体，更是融合品牌推广、市场调研、文化交流、教育普及等多功能于一体的综合平台。通过会展活动，企业可以展示最新产品和技术，了解市场需求，寻找合作伙伴；而公众则可以在此获取新知，体验创新，增进对各行业发展的了解。第三，会展活动的筹备与执行也是一个高度综合的过程，涉及市场营销、物流管理、现场布置、客户服务等多个环节，需要专业的团队和细致的规划来确保活动的顺利进行。这种综合性的运作机制不仅考验着组织者的能力，也为相关服务行业提供了广阔的发展空间。

(三) 创新性

会展活动是新产品、新技术、新信息展现的活动。没有"新"，会展就失去了应有的吸引力，就很难吸引观众到现场参与。只有超前地、全面地、专业地通过会议和展览来讨论和展示社会、科学技术和工农业生产等各个领域的发展趋势和最新成果，才能使会展活动真正起到推广和展示新技术、新产品、新观念和新知识的作用。只有不断带来新的信息、产品和技术，才能在会展活动中反映各行各业最新的发展动态，才能使会展活动充满生机和活力。对于会展业来说，创新性是其生命所在。会展公司所提供的产品中既有非周期性的会务展览服务，也有周期性的会展产品。不论是周期性产品还是非周期性的产品，要使客户满意，就必须"创新"，包括产品主题的创新、展示形式的创新、技术的创新、沟通手段的创新、艺术表现的创新、策划的创新等多个方面。会展业关系复杂，既涉及企业部门，还涉及政府组织和非政府组织，国家在保障产业发展上尤其需要从战略制定、资金调配、人员培养等各方面提供创新的制度保障，使产业部门在复杂的市场环境和国际环境下做好充分的准备，不断求新求变。

(四) 技术性和艺术性

会展活动作为现代社会经济与文化交流的重要平台，其成功举办不仅依赖于严谨的技术性支撑，还蕴含着深厚的艺术性表达。技术性是会展活动的基石，它确保了活动的顺利进行与高效管理。技术性体现在场地规划、布局设计、设备配置、网络通信、安全监控等多个方面。先进的技术手段(如智能化管理系统、虚拟现实(VR)、增强现实(AR)等)能够极大地提升参展者的体验，使信息传递更加直观、具有互动性，同时也为会展组织者提供了更为便捷的管理工具。而艺术性是会展活动的灵魂，它赋予活动独特的魅力与深度，吸引人们前来参与并留下深刻印象。艺术性体现在会展的主题策划、视觉设计、展品陈列、空间氛围营造等各个环节。通过有创意的设计理念、和谐的色彩搭配、富有感染力的光影效果，以及精心编排的活动程序等艺术性表达，会展不仅仅能成为一个展示产品或服务的平台，更能成为一场视觉与情感的盛宴，激发观众的情感共鸣与思维碰撞。

(五) 空间差异性

会展活动在地理和经济区域分布上极不均衡，存在较大差异。从经济发展水平分布上，国际会展活动集中于发达国家和地区；从地域分布上，集中于欧洲和美国等国家和地区。这些国家和地区的会展业发展明显领先于广大发展中国家和地区。这种差异性源于社会经济发展水平的差异，因为会展发展需要以较为雄厚的经济实力和物质条件为基础。近年来，中国会展业发展迅猛，令全世界瞩目。不同地区的会展活动往往受到当地经济发展水平、产业结构、市场需求等地理因素的影响，呈现明显的地域特色。例如，沿海城市的会展活动可能更加侧重于国际贸易和海洋经济，而内陆城市可能更关注农业、制造业等领域。

做一做

收集一个品牌展会的资料，分析其是如何不断创新的。

任务二　厘清会展的起源与发展

一、会展的早期阶段

不论是集市，还是庙会，起源都很早，都与会展有着直接的关系。

会展的由来可以追溯到开始使用工具的原始社会。工具的使用、劳动技能提高等因素促进了生产力的发展，使人们有了剩余物品，进而就产生了以物易物的想法，随之又出现了交换场所。在古代农耕社会，人们往往在庆祝丰收、进行宗教仪式活动、欢度喜庆的节日里开展交易活动，其场所不固定，规模也很小，属自发行为，交换方式是以物易物，这便是会展的原始时期。

随着社会和经济的发展，产品日渐丰富，交换次数增加，逐渐形成了定期的、有固定场所的、以物品交换为目的展示及贸易的集会，这种集会称为集市和庙会。这便是展览会的雏形。

所谓集市，就是在固定的地点，人们定期或不定期地集中做买卖的市场。这个市场是由农民(也包括渔民、牧民等)以及其他小生产者为交换产品而自发形成的。这是传统的展览会的形式之一。

所谓庙会，也是一种传统的展览会形式，即在寺庙或祭祀场所内或附近举办的交易活动。这种活动常常在祭祀日或规定的时间内举办，且主要集中在城镇。

不论是集市，还是庙会，起源都很早，也都与会展有着直接的关系。

1. 欧洲的集市

国外会展在公元前由欧洲商旅车队在旅途中展示各种商品演变而来，其发展之初可能是赶集式的短期市集或跳蚤市场。受市场需求及人为、天气等因素影响，集市无法在一固定的地点进行交易，所以车队迁移他处，过段时间再返回原地。在会展形成的初期，不存在有组织的集市，完全依赖买卖双方的约定，在节日或特殊日期相聚一地，而形成集市。

据史料记载，欧洲的集市最早出现在希腊，当时的集市是买卖奴隶。到了公元前700年，有了同奥林匹克运动会同时举行的常规集市。

还有人认为，集市出现于古罗马，古罗马的公民每天集会一次，同时举行集市交流。还有一种说法，展览起源于五世纪的欧洲，最早在德国，每次宗教集会结束后，人们在教堂附近的广场摆放各种物品进行交易，类似于我国的朝会集市。展览会的德语为Messe，Messe含有宗教弥撒的意思，这似乎说明展会可能源于宗教集会周边的集市。

会展行业起源于欧洲，可追溯至中世纪。古代欧洲(一般指公元5世纪后期到公元15世纪中期的中世纪欧洲)的代表展会为香槟集市(又译香槟博览会、香槟交易会)。香槟集市的起源可以追溯到法国墨洛温王朝时期(481至751年，系法兰克王国的第一个王朝)。基于过去数百年的实践，香槟集市从12世纪开始迎来全盛的时期。得益于11世纪开始的欧洲商业革命所带来的一系列成果，集市最终成为欧洲规模最大的国际性集市贸易展会。香槟集市最终的辉煌让香槟地区成为12至13世纪的欧洲经济核心，同时，为会展产业的发展提供了雏形。时任莱比锡城市博物馆总监福尔克尔·罗德坎普(Volker Rodekamp)把香槟集市的核心贡献总结为把相隔偏远的地区之间的长距离贸易加入了"稳定的时间间隔"和"固定的空间"两个维度。这里也隐藏了另一个展会雏形的关键核心，即展会的出现纯粹是为了贸易，准确来说，是大额交易的贸易集散。这使具有商业性质的会展行业从宗教祭祀、文化节庆等活动领域中区分出来。随着新的海陆贸易路线的开辟、法国政治的转变、意大利银行家的崛起以及一系列地区不稳定因素(如佛兰德和法国战争、英法百年战争等)的长时间蔓延，持续繁荣约两个世纪的香槟集市从14世纪初开始走向衰落，到14世纪中期已沦为地方性的集市展会。

2. 中国的集市和庙会

中国的集市和庙会历史悠久，始于神农氏、黄帝时代的上古时期。中国北方的黄河流域部落众多，男耕女织，若有富余，则易布、易粟，且交易规模不断扩大，因此，市因立之。黄帝、尧舜时代的制造业较发达，那时的产品主要有4种，即丝、陶、瓷、漆器。到了夏代又先后有了盐、金银铜三品、磨石、兽皮衣物等上百种产品。到了东汉，市场规模大、兴旺有序。

庙会多在宗教节日举行，原来是很多人聚集在寺庙求神拜佛，小生产者利用这一机会销售商品，因此形成了带有宗教色彩的集市，故称为庙会。庙会起源于唐代，繁荣于宋代。到了明清时期，社会的发展与市场的需求使庙会更加繁荣。北京的庙会颇具特色，土地庙、白塔寺、护国寺、隆福寺、崇国寺、火神庙等庙会在当时已颇具规模。这些庙会虽举办的时间不同，但其内容、活动方式、目的基本是一致的。从时间上讲，有常年开放的庙会，如苏州玄妙观、上海城隍庙、南京夫子庙的庙会；有一年开放一次的，如上海静安寺之浴佛节庙会。

中国古代的集市和庙会是自发形成和自然发展的。随着其规模的不断扩大，开始有人出面组织，由此形成了具有一定规模的集市和庙会，也可以说，这种集市和庙会具备了小型博览会的特点。但是不管怎么说，它也是展会的低级阶段，无法与现代的展会相比。

集市和庙会虽然是传统式的，但因为它适应了时代的发展，适应了生产力的发展，至今兴盛不衰，很多政府部门用现代化的组织手段，举办集市和庙会，以此来促进当地市场的繁荣和经济的发展。

如果把展览业的发展分阶段的话，集市和庙会便是它的早期阶段。

二、国外会展业的近现代史

(一) 近代时期

"地理大发现"拉开了第一轮经济全球化的序幕，形成了连接大西洋、太平洋、印度洋的国际市场，使国际展览得以形成。展会从纯粹区域性向跨地区、跨国界发展，出现了一批具有较大规模的展会城市，如莱比锡、法兰克福、米兰、巴黎、伦敦、阿姆斯特丹、巴塞尔、维也纳、萨络尼卡等。

产业革命的爆发和发展，电力、电话、火车、轮船等技术的发明与应用，使展览再也不能以旧的集市方式进行，由此催生了近代会展业。

1640年开始的英国工业革命，推动了欧洲经济乃至世界经济的发展，同时也促进了会展业的发展。从17世纪到19世纪，欧洲会展业发生了革命性的变化，出现了多种类型的展览。有展示性质的艺术展、工艺展，也有纯宣传性质的工业展，这种展会有着统一的规划和严密的组织，已经具备了工业展会的性质。

欧洲工业革命后世界各国举办的主要展会列举如下。

1765年，美国第一个展会在温索尔市诞生。

1778年，由法国政府出面组织举办了"工业产品大众展"，目的在于促进本国经济的发展。此次展会规模及宣传力度都很大，有110家参展商参展，展品是最新的工艺产品，该展会由此成为大型工业展览会的开端。

1791年，在布拉格首次举办了与集市相似，但只展不卖，以宣传、展出新产品和成交为目的的展览会。

1792年，加拿大尼亚加拉联邦的一个具有展示活动的会议的举办，标志着展会在加拿大的诞生。

1798年9月17至21日在香舍马赫(Champ de Mars)举办的"第六年展览会"是人类历史上的首次国家展览会。此后，法国又在1801年、1802年、1806年、1809年、1819年、1823

年、1827年、1834年、1839年、1844年，不定期地相继举办了多次工业展览会，并且展会规模越来越大。其中，1809年举办的一次展会参展商达4 532个，展出日期180天。当时各国实行国家保护主义，不邀请外国参展商参加，虽然规模较大，但仍属单个国家层面的。比利时在1820年和1824年分别在根特和图尔奈、美国1825年在哈林区、俄罗斯1829年在莫斯科、普鲁士1834年在柏林都举办了类似的展览会。

世界博览会的诞生，标志着旧贸易集市向标准的国际展览会过渡，并由此成为国际展览业发展的重要转折点。

1851年5月1日，英国举办了首届"万国工业展览会"。当时的英国政府通过外交途径邀请各国参加，参展国有28个，展示的商品长度有13公里，折合标准摊位达4 300个，总面积达4万平方米，展期161天，共吸引了630万人参展。

首届世界博览会的规模和意义都超出了一般的展会，除了充分展示了英国当时处于绝对领先地位的科学技术水平和经济实力外，更强调了国与国之间的经济合作和贸易往来，开创了国际合作和交流的新局面。

资料卡

水晶宫

水晶宫(见图1-1)是英国1851年举办的世界博览会的建筑场地，建筑面积约10万平方米、展位达17 000个，地点在伦敦的海德公园，设计者是约瑟夫·派克斯顿。派克斯顿运用以钢铁与玻璃建造花房温室的设计经验，大胆地把温室结构中的大面积玻璃应用在这次博览会的展厅设计中。展览大厅全部采用钢铁与玻璃架构，晶莹剔透，采光极好，故被人称为"水晶宫"。水晶宫是世界上最早的大型预制模块建筑，并在生产和制造过程中尽量使用机械化的方式，不仅节省人力成本，也使生产过程更加标准。同时，其设计也考虑到夏季通风、排水等诸多问题，预示着建筑物和城市基础设施合并的开始。

图1-1 首届世界博览会在英国伦敦"水晶宫"举办

此后，各国相继举办了类似展览会。1853年，美国在纽约举办了有23个国家参加的世界博览会，首次设立了农业展馆，开创了新的展览方式。

1855年，法国巴黎的世界博览会除了展出了独特新颖的展品(如名家、名画、铝制品、橡胶等)，还开创了外国首脑亲临展场的先例，不仅扩大了展会的影响，还提高了博览会的规格和档次，成为各国仿效的榜样。

1862年，英国的世博会增加了音乐会的形式，现场的世界名曲演奏既活跃了气氛，又增进了文化交流。以后的世博会都照此办理，在展览期间举办各类表演，还邀请参展国的文艺团体进行演出。

1867年，法国举办的博览会又出新招，让参展国搭建具有各国建筑风格的展览场馆，使展览场馆异彩纷呈。

1873年，奥地利举办了维也纳博览会。

1878年，法国再次举办大规模的世界博览会，电话、留声机在展会上亮相。更有意义的是，在这次世博会上还召开了一系列世界会议和各种学术会议，这种做法一直延续至今，并且成了博览会不可缺少的部分。

1880年，澳大利亚在墨尔本举办了博览会。

1883年，荷兰在阿姆斯特丹举办了博览会。

1886年，英国举行了伦敦殖民地与印度博览会，并首次打出了"帝国主义"的旗号。

1888年，西班牙在巴塞罗那举办了博览会。

1889年，法国为了纪念法国大革命100周年，举办了世界博览会，并特意建造了一座博览会铁塔——埃菲尔铁塔。此次博览会不仅吸引了3 200万观众，还在会场内设立了交通设施，解决了观众的交通问题。

1893年，美国芝加哥举办世博会，增设了妇女馆，主题是"妇女参加社会劳动，摆脱数百年来的附属地位"。五年后，在布鲁塞尔举办的博览会就有两部分是由妇女管理的。

(二) 现代时期

世界展览会的现代阶段表现为展览会的市场性和展示性相结合，形成贸易展览会和博览会。1894年，在德国莱比锡举办的莱比锡样品展览会标志着世界上第一个样品展会的诞生。至此，展览会成为产品流通的重要渠道。贸易展览会和博览会的发展过程可以分为三个时期：第一个时期是在两次世界大战期间，综合性质的贸易展览会和博览会迅速发展并成为主导形式；第二个时期是在第二次世界大战后，贸易展览会和博览会朝专业化方向发展并在欧洲占据了主导地位；第三个时期是20世纪60—80年代，此时期贸易展览会和博览会在世界范围内快速发展，成为一个庞大的行业，并形成完整的体系。

综合性贸易展览会和博览会的大发展始于第一次世界大战。第一次世界大战导致各国建立贸易壁垒，严重地损坏了1851年及以后的世界博览会促成的国际自由贸易环境，也不同程度地破坏了各国经济。因此，作为促进经济发展的一个重要手段，在第一次世界大战后，综合性贸易展览会和博览会获得很大发展。

法国里昂于1916年举办了里昂国际博览会。第一届里昂国际博览会有1 342个参展商，其中143个是外国展出者，分别来自瑞士、意大利和英国等国。1917年，举办了第二届里昂国际博览会，有2 169个参展商，其中424个来自外国。第一次世界大战后，里昂于1919年举办了第三届里昂国际博览会，有4 700个参展商，其中1 500个来自外国。

在德国，从1919—1924年，贸易展览会和博览会的数量从10个增加到112个。1924年全欧洲有214个贸易展览会和博览会。这一时期的贸易展览会和博览会的发展超出了经济需要的规模，展览界称之为"博览会流行病(fairsepidemic)"。展览会虽然数量多，但展出水平和经济效益在下降。1924年，国际商会在巴黎召开了国际展览会议。国际展览业协会(Union of International Fairs，UFI)于1925年在意大利米兰成立。

至此，贸易展览会和博览会在欧洲占据了统治地位，并形成一个完整的体系。宣传性质的工业展览会在欧洲基本消失，只剩下世界规模的"世界博览会"。

第二次世界大战后，技术更新和经济发展速度加快，工业分工越来越细，新产品层出不穷，综合贸易展览会和博览会很难全面、深入地反映专业水平和状况，贸易展览会和博览会开始朝专业化方向发展。1945年开始，贸易展览会和博览会专业化成为趋势并逐渐成为主导形式。消费展览会是向公众开放、展示消费品并直接向观众销售的展览会。这种展览会的主要作用是通过与消费者的直接接触来了解消费的趋势。另外，消费展览会也是一些消费品包括住宅、游艇、艺术品等销售的主要渠道。

专业展览会能够反映行业的整体发展状况，因此具有足够的市场价值。20世纪60年代，专业消费展览会从专业贸易展览会中分离出来。专业贸易展览会和博览会的发展带动了展览观念的变化。比如参展者和参观者越来越重视信息和技术交流，它的表现形式是展览会越来越普遍地伴随着讲座、研讨会、报告会等形式。

贸易展览会和博览会在全球范围内的大发展是在20世纪的60—80年代的30年里，其发展与经济和科技同步。贸易展览会和博览会到了21世纪初已使会展业成为一个成熟的行业。

在西欧、美国展览经济带动下，全球展览经济呈现全方位、多格局、高增长的发展格局。西欧展览经济以数量多、规模大、国际化程度高、贸易性强和管理先进而闻名于世。全世界300个最知名的、展出面积在3万平方米以上的专业贸易展览会中，约200个在西欧举办，占2/3。美国每年举办净展出面积超过500平方米的展览会约4 000个，总面积4 000多万平方米，参展商100多万个，观众超过7 000万人。以俄罗斯为中心的东欧国家，以中国、日本、新加坡为代表的亚洲国家以及澳大利亚等，是世界新兴的充满活力的展览市场。这些市场以专业门类齐全而引人注目，也是世界展览经济中最具发展潜力的市场。

三、中国会展业的近现代发展

(一) 1950年以前

1. 1851—1936年的展览

主要形式：集市

特征：展出农副产品和土特产

会展业的形成发展与经济活动的活跃息息相关，近现代的中国，经济十分落后，特别是工业非常不发达，占主流的是农耕经济。小农经济的显著特征是自给自足、小富即安，作为承担流通领域服务的会展业，在当时几乎没有用武之地。此时中国的展览活动主要表现为集市形式，在固定地点、定期举办的集市已基本具备了展览的性质和形式。集市在中国的历史非常悠久，古代的集市是市、集、庙会等多种形式的统称，集市上买卖的主要是农副产品和土特产。集市有多样的称呼形式，中国北方一般称为"集"，广东、福建等地称为"墟"，四川、贵州等地则称为"场"。不管如何称呼，它们的实质都是一样，参与者主要是农民和小手工业者，是生产者向消费者直接出售产品，或是生产者之间的产品流通。

不过，此时的中国除了参加一些国际大型展览活动外，也尝试举办了中国的商业博览会，掀开了中国展览会史的第一页。1851年，第一届世界博览会在英国伦敦"水晶宫"举办。中国商人徐荣村和一些在中国经商的外国商人，将丝绸、茶叶、中药材等中国传统出口商品运往世博会，并一举荣获金、银大奖。此后的每一届世博会，中国官方和民间商人都组团参展。1904年的美国圣路易斯世博会，清政府派出以贝子溥伦为首的代表团，并在圣路易斯修建了中国馆和中国村，此举被外媒称为"中国政府正式登上世博会舞台"。

此后，中国本土对展览活动的探索和尝试慢慢增多。1905年，清政府正式颁布《出洋赛会通行简章》20条，鼓励各省商家"精择物品"，踊跃参赛，同时在北京设立"京师劝工陈列所"；1909年，武昌设立"武汉劝业奖进会"；1910年，南京设立"南洋劝业会"；1921年，南京设立"商品陈列所"(又称物品展览会)；1926年，上海开设"中华国货展览会"；1929年，杭州开设"西湖博览会"，据称此次博览会的展品约15万件。1935年11月至1936年3月，中国艺术国际展览会(见图1-2)

图1-2 中国艺术国际展览会参展照片

在英国伦敦举办，这是中国第一次出国办展。该展会展出3 000余件商品，参观人数达42万。中国的瓷器、绸缎、茶叶畅销一时，中餐馆食客络绎不绝，在英国乃至欧洲都引起了巨大轰动。这些展览活动都是中国展览会的探索。

特别值得一提的是1910年南京的"南洋劝业会"，这是中国历史上第一个具有现代展览概念的商业博览会，它的空间布局设计合理(见图1-3)，组织规模水平都能与同期世界大型博览会相媲美。全国各地除内蒙古、西藏、新疆外提供了100多万件展品，共分24部420类。东南亚国家、英国、日本、美国和德国都有展品参展。展馆共32个，博览会历时近半年，参观人次达30多万。此次展览会是中国有史以来第一次举办的全国性博览会，起到了"开一时之风气，策异日之富强"的作用。

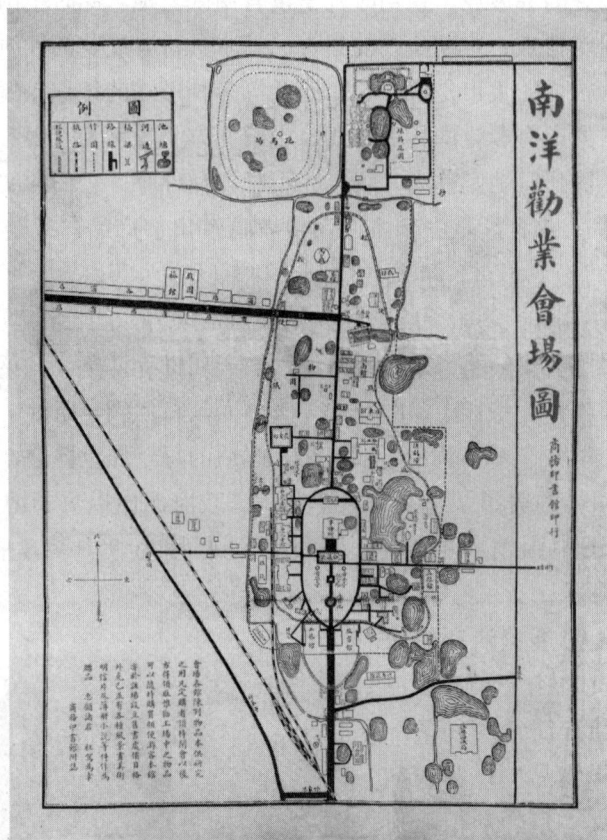

图1-3 南洋劝业会场图

在1851—1936年的80多年的时间里，中国参展的历届世博会以及国内的展览活动展出的基本都是中国传统的手工艺产品和土特产，如丝、茶、绸缎、器皿等。与同期世界强国展出的令人眼花缭乱的各类发明和工业品相比，中国在近代工业革命的历史潮流中已远远落后，这是不争的事实。同样，这一时期中国的会展业十分落后。

2. 1937—1949年的展览

主要形式：展览会

特征："官办"，政治宣传为主

抗日战争时期，由于日本帝国主义的入侵，刚发展起来的民族工业受到巨大破坏，各业经济凋敝。政局动荡、战乱不断，百姓流离失所，生活十分困苦。在当时抗日的主基调背景下，不少地方举办展览会，目的不仅仅是拉动相关产业发展，繁荣经济，更多的是配合当时的政治形势，显示成就，鼓舞士气，抵抗日本侵略。所以，那时的展览会所体现的不是经济功能，而是利用展览会来提升全国人民抗战的信心和决心。这一时期展览会的主要特征是"官办"，具有较强的政治功能和宣传意义。

抗日战争初期，国民党政府把"抗战必胜"寄希望于外援，"攘外必先安内"，对人民军队进行围剿。国民党政府办事效率低下，贪污腐败成风。此时的漫画工作者们以突击方式，举行了"漫画联展"，许多作品暴露了统治者的罪恶，传达出人民的呼声，因而博得广大群众的欢迎。这一类形式的展览会，先后在重庆、成都、昆明一连串地举行，一直持续到抗战胜利之后，其中特别以"猫国春秋"漫画展的影响最为突出。与此同时，大后方木刻工作者联合了延安的作家，于1943年和1946年分别举办了"第二届双十节全国木刻展览会"和"抗战八年木刻展览会"。中国人民的英勇战斗生活，通过木刻艺术，传递到美国、英国和印度，获得了这些国家广大人民的同情。

解放战争时期，国统区民不聊生，经济类型的展览基本没有，只举办过少数的文化性质展览，如摄影展览会。1945年9月，北平摄影学会为庆祝学会成立举办了影展，张印泉、蒋汉澄、张卓人、刘光华等均有作品参展，本次摄影展在全国起到了带头作用。上海摄影学会于1947年举办影展，参展的作品有300多件，北平摄影家张印泉、香港摄影家吴章建也有作品参加展出。1948年11月22日，上海中国摄影学会举行摄影作品展览，有382幅作品展出，参观者达数万人。1949年2月，昆明摄影家杨春洲在香港举行《杨春洲教授摄影展览会》，展出作品80余幅。据统计，1937年至1949年，陕甘宁解放区共举办了74个展览会。这些展览会对经济的发展起到一定促进作用，但在流通领域所起的作用不大，会展活动对整个社会经济发展的影响仍然十分有限。但这一时期政府的努力，对提高中国在国际上的地位、振奋民族精神起到了较大的促进作用。

(二) 1950年至今

会展业反映一个国家、地区甚至是全球经济和科技发展的历程和特点，同样，政治、经济和科技等因素也影响着会展业的进程。中华人民共和国成立后，会展业经历了4个阶段：起步、发展、飞跃、突破，每个阶段都体现着当时的政治体制和经济特色，见证着中国政治和经济的变迁。

1. 起步期：计划经济特征明显(1950—1977年)

1951年3月，在中华人民共和国成立不久的时候，中国首次参加了"莱比锡春季博览会"，这标志着新中国展览业发展的开端。1953年，刚成立一年的中国国际贸易促进委员会受政府委托，负责接待"德意志民主共和国工业展览会"来访，这是中华人民共和国成立后接待的第一个来华展览会。1956年春，中国贸促会主办的中国出口商品展览会在广州中苏友好大厦开幕(见图1-4)，即第一届广交会。1950—1977年，是中国会展业的起步期。

由于该时期实行的是计划经济体制，经济贸易不发达，产品的生产、交换、分配和消费都靠计划执行，经济贸易型展览在国内市场缺乏存在和发展的土壤，只有极个别的展览会是贸易性质的，如"中国进出口商品交易会"(即广交会)。这个时期的展览也具有浓厚的"官办"性质，由中国国际贸易促进委员会代表国家主办出国展览，当时的展览包括接待来华展览及参加国际博览会。

图1-4　第一届中国出口商品展览会开幕式现场

1953—1977年的20多年间，中国共接待了100多个外国单独来华展览会。总而言之，该时期展览会数量不多，组织水平和专业化程度很低，会展业及相关产业的经营意识还未形成，国家尚未将展览作为一个产业来发展。从严格意义上讲，当时展览会大都不具备现代贸易展览会(trade show)的特征。

2. 发展期：迅速发展，走向市场化(1978—1999年)

1978—1999年，随着中国经济体制改革的深入和对外开放速度的加快，特别是社会主义市场经济体制的建立，中国展览业迎来第二个阶段：发展期。在该阶段，我国会展业发展迅速，并走向市场化。

1978年，中华人民共和国成立以来首次国际博览会在北京举办，即中国国际贸易促进委员会主办的"十二国农业机械展览会"，该展会的成功举办标志着中国展览业由起步期的"单国展览时期"向发展期的"国际展览时期"过渡。1985年，中国国际展览中心(见图1-5)竣工，成为20世纪80年代北京十大著名建筑之一，并于同年10月成功举办了开馆的第一个展览会——第四届亚太国际博览会。该阶段北京、上海、大连、珠海等城市会展业脱颖而出，出现一批较有影响力的知名专业展览会，如中国国际纺织机械博览会、国际机床展览会、北京国际汽车展览会、大连时装博览会、珠海航空博览会等。

图1-5　中国国际展览中心(朝阳馆)

与此同时，中外合作办展也步上新台阶，继中国国际展览公司同德国法兰克福展览公司在北京成功合作"中国卫生洁具、供暖及空调设备展览会"和"中国汽车配件展览会"后，双方又同上海市国际贸易促进委员分会合作，举办了"上海国际消费品博览会"。而且，出国展览也经历了一次大变革，其标志性事件是中国国际贸易促进委员会1986年参加瑞士"巴塞尔样品博览会"。此次博览会上，中国改变了以往以宣传成就为主的展贸分离的展览方式，首次采用摊位式展览形式，以展览为手段，以贸易成交和销售为主要目的方式，展览的贸易性和专业性因此大大加强，此举也标志中国展览业开始与现代国际展览业接轨。1999年，中国政府独立举办了20世纪最后一个A1类专业世界博览会——昆明世界园艺博览会(见图1-6)，有69个国家、地区以及26个国际组织参加展出。

图1-6　昆明世界园艺博览会

在中国会展业的发展期，展览会的主办单位从起步期的几家发展到上百家。据不完全统计，仅1998年一年，中国就有90多家办展单位共到过50多个国家举办经贸展览会，并且参加400多个国际博览会，相当于起步期(1950—1977年)出国展览数量的总和；1998年在中国境内举办的较有规模的经济贸易展览会共有600多个，是1950—1977年来华展览数量总和的3倍。

3. 飞跃期：专业化程度高，外资介入会展业(2000—2005年)

在这一阶段，会展主题呈现细分化、专业化。2000年以来，中国会展业已渗透到各个行业，不论是机械、电子、汽车、建筑，还是纺织、花卉、食品、家具，均有各自的国际专业展。北京、上海、广州、大连等城市已成为全国知名的会展中心城市。

从展览规模看，北京位居全国首位；从展会数量看，上海为全国之最。北京市2000年展览会突破100个，2001年又有增加，而且展览会的面积不断增加。地处国际贸易商圈的北京国际贸易中心，年均接待50个展会，在这个展览馆举办展会则需要提前一年预约。另外，越来越多的国际会议将举办地点选择在中国，也有力推动了举办地城市的基础设施建设和会展水平的提高。国际商会年会、亚太法官会议、环太平洋论坛年会、国际引航员大会、APEC会议(见图1-7)等700多个国际性会议在上海举行，上海由此赢得"国际会议中心"的盛誉。为适应迅速发展和细分化的会展业市场，2002年以来，不少大型展馆纷纷改建或扩建，将展馆建设规模、城市的功能定位和会展辐射范围等联系在一起，融入区域经济发展和全国经济发展格局。例如，为满足珠三角会展市场的需求，广州建成新国际会展中心；大连星海会展中心二期的扩建，体现了大连在东北会展经济带中的龙头地位。至2005年，全国共有160多个展览场馆，可供展览面积300多万平方米，已经超过了当时号称"世界会展之国"德国的展馆面积。外资纷纷涌入中国会展业市场，寻求新市场的新机会，进行低成本扩张。通过资本运作，德国、英国、美国、新加坡等国际会展业巨头先后找到中国合作伙伴合作或者独资运营，在发展中国家会展业市场施展拳脚。2001年，德国三大展览业巨头与上海浦东土地发展(控股)公司共同投资兴建上海新国际博览中心，运营后获得巨大成功。这一效应具有很强的榜样示范作用，2002年，法兰克福(上海)展览有限公司、慕尼黑(上海)展览有限公司等外商独资展览公司相继成立。2005年10月，看好中国市场的德国法兰克福展览公司与广州光亚展览贸易公司合作组建"广州光亚法兰克福展览公司"，该公司是中国展览业投资最大的一家中外合作公司之一。

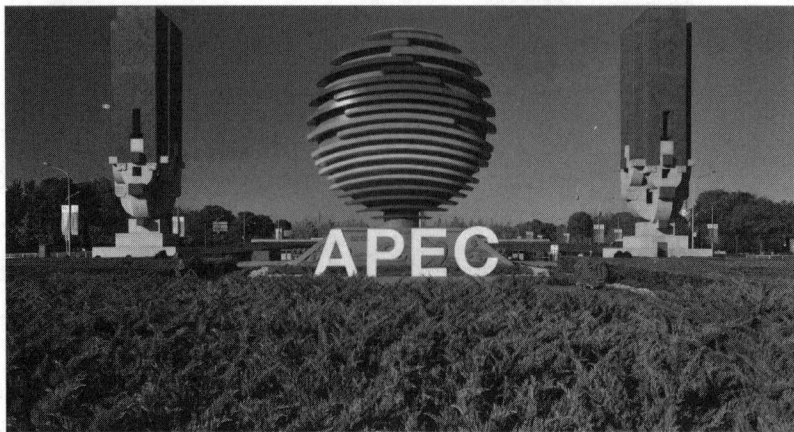

图1-7　APEC进入中国

有些跨国公司通过收购中国展会或移植海外知名展会的办法参与竞争，抢占中国会展市场份额。德国汉诺威展览公司直接收购了上海一个较有名气的地面装饰展览会，并直接把国际信息和通信技术领域最大的CeBIT(Centrum der Büro- und Informationstechnik，办公及信息技术中心)展览会迁移到上海举办。

2005年11月，继法兰克福登陆广州取得成功之后，德国的另一家展览业大腕——美沙展览集团也跃跃欲试，其与广州振威展览公司合作举办品牌展GIMT(Guangzhou International Machine Tools，广州国际机床展)，还引进了德国顶级金属加工展(Ausstellung füer Metallbearbeitung，AMB)等。总体来说，这一阶段，会展业的主办单位从单一的政府或具有政府色彩的部门，发展到政府、协会/商会、国有和民营展览公司、合资展览公司以及外国展览公司，形成多主体、多渠道、多层次办展的新格局。2000—2005年，中国会展业在质和量上都实现了飞跃，全国每年平均办展数达到3 000个左右，2004年展览业总收入为108亿元。

4. 突破期：新理念和新技术交织(2005—2020年)

经国务院批准，2005年1月，中国国际贸易促进委员会联合国际展览业协会(Union of International Fairs，UFI)、美国国际展览管理协会(International Association for Exhibition Management，IAEM)和独立组展商协会(The Society of Independent Show Organizers，SISO)，一起主办了第一届中国会展经济国际合作论坛。时任国务院副总理吴仪在发表的主题演讲中指出"中国会展业要向法治化、市场化、产业化、国际化方向发展"，为正在蓬勃发展的会展业指明了方向。这次论坛也为中国和国际会展界的交流和合作搭建了桥梁，对增进双方的沟通和了解起到很好的促进作用，在国内外会展界引起了很大反响。在之后召开的全国出国经贸展览工作会议上，中国国际贸易促进委员会阐述了中国展览业的"四化"意义，进一步明确中国会展业发展的新理念。"法治化"即规范会展市场秩序，尽早健全会展行业法规；"市场化"指会展业走向市场，按市场规律办事；"产业化"即逐步健全会展业的服务体系，完善会展业的产业拉动作用；"国际化"指的是要主动融入国际展览市场，增强中国会展业的国际竞争力。会展业的新理念还要求中国会展界要研究办展新模式，要"两条腿走路"，真正重视专业观众和有实力的采购商，构建展览会的平台功能。新技术是会展业发展中必然会接触和采用的辅助手段，会展项目中将会运用一些最新的技术或软件来提高会展业的管理水平，如场地规划用的计算机辅助设计软件、无线射频识别技术，使得会展业的服务水平进一步提高。

2005—2020年，中国开启了一系列的大型国际国内重大活动：北京奥运会(主场馆见图1-8)、上海世博会、世界园艺博览会、中阿博览会、中国—东盟博览会、世界机器人大会等。

5. 转型期：会展业的数字化、智能化升级(2020年至今)

2020年，新冠疫情重创全球经济，贸易保护主义、单边主义冲击多边贸易体制，国际需求总量大幅下降，国际产业链、供应链受阻，经济全球化遭遇逆流，世界经济出现衰退。受此影响，全球展览业步入"至暗时刻"，根据国际展览行业协会(UFI)估算，2020年全球展览业相较于2019年萎缩68%，行业收入损失近2 000亿欧元。

图1-8　2008北京奥运会主场馆国家体育场

2020年，中国外贸回稳向好、好于预期，贸易规模和国际市场份额提升，贸易结构持续优化，业态模式不断创新，服务新发展格局有力有效，为推动世界经济和全球贸易复苏发挥了重要作用。境外展览在遭受疫情严重冲击的背景下，中国展览界齐心协力迎接挑战，努力克服不利影响，加快推进展览服务创新、管理创新、业态模式创新，加快培育行业发展新动能，境内展览活动安全有序复展复业，推动展览经济持续向好发展，为加快构建以国内大循环为主体、国内国际双循环相互促进的新发展格局，为提振世界经济信心、促进世界经济复苏做出了积极贡献。

在疫情暴发、线下展览停摆后，线上展览迅速发展，在一定程度上缓解了无法组织实体办展的困境。但线上对接和线上展览还处于初级阶段，相对于实体展览，其活动效果不尽如人意，主要原因：一是平台技术不成熟，体验感欠佳；二是国外采购商接受程度低，邀请难度大；三是买卖双方信心不足，对线上展览抱有怀疑态度，采购商往往咨询多、下单少；四是展商和采购商缺乏培训，仅凭借实体展的经验参加线上展览。疫情在一定程度上推动了会展企业对线上展会的探索与实践。

2022年2月，第24届冬季奥林匹克运动会(The 24th Winter Olympic Games)，简称"2022年北京冬奥会"(见图1-9)，在中国成功举办。互联网技术、大数据技术、AI等技术广泛应用，模拟体育训练系统、360°视角VR观赛等让赛事更加精彩。

图1-9　2022北京冬奥会开幕式现场

随着AR、VR、5G技术、云计算技术、AI人工智能技术的发展，虚拟展览成为线下展览在互联网上的延伸，在有限的空间表现无限的内容。计算机虚拟现实技术与现代信息网络技术对展览业发展具有积极的促进作用，参观虚拟展览就像走进一座现实的展览中心，参观者既可以到各个专业展览馆的各个展厅随意漫游，也可以由向导带领，按照特定的路线浏览，甚至可以根据参观者的专业兴趣自行组织个性化的智能展览。虚拟展览系统还能提供资料打印、提交电子名片、邮件发送、在线咨询等功能，为供需双方的沟通提供多种交互手段。同时，虚拟展览系统还能基于大数据的数据处理和分析能力，帮助参展商与客商进行交易配对，提供交易支持和服务。

展览场馆智能化建设成为新方向。场馆智能化主要体现在运营智能化、管理智能化、服务智能化、基础设施智能化及数据挖掘等方面。通过一流的运营、管理、服务和体验，配合智慧生态平台应用建设，最终实现建成国际一流智慧展览馆的目标。智慧场馆不仅涵盖了场馆规划、设计、建设、运营和管理的全过程，还能够全面对接主办方、参展商、观众、员工、政府、服务方等众多相关方。目前，各大展览逐渐淘汰纸质入场券，开始使用二维码等电子形式的入场码，附加服务业更加完善，智能化成为展览场馆未来的发展方向。互联网、大数据等技术的快速发展，将带给展览业无限发展机会。

数字化展览信息平台建设潜力无限。传统展览的前期准备耗费大量人力、物力、财力，并且效率不高。"互联网+"时代背景下，展览相关企业开始建立自己的数字化平台，围绕展览参与各方，通过网络信息管理平台，进行信息的搜集、分析和管理，从而更高效地为企业经营和决策提供有效信息，全面发挥展览企业的服务功能。展览数字化平台的建立，将打破时间和空间的限制，为客户带来更多便利，有利于观众了解展览信息，吸引更多的观众前来参展。观众的主动选择性更强，展览信息的宣传推广效果更佳，辐射范围更广，在营销载体和营销策略上带来革新。在搭建大数据平台的基础上，展览企业将进一步充分利用数据挖掘、室内定位、机器仿生学习、人工智能等科技，驱动开发现代展览产业体系。

跨界融合为展览业发展注入新动能。展览业的价值主要通过展示对象的技术化、专业化和商品化来实现，其价值链的融合也要以展示为基础，围绕营销、体验和创意等途径，加快实现与相关产业的深度融合。展览业有望与以下相关产业实现融合，延长国内产业链。一是利用展览业的营销功能，加速与一般产业融合发展。例如，通过举办专业产品展览，实现产业融合；通过举办地方性产业展，提升城市及产业知名度。二是推动展示技术发展，实现与通信、传媒、出版等产业的融合发展。例如，借助技术融合路径，实现线上线下展览协调发展；借助数字技术(如VR技术、3D技术等)，增强客户体验感，提高展示技术。三是发挥展览的体验路径优势，增强与旅游、休闲等产业的融合发展。促进展览业与这些产业的融合，形成展览旅游、展览休闲经济等，不仅能够拉动这些产业的发展，还可以丰富人们旅游、休闲体验。四是挖掘展览业的创意路径，加快与文化创意产业的融合发展。创意本身需要通过展示获得认可，通过活动交流形成创意碰撞。推动创意文化与展览融合发展，加快创意园、创意展、创意会等展览文化产业的发展，成为未来展览业融合发展的重要方向之一。

做一做

补充表1-1。

表1-1　新技术在会展中的应用

新技术	VR	＿＿＿＿	3D	＿＿＿＿	＿＿＿＿	＿＿＿＿
中文名称	＿＿＿＿	增强现实	＿＿＿＿	人工智能	＿＿＿＿	＿＿＿＿
在会展中的应用场景	展示设计 展陈应用 ＿＿＿＿	＿＿＿＿ ＿＿＿＿ ＿＿＿＿	＿＿＿＿ ＿＿＿＿	文案写作 ＿＿＿＿ ＿＿＿＿	＿＿＿＿ ＿＿＿＿ ＿＿＿＿	＿＿＿＿ ＿＿＿＿ ＿＿＿＿

展览业的中外发展史是一个由无到有、由小到大、由分散到集中、由自发到有组织的过程，是会展从欧洲走向全球的发展史，也是一个庞大产业的发展史，更是一部不断完善的竞争史。

做一做

请结合自身实际、产业发展需求等内外因素，做一份专业能力成长计划或职业生涯规划。

任务三　分辨会展的类型

现代会展活动主要由会议、展览、节事和奖励旅游四类组成。

一、会议

会议的种类很多，按照组织形式可将会议分为大会(如世界互联网大会)、年会、专门会议、代表会议、论坛、研讨会、讲座、座谈会和集会等。国际上还通常根据会议主办者的不同，将会议划分为公司会议、协会会议和非营利组织会议。其中公司会议和协会会议无论是从会议数量、与会人数还是从会议支出上看，都是最主要的会议类型。公司

微课二

会议和协会会议有多种形式。常见的公司会议有管理会议、销售会议、产品介绍会、培训会议、专业技术会议、股东会议和公共会议等形式。而协会会议主要包括年度大会、地区性年会、专门会议、研讨会和专题讨论会、董事会和委员会会议等。此外，所谓非营利组织会议主要由政府会议、工会和政治团体会议、宗教团体会议、慈善机构会议以及社会团体会议等构成。

微案例

世界互联网大会

世界互联网大会(World Internet Conference，WIC)，是由中华人民共和国倡导并每年在浙江省嘉兴市桐乡乌镇举办的世界性互联网盛会。大会由中华人民共和国国家互联网信息办公室和浙江省人民政府共同主办，旨在搭建中国与世界互联互通的国际平台和国际互联网共享共治的中国平台，让各国在争议中求共识、在共识中谋合作、在合作中创共赢。首届世界互联网大会于2014年11月19日至21日在乌镇举办。

二、展览

展览是会展活动中重要的形式之一，随着我国经济的市场化及国际化程度不断提高，展览业在社会经济活动中的影响也越来越引人关注。展览活动已经成为企业营销、品牌培育的重要工具。展览的类型丰富多彩。在我国，对各种展览形式一般冠以不同的称呼，如展览会、展示会、展销会、交易会、投资洽谈会等。

资料卡

我国较著名的十大展会

中国进出口商品交易会(广交会)：广交会创办于1957年，被誉为"中国第一展"，每年春秋两季在广州举行，是全球规模最大的综合性国际贸易盛会之一。

中国国际进口博览会(进博会)：进博会自2017年起在上海举办，是世界上首个以"进口"为主题的国家级展会，旨在扩大进口、增进国际合作。

中国国际高新技术成果交易会(高交会)：高交会每年在深圳举行，着重展示和交易国内外先进技术成果，是中国规模最大、最具影响力的科技类展会。

中国东盟博览会(东博会)：东博会在广西南宁举办，旨在加强中国与东盟各国的经贸往来和合作，推动区域经济发展。

中国西部国际博览会(西博会)：西博会是服务于中国西部大开发战略的重要展会，旨在促进西部地区与国内外的交流与合作。

中国国际航空航天博览会(珠海航展)：珠海航展是中国乃至亚洲规模最大的航空航天类展会，展示了国内外先进的航空航天科技成果和产品。

中国义乌国际小商品博览会(义博会)：义博会在浙江义乌举办，聚焦小商品行业的展示和交易，吸引全球买家和卖家。

中国国际服务贸易交易会(服贸会)：服贸会在北京举行，是全球首个专门为服务贸易搭建的国家级、国际性、综合型大规模交易平台。

中国华东进出口商品交易会(华交会)：华交会主要面向华东地区，旨在促进华东各省与世界各国的贸易交流，展品范围广泛。

中国(深圳)国际文化产业博览交易会：国家级、国际化、综合性的文化产业盛会，集博览、交易于一体，打造中国文化产品交易平台。

三、节事

顾名思义，"节事"是节庆活动和特殊事件活动的统称。节庆活动注重公共庆典的欢乐本意，而特殊事件具有更为广泛的内容，包括各种交易会、博览会、文化体育活动等。节事涉及范围极广，按照活动的不同属性，节事可划分为传统节庆、现代节庆、体育赛事、文化娱乐盛事和其他团体活动等。节事活动一般都根据特定的主题来开展，主题类型包括风土特产、文化、宗教、民俗、体育、政治和自然景观等。节事作为群体性的休闲娱乐活动，是对大众开放的，与其他会展活动相比，节事的大众参与性最强。

资料卡

全球最有价值的体育赛事——世界杯

足球比赛已经成为体育赛事中的重要力量，每年带动的资金超过几百亿美元，为全世界约4500万人直接或间接创造了就业机会，而四年一度的世界杯将这种经济活动推向了高峰。国际足联世界杯(FIFA World Cup)，简称"世界杯"，每四年举办一次，由国际足球联合会旗下会员协会球队参加。世界杯全球电视转播观众超过35亿，是具有最大知名度和影响力的足球赛事，象征着足球界最高荣誉，世界各国都争先恐后地争取获得世界杯比赛的主办权。

四、奖励旅游

奖励旅游不是一般意义的旅游活动，而是带有明确商务目的的旅游活动。奖励旅游本质上是一种管理手段和激励措施，即企业通过一个精心设计的旅游活动达到激励员工和相关利益人员的目的。在活动内容安排上，奖励旅游除了进行观光游览和娱乐休闲等消遣性活动外，还包括企业会议、展览和业务考察等商务性活动。早在1906年，美国"全国现金注册公司"就提供了一次参观该公司的代腾(Dayton)总部的奖励旅游活动。奖励旅游具有高端性、独特性、创造性和文化性等重要特征。

微案例

AL公司的奖励旅游

新西兰成为2023AL中国旅游研讨会的目的地，一年一度的经销商奖励之旅预计可为当地经济提供4 000万新西兰元(约合1.7亿元人民币)的刺激。

据了解，受接待容量限制，从2023年10月至12月，近10 000名公司高阶销售人员将分十批，到访奥克兰和皇后镇，参观罗托鲁瓦和奥拉基山库克。该行程内还包括培训课程、奖励活动以及半天的商务会议和晚宴。

2024年5月23日至6月14日，共有1.5万名公司职员来到韩国。这是世界最大规模的奖励旅游团，韩国旅游发展局从2007年开始推进吸引该公司奖励旅游团，终于取得了成功。他们利用14万吨级邮轮，每次乘坐3 000人左右，分6次来到韩国。该旅游团游览了济州岛，在全罗南道丽水世博会主广场享受了晚宴。仅晚宴的费用就高达40亿韩元。旅游团仅在购买单价20万韩元的韩服礼物时就花费了6亿韩元。该公司在济州岛活动中花费的资金共达238亿韩元。

做一做

你所在的城市有哪些有影响力的会展活动？

任务四　掌握会展的功能

一、会展的经济社会作用

西方学者把会展称为"财富平台""信息冲浪""知识会餐""城市经济的拉力器"。会展的功能，通常指的是会展活动对社会、对人类产生的影响、效应或效能。会展的经济社会作用主要包括以下几个。

(一) 展览展示功能

会展的展览展示功能是其核心组成部分，承载着信息传递、品牌宣传与商贸交流的重任。通过精心设计的展台布局、生动的展品陈列以及多媒体技术的融合，会展为参展商提供了一个全方位、多层次的展示平台。这一功能不仅促进了新产品、新技术的发布与推广，使观众能够直观感受行业前沿动态，还为企业搭建了直接面向目标客户的桥梁，有助于深化品牌形象，拓展市场渠道。此外，会展期间的专题论坛、技术研讨会等活动，进一步丰富了展览展示的内涵，提升了会展的专业性和影响力，为参展各方带来了知识分享与价值共创的契机。

微案例

2023中国国际旅游交易会

2023中国国际旅游交易会展示的内容、展览的方式丰富多样。展览面积约9万平米，设置6个专题展区，分别是旅游目的地展区、文旅企业展区、文博创意展区、数字文旅展区、旅游创新展区、云南展区。重点展示全球品牌旅游资源及旅游目的地形象、旅游创新发展成果、旅游新产品及新技术应用、国际旅游合作成果、旅游创新产品及服务等。同时，搭建云展厅，为旅游目的地、企业、旅游景区等参展商提供线上展示、洽谈、产品推介服务，满足不同区域从业者和全球公众的展示、交流、洽谈需求，充分体现展会"你好！中国"主题。参展商、观众、专业买家可以通过云展厅实现线上参观、洽谈。

(二) 信息传播功能

展览会可以视为信息市场，企业参展产品的信息视为市场信息，是市场经济的重要资源。信息市场是经济运行循环过程的轴心，能够反映供求之间的各种经济关系，它连接市场信息供应方、市场信息用户、市场信息资源应用等重要生产力要素，促进各类市场资源得以优化配置，有效地刺激需求，调节供给。展览会与博览会为科研成果、技术革新、新发现与新创造在国际生产领域的应用和传播起到不可低估的作用。在新产品、新技术层出不穷的今天，许多有利于生产发展的产品与技术都是通过展览的宣传和介绍而被社会接受的。

微案例

企业为了展示销售自己的产品、寻找客户、宣传企业，增加业界交流和了解行业发展情况，往往会参加各式各样的展览。而作为知识、技术和信息交流平台的展会活动，也确实为我们跨区域、跨行业、跨国界的知识、技术信息的交流提供便利。但是，企业在参加展会宣传交流的过程要注意对自己技术方案进行保护，以免自己辛苦创造的技术成果被公开成为现有技术，丧失保护机会而被他人免费使用。举个例子来说，您带着最新设计成果参加了一个展会，为来宾介绍了产品的新功能、创意设计点等等，收获了不少订单。展会结束后，开发者想为自己的新设计申请一项专利，结果递交后，专利局审查员如果检索到这个产品在某次展会上公开的资料，此申请就不符合新颖性要件，不能授予专利权。开发者只能眼睁睁地看着产品被别人公开生产和使用却无能为力，那么，如何避免以上问题？请扫码查看。👉

如何避免新技术在展会公开丧失新颖性

(三) 形象宣传功能

注意力正在日益成为知识经济时代的稀缺资源，也成为信息化社会的无形资产和市场经济宝贵的资本。世界经济乃至世界城市的竞争正在演变为争夺眼球、争夺注意力的竞争。而世界性会议与展览的举办必将引起全球的瞩目。

作为世界经济论坛年会会址的达沃斯，本是瑞士偏僻的一个小镇，而现在早已成为全世界注意力的中心。每年的年会仅世界主流媒体就有600多家云集，世界各地无不瞩目这里。我国海南省琼海市的小岛博鳌也因为亚洲论坛首届年会的举办，一举成名。

(四) 经济辐射功能

国际会展业利润率在25%以上，是高收入、高盈利而且对相关产业带动能力极强的产业。会展业不仅为展览公司、场馆公司和展览服务公司带来收益，也为会展所在城市引来大量的国内外参观者和参展商，从而为当地的旅馆业、餐饮业、零售业、公共交通、出租汽车行业等带来显著收益。一场规模庞大的展会可以带来信息流、资金流、技术流、物流和人流的强势涌动。据有关专家研究，被誉为"中国第一展"的广交会对广州经济的拉动系数约为1∶13.6，远远高于一般展会的1∶9。也就是说，如果广交会展馆的收入为1元，那么其他相关收入就是13.6元。中国对外贸易中心和中山大学联合研究数据后得到结论，一年两届广交会直接拉动全职或兼职就业10.92万人，间接拉动全职或兼职就业194.16万人，两者合计205.08万人。另外，会展经济具备强大的社会经济效益，可以为本地酒店、餐饮、旅游等生活服务业注入新商机。以酒店行业为例，美团和大众点评数据显示，2023年10月15日—11月4日广交会期间的住宿预订量较2022年同期提升350%，多家酒店的外国客商占比超过70%，业绩一片飘红。

(五) 商务洽谈功能

作为国际商贸活动的一种重要形式，企业参加国内外举办的会展无疑有着许多好处：一是扩大商务接触面，开阔视野启发思路；二是可以货比三家，寻求最佳的供货厂商与合作对象；三是直接面对客户，便于寻求客户和商贸机会，开拓国际市场；四是可以直接订货，免去寻求海外客户与市场的中间环节，花费最少，时效最高。因而会展成为时下备受推崇的重要的商务活动之一。

微案例

第二十一届中国国际装备制造业博览会

第二十一届中国国际装备制造业博览会(以下简称"制博会")于2023年9月1日至5日在沈阳成功举办。本届制博会展览面积11万平方米，共设八个展馆、十一大展区、4 516个展位，比上届增长近30.7%，包括8家央企、62家国内头部企业、184家外资企业在内的1 042家国内外知名企业参展，参展企业数量同比增长28.3%，集中展示了多种国际、国内领先的智能制造装备，填补国内外行业空白的精益智造产品，以及汽车制造及零部件、轨道交通、新能源、新材料等100余项细分领域高端制造技术解决方案。制博会举办期间，沈阳市举办了制博会装备制造项目集中签约仪式，签约项目投资规模大、产业结构优，合作层级高。现场签约项目26个，总投资497.5亿元。其中，50亿元以上项目2个，30亿~50亿元项目8个，先进制造业项目6个，新兴产业项目20个。

(六) 旅游拉动功能

会展活动对旅游业的拉动作用显著。以广交会为例，作为全球最具影响力的综合性国家级展会之一，其举办不仅吸引了大量国内外参展商和专业买家，还间接促进了广州及周边地区的旅游业发展。据统计，广交会期间，广州地区的住宿预订量较去年同期大幅增长，琶洲商圈夜间异地交易额同比增长近600%。这些数据显示，会展活动能够吸引大量人流，直接带动酒店、餐饮、交通等旅游相关产业的发展，增加旅游收入。此外，会展活动还提升了城市形象和国际知名度，为城市旅游业的长期繁荣奠定了基础。因此，会展活动成为拉动旅游业发展的重要引擎。

会展带动旅游业报道

二、会展与新质生产力

搭建会展平台，促进新质生产力科技成果的推广应用，加速产业化进程。会展活动先进技术和最新产品展示、最新研究成果的交流启迪了人们的思想，拓宽了人们的视野，加快了科技发展的进程。展览会新技术和新产品的展示，给人们带来了最直观的印象，带来巨大的观摩、示范和学习效应。展会举行的各类技术推介，将最新科技动态和生产工艺公诸于世，对于新技术的推广应用发挥了十分重要的作用。

资料卡

新质生产力

新质生产力是创新起主导作用，摆脱传统经济增长方式、生产力发展路径，具有高科技、高效能、高质量特征，符合新发展理念的先进生产力质态。它由技术革命性突破、生产要素创新性配置、产业深度转型升级而催生。以劳动者、劳动资料、劳动对象及其优化组合的跃升为基本内涵，以全要素生产率大幅提升为核心标志，特点是创新，关键在质优，本质是先进生产力。

(一) 会展促进新质生产力发展的全过程性

在科技研发阶段，会展可以通过组织学术交流，带来思想碰撞，拓展思路，启迪理念。

在科研成果转化阶段，会展可以通过组织成果论证、成果宣讲和推广试验，扩大社会影响，形成共识，为产业化应用奠定基础。

在研发成果产业化阶段，会展可以促进各类先进要素组合配置，加速产业化进程和集约化发展。

(二) 会展促进新质生产力发展的全链条性

会展能够汇集政策、项目、资金、人才、技术等各类资源要素和发展要素，推广新思想、新理念、新技术、新材料、新产品、新工艺，推动政用产学研资金、项目合作，贯通产业上下游(图1-10)，涉及研发、生产、流通和消费诸环节，全方位促进新兴产业发展和进步。

资料来源：前瞻产业研究院

图1-10　会展行业产业链

(三) 高质量会展是新质生产力发展的加速器

高质量会展具有先导性服务业功能作用，发挥资源整合、要素集聚、市场扩充优势，搭建高效交流平台，推进科技新理念、新思想、新成果的宣传推广，推动新研究成果的交流扩散，加速新产业、新技术、新工艺产业化进程，促进新生产能力、新竞争优势加快形成，助力中国式现代化建设与高质量发展。

做一做

新质生产力如何推动会展行业的变革和创新？

知识检测

扫码做题①

实战训练

"办一次会，兴一座城"，请收集一个有影响力展会的相关资料，并评估其功能。

---

①　教师和学生拿到书，先扫描封底刮刮卡，再扫描书内习题码，确认是否能正常做题；关注"文泉考试"公众号，这个公众号可作为除图书以外的第二入口；教师在公众号内先进行教师认证，待通过后可创建班级，将班级码分享给学生，提示学生加入；学生扫描书内习题码或者单击公众号上的"做题"，做完后，输入班级码，可将答案提交教师；教师从后台可以导出成绩。

 课赛证融通

截至2024年7月底，根据国家职业分类大典，目前我国会展行业职业分类的职业和工种包括会展策划专业人员、会展设计师、会展服务师和会展搭建师4个职业，以及会议接待服务师和会展场馆管理师2个工种。

1. 会展策划专业人员

会展策划专业人员是从事会展项目调研、策划、运营、推广的专业人员。

主要工作任务：

(1) 确定会展项目主题并进行可行性研究。

(2) 策划会展项目实施方案。

(3) 实施会展项目招商、招展、赞助、预算和运营管理。

(4) 策划开幕式、闭幕式、同期活动。

(5) 制定推广方案和宣传材料。

(6) 维护、管理与参展商、专业观众、赞助商、参会者、会展场馆客户关系。

(7) 管理会展项目合同、档案。

(8) 进行会展项目风险评估与风险管理。

(9) 提供会展项目信息咨询服务。

2. 会展设计师

会展设计师是在会议、展览及节事活动中，从事空间环境视觉化表现设计工作的人员。

主要工作任务：

(1) 分析招标要求，撰写投标书。

(2) 分析展品、参展企业、参展环境等资料。

(3) 设计标准展位及特装展位。

(4) 策划、安排展台照明。

(5) 设计会展项目标识和配色方案。

(6) 设计产品展示、图文和声像演示方案。

(7) 监督现场展台搭建、布展及展具安全。

(8) 管理展架、材料与服务，监督现场撤展，监督、协调展会过程。

(9) 核算项目经费。

(10) 维护客户关系。

3. 会展服务师

会展服务师是从事会展场馆场地出租，会展设施设备租赁、调试与维护，接送及食宿安排、现场签到等工作的服务人员。

主要工作任务：

(1) 编制会展场馆的场地排期。

(2) 出租会展场馆场地,租赁、调试、维护会展设施设备。

(3) 排查会展场馆的安全隐患,对突发事件进行事前预警和事后处理。

(4) 安排参会参展人员接送、现场签到、协调食宿等。

(5) 辅助管理会展现场活动。

(6) 进行会展场馆与会展服务信息管理系统操作。

本职业包含但不限于下列工种:

会展场馆管理师、会议接待服务师。

4. 会展搭建师

会展搭建师是从事会展活动场地的搭建和布置,以及负责会展活动结束后的拆除和清理工作的人员。

主要工作任务:

(1) 理解并解读会展设计方案,确认设计要求,并提出可行性建议。

(2) 搭建展台或展厅主体结构。

(3) 安装装饰物品、摆放辅助展具和展品。

(4) 安装灯光、音响等多媒体设备。

(5) 拆除搭建的结构,并清理展位。

(6) 处理搭建和拆除过程中的其他问题。

除以上职业和岗位外,会展业还有很多服务、执行、管理等岗位可供选择,随着时代发展,会展业新的岗位会不断出现,如世界排名第二的全球顶尖展览组展商"励展英国(RX UK)"于2024年9月宣布任命罗西·维尔乔恩(Rosi Viljoen)为观众策略负责人(head of visitor strategy)。观众策略负责人这个职位将负责开发高价值观众(high value visitor, HVV)策略和活动,覆盖励展英国所有会展活动。总之,会展业广阔天地,大有可为。

项目二
会展业与会展经济

知识目标：了解会展业概念、会展业特点；掌握会展的作用；了解我国会展业发展历程、现状和会展经济定义；熟悉我国会展业的空间分布。

能力目标：能够评估会展作用；能够开展会展企业、行业调查。

素质目标："四有"——产业有前景，我们有热爱，学习有努力，就业有发展；亲近行业，知行合一。

引导案例

如何以"会"活城，以"展"聚力？

2024年3月20日，第110届全国糖酒商品交易会将在成都举办。此次糖酒会将正式升级为激发成都全域经济活力的"城市节日"，通过形式多样的展城融合活动，让糖酒会的影响力走出展馆，深入城市，为往来客商与成都市民创造丰富体验场景。

近年来，成都对"塑造会展业新格局"进行了明确的规划和部署，提出以"建链、强链、补链"为导向，以产业链链主为突破，以原创展会品牌为核心，深入实施建圈强链十大行动，推动会展产业能级大幅提升。

本期《锦观智库》聚焦会展经济，专访四川农业大学会展经济与管理系副教授朱玉蓉，就会展经济如何为城市发展增添动力展开讨论。

1. 会展经济与城市发展是相辅相成的

锦观智库：在您看来，作为现代服务业的重要组成部分，会展业与城市之间有怎样的关系？一个城市需要具备怎样的特质会比较适合发展会展业？

朱玉蓉：会展业与城市之间是相互赋能、相互成就的关系。一方面，会展业是城市经济和社会发展的助推器。第一，会展业的时空聚集性使其成为扩大内需、促成国内外贸易合作的重要平台，其展览、营销和网络功能联动了相关产业的上下游供应链，成为城市经济发展的重要推动力。第二，会展活动作为要素资源的重要集散地和"蓄水池"，能够减少信息不对称带来的空间摩擦和交易成本，破除市场分割导致的要素自由流动阻碍，消除机制体制对要素自由流动的束缚，促进要素、商品、服务跨区域、跨国界转移配置，为城市经济发展提供了要素链接、产能链接与市场链接。第三，作为城市发展提升的触媒，重大展会及场馆具有倒逼基础设施和环境品质改善、推动城市更新、修复城市肌理作用，也可带动交通体系等基础设施建设，有效承接中心城区疏解而来的相关产业和功能，助推城市形成合理化的空间格局。第四，会展业能对外展示城市科学技术水平、经济发展实力、城市文化和形象，扩大影响，提高城市的知名度和美誉度。

另一方面，城市的不断繁荣能够为会展业高质量发展提供良好的"土壤"和环境。第一，会展业是经济发展到一定程度才产生的一种经济形态，它是以稳定的社会环境为基础、以活跃的政治活动为前提、以繁荣的经济为动力、以产业的发展为支撑的。第二，拥有一流的会展硬件及完善的配套设施是会展业发展最重要的物质基础和先决条件。第三，会展经济是一门系统工程，除本身需要的基础设施外，还需要交通、通信、住宿、餐饮、旅游、商业等行业提供完善的服务。因此，会展业的发展离不开发达的现代服务业。第四，会展是商品、资金、技术等物流和信息流的交换与集聚，涉及参展商品、客商以及观众的运送和传输。因此，会展举办城市优越的区位条件和交通状况至关重要。此外，丰富的自然和人文旅游资源，高素质的会展人才和前瞻性的会展研究以及政府的一系列激励性、支持性政策措施手段，都是会展业发展必不可少的支持。

2. 以"会展+"贯通上下游，实现会展业融合发展

锦观智库：具体到成都来说，从车展、漫展到非遗节，以及世界科幻大会，会展产业正持续为成都的经济发展提供更多增长机遇。成都目前的会展业处于怎样的水平？如何才能通过会展，连接生产端和消费端，打通会展消费链，以会展产业链引领消费升级？

朱玉蓉：多年来，成都的会展经济量质齐升，消费引领和贸易促进功能凸显，其发展水平位于全国前列，中西部领先位置。从数据上看，2023年，全年共举办重大展会活动1 058场。参与人数12 157.7万人次，同比增长99.8%；展出总面积1 296.4万平方米，同比增长108.8%；会展业总收入1 480.8亿元，同比增长108.2%；展会成交金额3 124.6亿元，同比增长231.1%；协议投资金额6 566.7亿元，同比增长19.2%。

目前，成都有国际大会与会议协会(International Congress & Convention Association，ICCA)会员12个、国际展览和项目协会(International Association of Exhibitions and Events，IAEE)会员8个、国际展览业协会(UFI)认证项目数量14个，均位于内地城市前列，会展国际品牌持续增加。特别值得注意的是，成都会展业市场主体非常活跃，成都会展产业链重点企业近700家，其中年营收过亿元龙头企业5家；中游企业200余家，拥有西部国际博览城等8个专业场馆，总建筑面积超280万平方米，名列全国第7位；下游企业400余家，会议型酒店675家，客房总数15万间。

会展业是链接生产与消费、供给与需求的重要桥梁，要想以会展产业链引领消费升级，成都可从以下两个方面发力：一方面，以展促产，以产兴展，打造"展产利益共同体"。"以展促产"，就是要紧扣成都重点产业链、供应链部署会展经济格局，充分利用

会展业在要素资源整合及信息传递方面的优势，以展促产，进一步推动会展业与先进制造业、现代服务业、数字经济、现代农业等产业的多角度、多层次深度融合，以"会展+"赋能产业发展，形成上下游贯通、全产业价值链融合的发展格局。"以产兴展"，就是要引导产业部门积极参与会展项目的建设，创新会展技术，营造新型会展场景，培育会展新业态，打破产业与市场、生产与消费的割裂，实现产销一体化，展产一体化。

另一方面，以展促消，以消带展，构建"展消经济融合体"。要在深入实施会展产业建圈强链行动的基础上，不断推动会展产业与现代商贸、国际消费等产业链协同赋能，培育新兴消费类会展活动及会展消费场景，打造一批文化旅游、创意设计、时尚生活等领域的品牌消费展、品牌特展，以促进消费信息传播、更新消费观念、引领消费潮流、刺激消费需求、提升消费水平、优化消费品生产结构。此外，要促进会展消费供需链协同化发展，顺应城乡居民消费结构变化，营造交流交往消费场景，依托专业场馆，打造特色消费空间，以技术赋能，不断拓展会展产业链。

3. 展城融合将城市品牌展示场拓展到整个城市空间

锦观智库：即将开幕的糖酒会提出了展城融合的概念。这对于成都打造城市品牌，提升城市影响力，有怎样的促进作用？要让会展在城市实现可持续性发展，实现"人走茶不凉"，您有什么建议？

朱玉蓉：展城融合是对展产融合的升级，是会展业与城市发展双向迭代升级的结果，是城市展会经济发展的必然趋势。展产融合解决的核心问题是如何激活生产要素的创新集聚、横向流动，而产城融合解决的核心问题则是如何引导这种横向流动与当地社会生产、生活垂直共生。只有在关注要素集聚与产业建构的功能属性的同时，回归城市发展的目标属性，会展产业才能真正形成垂直分享的生产单元网络，发挥会展产业在经济转型与城市优化之间衔接、中介的特殊作用，灵活应对产业发展的不稳定性和普遍风险。

展城融合为成都城市品牌传播提供了可供开发利用的多元传播渠道，展城融合将城市品牌要素的展示场从单一的活动窗口拓展到整个城市空间，城市品牌传播受众由以往单一的专业观众或与会者，拓展到城市居民整体，并且兼具城市品牌受众主体和传播主体双重属性，品牌传受关系由单一的"传—受"被动关系，转变为价值共创的互动关系，为城市品牌传播提供了更加多元的视角和丰富的素材，使城市形象更加立体鲜活。

在展城融合的背景下，成都会展业要实现更好的可持续发展，应当从理念、机制、品牌和市场主体培育上下力气。具体来说，第一，要树立展城融合发展理念。各类会展主体需转变展城分离的发展思维，建立展城一体化的规划管理机制，系统谋划展城共生共荣、互补互促、共建共享的理念，科学制定展城融合发展框架。第二，要建立和完善要素双向流动机制。会展业既要构建更加完善的会展要素配置与纵横向流动机制，对接展城融合建立健全统一开放的会展要素市场，也要加快培育会展数据要素市场，建立会展数据资源清单管理机制，发挥会展数据资源在展城融合功能优化中的赋能价值。第三，要不断强化会展品牌建设。除了积极引进国际高能级会展活动落户成都外，更要挖掘和拓展已有展会品牌功能，持续释放展会综合效应，特别是要充分发挥糖酒会、大运会等品牌活动的溢出效应，提升城市发展活力。要结合成都城市发展战略与规划，依托各类博物馆、美术馆、图书馆、科技馆等优势资源，寻找会展产业发展与城市品牌契合点，引进和培育特色品牌展会节事活动，主动服务城市功能优化和品牌形象传播。第四，要加快培育市场主体，打造展城融合的"链主"企业品牌，积极培育具有较高知名度和影响力的会展核心企业，推进小微型会展企业围绕成都文化、产业和资源优势与特色，向"专、精、新、特"方向发展，以差异化发展战略，构建多层次会展企业发展模式，培育新兴会展消费市场。

资料来源：成都日报，2024年3月15日，第10版。

敲黑板 划重点

会展业以其高效益性、高联动性、强导向性、好凝聚性、浓专业性和大交融性等特点，在经济社会发展中发挥着重要作用。它不仅能推动经济增长、促进社会文化交流，还能提升城市形象和知名度、推动产业升级和创新发展以及创造就业机会和社会财富。因此，我们应该充分认识会展业的重要价值和发展潜力，积极推动其健康持续发展，为经济社会的全面进步贡献力量。

知识精讲

任务一 认识会展业

一、会展业的概念

(一) 学界对会展业的界定

会展业即会展产业，产业是指国民经济中生产同类产品或提供类似服务的经营单位的集合。一个独立产业的形成必须满足规模规定性、职业化规定性和社会功能规定性。

邹树梁认为，会展业是以展览和会议为主，涉及行业广泛的综合性产业，是由会展经济运动而引起的相互联系、相互作用、相互影响的同类企业的总和，是现代经济体系的有机组成部分。邵培仁认为，会展业是涵盖会议、奖励旅游、博览会、节事活动、展览会等在内的"大会展"概念；俞华认为，会展业是指包括会展行业及其他相关部门中为会展提供服务的部分。会展行业既是一个系统工程，又是一个特殊的服务行业，相关行业较多，包括运输、广告、饭店、餐饮、交通、旅游等部门，构成会展活动的产业链，形成会展产业。

杨琪在对前人概念分析的基础上对会展产业内涵和外延作了进一步研究，研究结论非常有见地，其提出的相关观点如下。

会展产业是现代新兴产业，从国际上来看，对会展产业的表述并不统一，所指范围也没有统一。有的用MICE industry，有的用meeting industry，有的用MEEC industry，还有的用events industry，联合国经济和社会事务部统计司颁布的《所有经济活动的国际标准产业分类》中把会展产业称为organization of conventions and trade shows。

不论是国内，还是国外，会展产业的研究对象基本一致，都包括会议、展览会、博览会、节事活动、奖励旅游等。在英语语境下，MICE也好，MEEC也好，都只是将几个单词的首字母拼合而成而已，并没有对其共同的本质属性予以概括。在汉语的语境下，虽然"会展"是个新概念，但是由于其高度的概括性，这一概念迅速被人们所接受。"会"所指称的对象广泛，凡是临时性的人的集聚，都可称为"会"，如运动会、博览会、会议、大会、庙会、宴会等都冠之以"会"；而"展"包括展览会、展销会、展示会等。因此，"会展"不能简单地与"会议展览"等同，其指称范围与events industry相当。把events industry和meeting industry统译为"会展产业"符合当前国内外会展产业发展的现状与趋势，也符合学科研究的要求。

从产业经济学的角度来看，产业是指国民经济中按照一定的社会分工原则，为满足某种需要而划分的从事产品和服务生产及其经营的各个经济组织或经济集合。产业本质上是指按照规模经济和范围经济要求集成起来的企业或组织群体，是由一群生产相近替代产品的公司和组织组成的。因此，会展产业就是生产会展产品的公司和组织群体。可以这么定义：会展产业是指按照规模经济与范围经济要求集成起来的，从事会议、展览、博览会、节庆活动、奖励旅游、赛事活动等文化产品生产与服务的企业、非政府组织和政府监管部门等组织群体。

一个产业从形成到发展成熟，往往需要较长的历史过程，而且以某个子产业为中心渐次延展，不断发展壮大。会展产业作为新兴产业，以会议产业、展览产业为中心，渐次拓展到节庆活动产业、奖励旅游产业、体育赛事产业等领域。英国学者格伦·鲍丁(Glenn Bowdin)等认为，会展产业(events industry)包括会展活动的主办机构、会展运营管理公司、会展产业的供应商、场馆单位、行业协会、外部监管机构、出版机构等。其中，会展活动的主办机构包括政府部门、行业协会、具有主办资质的企业和媒体机构等；会展运营管理公司包括会议运营公司、展览公司、节庆服务公司和部分旅游公司等；会展产业的供应商包括灯光、音响、设备、广告、传媒、饮食服务、物流、公关、安全、法律服务、财会服务等各种直接与间接的会展产品供应商；场馆包括历史建筑、画廊、博物馆、剧院、大学、图书馆、酒店、度假胜地、会议中心、展览中心、运动场馆中心、体育馆、表演艺术中心、历史遗迹、主题公园以及购物中心等；行业协会除了会展行业协会以外，还包括其他各种类型的行业协会，这些都是重要的专业会展组织者；外部监管机构包括地方政府和相关监管主体，这些机构负有安全监管责任，为会展活动提供安全、法律、劳动关系、税收等公共服务，市政服务部门还要保障会展活动的食品安全、街道管制、垃圾清理等多方面事务；出版机构包括为会展活动服务的各种杂志、出版社、出版企业等。

会展业是指利用各种会展资源，以会展场馆设施为条件，为社会提供会展活动策划、组织、场地及配套设施和其他各项服务的经营单位的集合。这些经营单位的业务范围包括会展的策划、咨询、组织、广告设计与制作、展台设计与搭建、现场服务、评估、场馆经营等。

(二)《国民经济行业分类》中的会展业

会展业是会议业与展览业的合称。

在中国，官方正式将会展业视为一个独立的行业首见于2002年公布的《国民经济行业分类》标准(GB/T4754—2002)。该标准首次设立了"会议展览服务业"小类别(代码L7491)。中国的《国民经济行业分类》标准与联合国统计署《全部经济活动的国际标准产业分类》标准是相对应的。因此，中国会展业作为国民经济中的一个独立行业是符合国际通行标准的。这一国家标准在备注中对于会议及展览服务的界定是"为商品流通、促销、展示、经贸洽谈、民间交流、企业沟通、国际往来而举办的展览和会议等活动"。

必须说明，在会展业中，展览业所指展览会是经济贸易展览。《经济贸易展览会术语》国家推荐标准(GB/T26165—2010)，将经济贸易展览会定义为"以贸易、投资和经济合作等商务活动为主要功能的展览会"。

(三) 根据活动产业定义的"大会展"

"大会展"的概念源自MICE。其中，M代表meeting(会议)，I代表incentive(奖励旅游)，C代表conference(大型企业会议)，E代表exhibition(展览)。MICE将奖励旅游与会议和展览归为彼此关联的市场活动产业。

2005年，在《中国会展》杂志社举办的首届"中国国际会展文化节"上，有专家提出会展活动包含会议、展览、节庆、赛事、演艺5种形式。之后，有专家提出，应加上奖励旅游(会奖旅游)，共包含6种活动形式。

2008年，国务院办公厅发出《关于搞活流通促进消费的意见》(国办发〔2008〕134号)，指出"要努力发展节假日和会展消费"。2009年，国务院发出《关于发展旅游业的意见》(国发〔2009〕41号)，指出"以大型国际展会、重要文化活动和体育赛事为平台，特别要抓住举办2010年上海世界博览会的机遇，扩大旅游消费"。这是国务院文件首次提出节事、旅游活动与会展业相结合的要求。

其后，以会议、展览、节庆、赛事、演艺、会奖旅游等多种活动相融合的"大会展"概念逐步形成，被业界定义为广义的会展业。

国家统计局最新公布的《新产业新业态新商业模式统计分类2018》，将科技会展服务、旅游会展服务、体育会展服务、文化会展服务和其他会议、展览及相关服务分别列入"现代商务服务"(中类)的"其他现代商业服务"和"数字创意与融合服务"两个小类之中。由此证明，"大会展"在国民经济统计分类中，不仅归属新的商业模式，同时体现了融合发展的关系。

二、会展业的特点

(一) 高效益性

会展业的高效益性是其显著特点之一。一方面，会展活动可以产生直接的经济效益，如场地租赁费、展位费、广告费等，为会展举办方和参展商带来可观的收入。另一方面，会展业还能产生间接经济效益，如带动旅游、餐饮、住宿、交通等相关产业的收入，进一步拉动经济增长。此外，会展业在推动就业、提升城市形象、促进技术交流与创新等方面也具有显著效益。会展业以其独特的高效益性，在全球经济活动中占据了重要地位。高效益性不仅体现在直接的经济效益上，更在于其对相关产业的拉动效应和城市形象的提升。

微课三

北京举办奥运会的周期里，国际奥委会的电视转播权总收入为17.37亿美元，TOP计划(即奥运会合作伙伴计划)总收入为8.66亿美元，相关收入总计将近30亿美元。2022年，卡塔尔世界杯直接经济收入约为22亿美元，相关收益可达170亿美元。

以2024中国数字经济产业发展大会为例，该会展活动由中国计算机学会和苏州市政府联合举办，总投资近200亿元的56个产业项目现场签约。在会展期间，现场参会人数达到1 500人，人气值高达42.6万。这不仅为会展举办方带来了可观的门票收入、展位费和广告费收入，还极大地拉动了当地的旅游、餐饮和住宿等产业。会展业的经济效益通常是会展本身收入的数倍，这就是会展业高效益性的直接体现。

据最新统计，厦门市2024年一季度举办展览的总面积达到36.14万平方米，同比增长271.6%，而会展业的经济效益更是同比增长了70.28%，达到了53.79亿元。这一数据充分显示了会展业对经济增长的强大拉动作用。

此外，会展业还能带来深远的间接效益。比如，通过会展活动，企业可以展示新产品、新技术，吸引潜在客户，促成大额订单，从而推动企业的业务增长。同时，会展业还能提升城市的知名度和形象，吸引更多的投资者和游客，进一步推动地方经济的发展。

(二) 联动性强

会展业具有很强的产业联动性。一次成功的会展活动，往往能吸引大量参展商和观众，从而带动一系列相关产业的发展。如图2-1所示，会展业的发展不仅能给城市带来会务费、场租费、搭建费、广告费、门票等直接收入，还能极大拉动城市的餐饮宾馆、建筑业、邮电通信、交通运输、零售、广告、物流、装潢设计等行业总产值的增长，进一步辐射会计、法律等专业社会中介，保险、旅游、金融、市政建设、环保等产业，加速商品流通，促进资源优化配置，助力改进技术、改善城市发展环境。

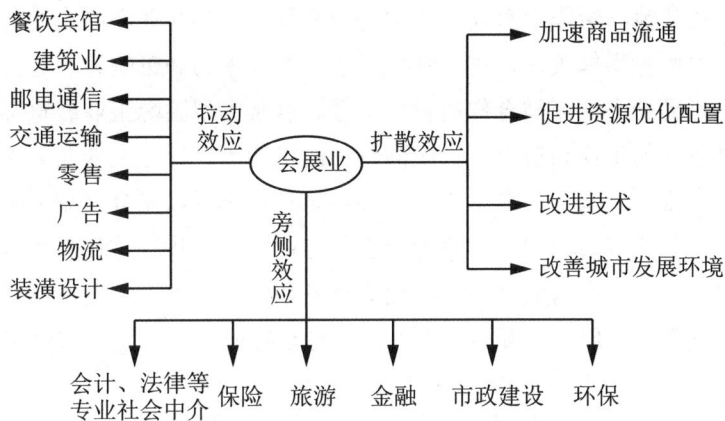

图2-1 会展业产业联动效应关系

做一做

图2-1中是否还可增加其他领域内容?

(三) 导向性强

会展业具有强烈的导向性,能够引领行业发展趋势,展示最新技术和产品。通过会展活动,参展商可以及时了解市场动态和行业需求,从而调整产品结构和市场策略。同时,观众也能在会展中接触到最前沿的科技信息和产品,为自身的购买决策提供有力支持。因此,会展业在促进产业升级、推动创新发展方面发挥着重要作用。

微案例

2024数字显示与元宇宙生态博览会

2024数字显示与元宇宙生态博览会于2024年5月10—12日在广州广交会展馆举办。本届数字显示与元宇宙生态博览会与2024第8届亚洲VR&AR博览会、2024第5届亚洲数字展览展示博览会、2024第3届亚洲数字文旅与演艺产业博览会、广州国际数字体育产业博览会、广州国际IP授权与潮玩产业博览会同期举行。与五大博览会的紧密联动将打造一个集科技创新、产业应用、文化交流于一体,横跨元宇宙、数字展陈/显示、数字文旅、数字艺术、数字体育、场景设计、动漫游戏、潮玩等产业上中下游的综合性展贸平台,旨在推动我国元宇宙VR/AR/MR/XR、数字显示、数字文旅、数字体育、IP&潮玩等产业实现高质量发展。

实际上,每一次会议和展览活动都会通过讲演讨论或展示参观,引导社会和各专业领域的新发展。正因为会展业具有导向性强这一特点,所以,它也是一种前瞻性经济,反映着经济发展的未来趋势。

(四) 凝聚性好

会展业具有很好的凝聚性,能够汇聚来自不同地域、不同行业的参展商和观众。这种跨地域、跨行业的交流与合作，有助于拓宽商业视野、增强行业间的沟通与协作。同时，会展活动还能吸引大量媒体关注，进一步提升活动的凝聚力和影响力。这种良好的凝聚性使得会展业成为推动社会交流与合作的重要平台。以某大型国际工业展览会为例，该展会汇聚了来自全球各地的工业制造商、供应商、科研机构等，行业内专业人士带着最新的产品、技术和解决方案来到展会。在这里，各种资源和思想得以充分交流和碰撞，行业内的专业人士有机会深入了解市场动态，掌握最新的工业发展趋势。这种高密度的信息交流和人脉拓展，不仅加强了行业内的联系，也为参展商和观众提供了宝贵的商业机会。展会的成功举办，充分展示了会展业在凝聚行业力量、推动行业发展方面的重要作用。

(五) 专业性强

会展业的专业性是其核心竞争力之一。无论是展览、会议还是其他形式的会展活动，都需要具备丰富的行业知识和专业技能。从策划、组织到实施等各个环节，都需要专业人士的精心运作。这种专业性不仅保证了会展活动的品质，也提升了参展商和观众的满意度。同时，随着会展业的不断发展，其专业性也在逐步提高，为行业的持续发展奠定了坚实基础。以某专业领域的学术会议为例，该会议邀请了众多国内外知名学者和专家，围绕特定的学术主题展开深入探讨。与会者都是该领域的专业人士，他们通过分享研究成果、交流学术观点，共同推动该领域的知识进步和技术创新。这种专业性强的会展活动不仅为专业人士提供了一个高水平的交流平台，也促进了学术研究和产业发展的深度融合。

微案例

第2届义乌国际宠物水族用品展览会

2024年5月24日—26日，第2届义乌国际宠物水族用品展览会(简称"义乌宠物展")开幕。本届展会以"面向世界、服务全国"为宗旨，发挥义乌外贸、跨境电商、宠业市场集聚优势，打造一个外贸为主，内外贸相互促进的宠业主题专业展会。本次展会，专业观众有20 000多人，展会规模为20 000平方米，到会源头工厂有1 000多家。参展范围包括宠物用品、宠物食品、水族用品、活体宠物、医疗保健等。举办活动有全球宠业高峰论坛、YPF义宠之夜、中国宠物产业大会、外商采购对接会、跨境电商专场、国内及直播电商选品会等大型行业峰会，还有实力展商和行业买家颁奖活动、爬虫异宠活体互动及宠物赛事论坛活动。

(六) 交融性强

会展业的交融性体现在多个方面。首先，会展活动本身就是一个多元文化交流的平台，不同地域、不同文化背景的人们在这里汇聚一堂，共同探讨行业发展趋势和前沿技术。其次，会展业还与其他产业如旅游、文化、教育等有着紧密的联系和互动。会展业的交融性体现在其能够融合多种元素，形成综合性的展示和交流平台。以某大型文化博览会为例，该展会不仅展示了各种文化产品和服务，还融合了艺术、科技、旅游等多个领域的内容。在这里，观众可以欣赏到各种艺术作品，体验到最新的科技应用，了解到不同地域的文化特色。这种跨界的交融不仅丰富了展会的内容，也吸引了更多不同类型的观众参与。同时，这种交融性也为参展商提供了更多商业机会，促进了文化产业与其他产业的深度融合和发展。

从会展本身来看，会议、展览、节事活动和奖励旅游等形式往往是"你中有我，我中有你"，互相促进、相得益彰。也就是说，会中有展，展中有会，以展养会，以会促展，已成为会展业的明显特点。同时，奖励旅游的选址和策划也越来越多地和当地的大型会展活动、各种奖励会议、研讨会、经验交流会、培训会结合在一起，既节约了成本，又提高了效益。

至于节事活动的交融性就更为显著：一方面，即使是一般会议和展览会，往往也伴随着别开生面的主题活动，许多大型会议和博览会本身就是一场节事活动盛事，如奥运会和世博会；另一方面，许多大型文化体育盛事和节事活动又包括了许多会议和博览会，如许多地方举办的国际服装文化节就包含了国际服装博览会、国际服装面料展览会、国际纺织器材展览会、国际服装设计研讨会、流行信息发布会、服装设计大赛、模特大赛等内容相关的会议和展览会。又如，已举办多年并获成功的上海旅游节本身就是由许多的会议和展览会构成的。强大的交融性使会展业具有旺盛的生命力。

三、会展业在经济社会发展中的贡献

(一) 推动经济增长

会展业作为现代服务业的重要组成部分，在推动经济增长方面发挥着重要作用。通过举办各类会展活动，可以吸引大量参展商和观众前来参与，从而刺激消费、扩大内需。同时，会展业还能带动相关产业的发展，如旅游、餐饮、住宿等，进一步拉动经济增长。此外，会展业还能为企业提供一个展示产品、拓展市场的平台，有助于提升企业的知名度和竞争力。

(二) 促进社会文化交流

会展活动是一个多元文化交流的平台，不同地域、不同文化背景的人们在这里汇聚一堂，共同探讨行业发展趋势和前沿技术。这种跨文化的交流与合作有助于增进相互理解和友谊，推动世界和平与发展。同时，会展活动还能展示各地的文化特色和风土人情，让观众在参与活动的同时领略到不同的文化魅力，促进社会文化交流。

(三) 提升城市形象和知名度

举办大型会展活动可以显著提升城市的形象和知名度。一方面，会展活动能够吸引大量媒体关注，通过广泛传播提升城市的曝光度和认知度；另一方面，成功的会展活动还能展示城市的综合实力和良好形象，吸引更多投资者和游客前来考察和旅游。这对于城市的长期发展具有重要意义。

微案例

"赛""会"之城弦歌浩荡
——杭州城市国际化攀登行动的赛会实践

"办好一个会、提升一座城。"杭州亚运会的这句口号，涵盖了丰富的经济学内涵，赛会举办的同时，与之相关联的人流、物流、资金流，都能拉动起来，通过乘数效应带动经济增长。

杭州市委十三届五次全会提出实施后亚运"十大攀登行动"。其中，要大力实施城市国际化攀登行动，不断提升全球高端资源要素能力。加快打造国际"赛""会"之城，已成题中之义。

俯瞰大会展中心一期，其造型犹如钱塘江畔的一叶风帆。仅历时三年多，这座由市临空建投集团打造的城市新地标即将投入运营，从其建设进度不难看出，城市国际化攀登行动的赛会实践，杭州正弦歌浩荡，奋楫前行。

1. 未开先火："排着队"的展会订单

早谋划、早布局、早行动！杭州市临空建投集团有限公司坚持"建运联动"，建设团队全力冲刺场馆竣备的同时，大会展中心运营团队也早已忙碌起来了……

与招商局集团携手成立合资公司，全面开展场馆招商运营，大会展中心频频亮相各大行业展会：3月5日，2024年国际会议中心协会(AIPC)亚洲峰会；4月11日，第三届中外会奖合作交流大会；4月25日，2024中国会展经济研究会年会暨中国会展经济高质量发展(长沙)论坛……大会展中心向世界发出"在浙里 会世界"的邀约。

"今年9月，第三届全球数字贸易博览会将在杭州大会展中心举行，这也将是在大会展中心举办的首个国际性展会。当前，我们场馆运营团队正全力冲刺，向着'建成即首展''首展即成名'的目标努力。"5月21日，杭州大会展中心在北京举办专场推介会，市临空建投集团党委副书记、副董事长、总经理来刚向全球各类展会发出落户杭州大会展中心的热情邀请。推介会还首次发布了杭州大会展中心业务模块运营模式及发展策略，并揭幕了暑期系列测试展项目。

目前杭州大会展中心的订单已开始"排队"。2024年7月—8月，大会展中心密集招引了14个试展项目，涉及交通物流、农林牧渔、体育休闲娱乐等9大行业业态。

而在赛会的招引中，大会展中心将眼光向外，希望能承接更多国际性的展会。比如，由香港LPA(传奇车俱乐部)主办的"神车展"将于2024年10月31日至11月8日在大会展中心举行，"神车展"将展示超30辆全球限量版名车、150余辆世界级古董车，届时将有来自世界各地的汽车设计师、收藏家、职业赛车手、球星亲临会场。

2. 动作频频：打造国际"赛""会"之城IP

从G20杭州峰会，到杭州亚运会和亚残运会，再到全球数字贸易博览会和"良渚论坛"，杭州一次又一次敞开怀抱，邀四海宾朋共襄盛会。如今，"赛""会"之城已成为时代赋予杭州的全新IP。

被列入国家一类展会的全球数字贸易博览会；永久落户杭州的"良渚论坛"；刚刚挂牌的杭州市会展集团；新出台的《关于放大亚运效应打造国际"赛""会"之城的实施意见》；即将启用的杭州大会展中心……动作频频的杭州，目标非常清晰：锚定"国内一流、国际知名"目标，打造系列品牌赛会和龙头赛事，提升数贸会和西博会等重大展会的美誉度，高水平建设国际赛事之城和国际会展之都。

(1) 打造国际"赛""会"之城，杭州凭什么？

一方面，杭州有发展赛会产业的产业基础。早在1929年，杭州就举办了首届西湖国际博览会，盛况一度比肩"芝加哥博览会""巴黎博览会"和"费城博览会"，至今西博会已成功举办25届。另一方面，杭州有数博会、茶博会、电博会、文博会、动漫节等全国性或国际性展会。以数贸会为例，其落户杭州的产业基础就是杭州澎湃的"数字动力"。据统计，2023年，杭州数字经济增加值达5 675亿元，同比增长8.5%，占地区生产总值的28.3%。2024年一季度，数字经济核心产业制造业、装备制造业、新能源产业增加值分别增长3.5%、4.1%和10.9%，高于规上工业0.3、0.9和7.7个百分点。

另一方面，杭州有不断完善的赛会产业"软硬件"。在G20杭州峰会和杭州亚运会之后，杭州赛会产业的"软硬件"得以大幅提升。杭州国际博览中心总建筑面积85万平方米，是集会议、展览、餐饮、旅游、酒店、商业、写字楼等多元业态的综合体；即将投用的杭州大会展中心，总建筑面积约134万平方米，总投资约200亿元，共有12个展馆、18个展厅，建成后净展规模将位列全国第五、浙江第一。

(2) 加快国际化，以"赛""会"链接世界。

为提升城市国际化水平，杭州将在加快打造国际"赛""会"之城、积极构筑产业国际化高地、着力建设国际重要交往中心等"三个方面"下功夫，力争到2025年，举办一批国际A类体育赛事、特大型展会、国际会议，进出口总额占全国的比重稳步提升，实现市场机遇更大、规则对接更好、创新动能更足、包容共享更强的开放。

在城市国际化攀登行动中，杭州正以"赛""会"链接世界。比如，依托杭州大会展中心，市临空建投集团正积极融入国际展览行业。目前已与国际会展行业协会(UFI)、国际协会联盟(UIA)、国际大会及会议协会(ICCA)、国际展览和活动协会(IAEE)和国际会议中心协会(AIPC)达成入会意向，逐步积极推动与协会的深入合作，这将大幅提升杭州国际"赛""会"之城的美誉度和影响力。同时，市临空建投集团携手招商局集团与智奥、慕尼黑、法兰克福、英富曼等国际头部会展公司进行深入交流，积极寻找愿景契合的合作伙伴。

就连杭州大会展中心的设计都充满了"国际范"，在设计上引入法国VP设计理念，并融入"杭扇、丝绸"的文化元素，将杭州本土文化与法国建筑美学完美融合。在第五立面的颜色设计上，大会展中心还将"水光潋滟晴方好，山色空蒙雨亦奇"的诗意融入色彩之中，为会展中心注入了独特的艺术气息。

杭州打造国际"赛""会"之城IP，不仅要将国际赛会"引进来"，还要让杭州的赛会经验"走出去"。围绕产业出海拓展需求，杭州会展集团今年还将携手柯莱睿会展集团举办首个海外自办展——2024印度尼西亚数字化转型博览会DTI-CX。该展已于今年1月获中国驻印尼大使馆经济商务处批复,并将于7月31日至8月1日在雅加达会展中心举办。

案例来源:杭州日报,2024年5月27日。

(四) 推动产业升级和创新发展

会展业在推动产业升级和创新发展方面也发挥着重要作用。通过会展活动,参展商可以及时了解市场动态和行业需求,从而调整产品结构和市场策略。同时,观众也能在会展中接触到最前沿的科技信息和产品,为自身的决策提供有力支持。这种信息交流和资源共享有助于推动产业升级和创新发展,提升整个行业的竞争力。

(五) 创造就业机会和社会财富

会展业的发展还能创造大量的就业机会和社会财富。一方面,会展活动需要大量的工作人员来策划、组织、实施和保障活动的顺利进行;另一方面,会展业的发展还能带动相关产业的发展,如旅游、餐饮、住宿等,从而创造更多的就业机会。这些就业机会不仅有助于缓解就业压力,还能为社会创造更多的财富和价值。

任务二　了解我国会展业发展

一、中国会展业宏观情况

(一) 国内会展业情况

在2001年加入世界贸易组织后,我国的会展经济发展迅猛,举办会展活动的数量和质量都达到国际先进水平。中国会展经济研究会发布的《2023年度中国展览数据统计报告》显示:

2023年,全国共举办线下展览7 852个,展览总面积为14 345万平方米,已接近2019年水平。2023年,全国按展览面积排名的前十个省(直辖市、自治区)为:广东省、上海市、山东省、四川省、江苏省、浙江省、北京市、江西省、湖南省、福建省。以上十个省(直辖市)的展览数量占全国展览总数的62.06%,展览总面积占全国展览总面积的71.76%。

2023年,全国按展览面积排名的前十个城市为上海市、广州市、深圳市、成都市、北京市、青岛市、重庆市、合肥市、南京市、武汉市。以上十个城市的展览数量占全国展览总数的39.38%,展览总面积占全国展览总面积的49.13%。其中,上海市、广州市、深圳市以1 732.67万平方米、1 181.07万平方米、1 030.66万平方米展览总面积位居全国前三,分别占全国展览总面积的12.08%、8.23%和7.18%。

上海、广州、北京作为中国展览业三大一线城市,2023年展览数量共计1 228个,展览总面积3 421.74万平方米，分别占全国展览总数的15.64%和全国展览总规模的23.85%。2023年，全国4个直辖市展览总数为1 086个，展览总面积为2 895.52万平方米，分别占全国展览总数的13.86%和展览总面积的20.08%。

2023年，全国正在使用的展览馆有366座，比2022年增加10座，增长2.81%。至2023年底，全球展览业协会(UFI)中国会员达到了213个，较2022年增长22个，增幅11.52%。其中，广州18个，占比8.45%，仅次于上海和北京。

中国国际贸易促进委员会发布的《中国展览经济发展报告2023》显示：2023年举办的经贸类展会3 923项，总展览面积为1.41亿平方米，覆盖全国31个省市自治区(不含港澳台地区)。2023年，中国经贸类展会数量和面积相比2022年水平均实现了大幅增长。2023年，中国经贸类展会数量同比增加117.1%，面积同比增加153.3%；同2019年相比，2023年经贸类展会数量增加10.6%，面积增加8.25%。

2023年，中国经贸类展会呈现了明显的区域集聚特征。

(1) 从展会数量看，2023年东部地区举办经贸类展会项目最多，共2 678项，占国内经贸类展会总数的68.26%。中西部地区经贸类展会数量分别为476项和487项，占比分别为12.14%和12.41%，东北地区展会数量为282项，占比7.19%。

(2) 从展览面积来看，2023年东部地区举办经贸类展览面积达10 385万平方米，占国内经贸类展览总面积的73.53%；中部地区经贸类展会面积为1 468万平方米，占比10.39%；西部地区经贸类展会面积为1 670万平方米，占比11.82%；东北地区经贸类展会面积为601万平方米，占比4.26%。

(3) 从场均展览面积来看，东部地区平均每场经贸类展会面积达3.88万平方米，远超其他地区水平，中部地区平均每场经贸类展会面积达3.08万平方米，西部地区平均每场经贸类展会面积达3.43万平方米，东北地区平均每场经贸类展会面积达2.13万平方米。京津冀、长三角、珠三角仍是全国热门展览区域，2023年京津冀、长三角、珠三角三大区域举办经贸类展会数量占全国比重为57.35%，总展览面积占全国比重高达63.27%。其中，京津冀地区2023年共举办经贸类展会474场，总展览面积1 387万平方米，在全国占比分别为12.08%和9.82%；长三角地区2023年共举办经贸类展会1 031场，总展览面积4 398万平方米，在全国占比分别为26.28%和31.14%；珠三角地区2023年共举办经贸类展会745场，总展览面积3 150万平方米，在全国占比分别为18.99%和22.31%。

(4) 从行业展览数量来看，2023年工业与科技类展会数量最多，共651项，占比达16.6%；第2位为房屋建筑、装修及经营服务，占比13.8%；第3位为交通运输、仓储和邮政，占比11.9%；第4位为日用消费品及居民服务，占比11.3%；第5位为食品、酒饮及酒店服务，占比9.8%。前五大行业展会数量占比达63.4%。

(5) 从行业展览面积来看，排名前五的展会类别同样为工业与科技，房屋建筑、装修及经营服务，交通运输、仓储和邮政，日用消费品及居民服务，食品、酒饮及酒店服务，占比分别为17.2%、14.2%、12.9%、10.1%和9.8%，前五大行业展览面积总占比为64.2%。

微案例

第二届全球数字贸易博览会拓展贸易新空间

2023年11月23日至27日，第二届全球数字贸易博览会在杭州国际博览中心举办。本届展会展览展示总面积达10万平方米，来自25个国家和地区的1 018家企业线下参展，367家企业通过数贸会云平台在线上参加展览。本届数字贸易博览会聚焦数贸全链路，突出数实融合，推动展贸联动，举办"数贸之夜"活动，实现全媒传播，参展企业包括51家世界500强企业和53家数字贸易百强榜单企业，这些头部企业拿出机器人、智能仿生手、多模态AI卫星等"看家本领"，全面展现数字贸易领域的最新成果与场景。展会期间，100项创新类"首发""首秀""首展"集中呈现。数字贸易博览会成为促进全球数字贸易交流、培育数字贸易新机遇、汇聚数字贸易新动能的大平台。

由于科技创新的快速发展，展览题材领域不断拓展，展览新题材不断涌现。前沿科技和绿色低碳等领域的产业博览会蓬勃发展，"Z世代"群体青睐的动漫游戏、休闲时尚等题材展会不断涌现，文化和体育类展会也逐渐成为备受青睐的展会题材。在十五大行业分类中，2023年文化、体育和娱乐类展会在数量和面积方面分别占比5.8%和4.8%，分别排名第8和第9位。

微案例

第十九届中国(深圳)国际文化产业博览交易会

由中央宣传部、文化和旅游部、商务部、国家广播电视总局、中国国际贸易促进委员会、广东省政府和深圳市政府主办的第十九届中国(深圳)国际文化产业博览交易会(以下简称"文博会")，于2023年6月7日至11日在深圳国际会展中心举办。本届文博会以线下为主、线上同步的方式举行，主会场设在深圳国际会展中心，共6个展馆，总展览面积达12万平方米。本届文博会共有3 596家政府组团、文化机构和企业线上线下参展，活动规模大、参与单位全；共展出文化产品超过12万件，4 000多个文化产业投融资项目在现场展示与交易，展出产品多、交流活动热。除主会场外，本届文博会还在全市各区设立64个分会场，共开展各类活动500多项。主会场、分会场、各相关活动点总参与人次有400多万。

(二) 出国参展办展情况

中国国际贸易促进委员会发布的《中国展览经济发展报告2023》显示：2023年，中国贸促会共审批计划出国展览项目1 240项，实际执行900项。其中出国参展822项，出国办展78项，涉及71家组展单位和55个国家或地区，参展企业共计3.96万家，展览面积达57.22万平方米。

(1) 从出国展览项目数量的地区分布来看，出国参展办展仍主要集中在亚洲地区和西欧地区，其展览项目数量之和仍超半数，达61.33%。具体来看，亚洲364项(40.44%)、西欧188项(20.89%)、东欧和俄罗斯112项(12.44%)、拉美及加勒比地区98项(10.89%)、北美93项(10.33%)、非洲37项(4.11%)、大洋洲8项(0.89%)。

微案例

2023(第十二届)乌兹别克斯坦—中国新疆商品展览会

2023年9月4日—6日，由新疆贸促会主办，中国驻乌兹别克斯坦大使馆经济商务处、自治区商务厅支持，乌兹别克斯坦国家工商会协办的2023(第十二届)乌兹别克斯坦—中国新疆商品展览会在乌兹别克斯坦首都塔什干市举办。来自中国新疆、湖南、广东、江西、贵州、陕西等省区市和新疆生产建设兵团的企业参展，展品范围涉及机电、建材、石油化工、纺织、电器、食品饮料、信息产品、特色农产品等。本次参展企业数为历史之最，是上一届参展企业数的3倍；展位面积是上一届的5倍；展区面积远超历届展会，达5 000平方米，设置中国新疆投资合作展区、新疆企业展区两大板块。中国新疆投资合作展区以"新疆是个好地方"为主题进行特装搭建，以视频、图片等形式集中展示新疆"一港、两区、五大中心、口岸经济带"建设及"八大产业集群"特色优势产业等。中方各企业、代表团与乌方共签订22个意向合同，签约总额达48.18亿元，涉及能源、基础设施建设、汽车制造、农产品生产加工、文旅项目等特色优势领域，成交规模创历史之最。

(2) 从参展企业数量的区域分布来看，亚洲、西欧和北美地区仍是我国企业赴国外参加展览的重要市场，对中国企业保持高吸引力。东欧和俄罗斯成为2023年参展企业数量增加最快的地区，参展企业数量占比较2019年(9.65%)上涨3.8个百分点。具体来看，亚洲17 349家(43.78%)、西欧7 498家(18.92%)、东欧和俄罗斯5 331家(13.45%)、北美3 883家(9.80%)、拉美及加勒比地区3 866家(9.76%)、大洋洲854家(2.16%)、非洲845家(2.13%)。

(3) 从出国展览项目数量的国别分布来看，2023年中国出国展览项目数量排名前十位的国别分别是德国(105项)、俄罗斯(93项)、美国(90项)、日本(54项)、越南(53项)、巴西(43项)、泰国(43项)、土耳其(37项)、阿联酋(36项)、墨西哥(35项)。出国展项目数量排名前三的国家有所变化，由2019年的美国、德国、俄罗斯变化为2023年的德国、俄罗斯、美国。赴上述十国展览项目数量占2023年出国展览总量的65.4%，较2019年的61.1%提升4.3个百分点，出国展览项目的国别集中度进一步提升。

(4) 从参展企业数量的国别分布来看，德国是中国企业赴国外参加展览的首选目的地，俄罗斯紧随其后。具体来看，2023年中国企业出国参加展览的前十大目的地分别是德国(4 295家)、俄罗斯(3 806家)、美国(3 722家)、阿联酋(3 521家)、印度尼西亚(2 955家)、日本(2 882家)、巴西(1 979家)、越南(1 812家)、泰国(1 566家)、墨西哥(1 355家)。其中，前五大国别占比达50%，企业出国参展的国别集中度较高。

微案例

2023年德国汉诺威工业博览会

2023年4月17日至21日，中国贸促会机械行业分会组团参加了在德国汉诺威举行的汉诺威工业博览会。该展被公认为"全球工业贸易领域的旗舰展"和"最具影响力涉及工业产品及技术最广泛的国际性工业贸易展会"。本次参展的中国企业数量约700家，净展示面积达12 000平方米。特变电工、中国移动、卡奥斯COSMOPlat、大族激光、东华链条、宝光电气等国内知名展商纷纷亮相。本次展会上，中国企业向世界展示了工业零部件及解决方案、自动化及动力传动、数字生态系统、能源解决方案、创新技术及未来生产、空压及真空技术展、全球商业及市场等七大领域尖端技术以及产品，为企业形象宣传和品牌树立打下良好的基础。中国话题在本届工博会上热度持续高涨，在工博会开幕当日，"投资中国年—德国站"启动仪式、"中国机会"2023中德智能制造论坛、中德智能制造投资促进工作组全体会议等重磅活动精彩呈现，为中德经贸合作注入积极力量。

(5) 按照展览项目数量排名，出国展览行业类别排名前十位的分别是机械(150项，16.67%)、交通运输物流(100项，11.11%)、综合(89项，9.89%)、纺织服装(64项，7.11%)、食品农产品(48项，5.33%)、医疗保健(47项，5.22%)、建筑装饰(39项，4.33%)、五金工具(33项，3.67%)、消费品(29项，3.22%)、照明(22项，2.44%)。

(6) 按照参展企业数量排名，出国展览行业类别排名前十位的分别是综合(12 403家，31.30%)、纺织服装(5 858家，14.78%)、机械(3 623家，9.14%)、交通运输物流(2 029家，5.12%)、食品农产品(1 793家，4.52%)、医疗保健(1 746家，4.41%)、消费品(1 196家，3.02%)、建筑装饰(1 124家，2.84%)、化工(972家，2.45%)、五金工具(885家，2.23%)。其中，排名前三的行业参展企业数量之和接近半数。

(7) 2023年，中国贸促会审批执行的出国参展共822项，占审批执行出国展览项目总数的91.3%；审批执行的出国办展项目总计78项，占出国展览项目总数的8.7%。其中，审批执行的办展项目实际展出总面积21.21万平方米，参展企业数量共计1.51万家，展位数量共计2.19万个。

(8) 2023年，出国办展项目场均展出面积为2 719.5平方米，参展公司数量为194.1家(达到2019年水平的1.33倍)，展位数量为280.9个(达到2019年水平的1.2倍)，办展项目质量有所提升。

(9) 经中国贸促会审批，全国共有71家组展单位组织出国展览。其中，组展单位项目数量、组织企业参展数量、组展参展面积等指标显示，组展单位呈现头部集中趋势。

(10) 从组织展会数量来看，前五大组展单位分别是浙江远大国际会展有限公司(105项，11.67%)、西麦克国际展览有限责任公司(76项，8.44%)、贸促会机械行业分会(58项，6.44%)、上海市国际展览(集团)有限公司(57项，6.33%)、中国机电产品进出口商会(54项，6%)。2023年前五大组展单位占比达38.89%，比2019年提升8.62个百分点。

(11) 从组织参展企业数量来看(见表2-1)，前五大组展主体分别是浙江米奥兰特商务会展股份有限公司(7 229家，18.24%)、西麦克国际展览有限责任公司(2 542家，6.41%)、浙江远大国际会展有限公司(2 411家，6.08%)、中国国际展览中心集团有限公司(2 319家，5.85%)、贸促会纺织行业分会(1 981家，5.00%)。2023年前五大组展单位占比达41.59%，比2019年提升9.02个百分点。

表2-1　2023年中国出国参办展实施情况(组织参展企业数量统计排名前30位)

序号	组展单位	项目数量		组织参展企业数量		组织参展面积	
		数量/项	比例/%	数量/家	比例/%	面积/平方米	比例/%
1	浙江米奥兰特商务会展股份有限公司	16	1.78	7 229	18.24	92 070	16.09
2	西麦克国际展览有限责任公司	76	8.44	2 542	6.41	40 371.25	7.06
3	浙江远大国际会展有限公司	105	11.67	2 411	6.08	36 969.95	6.46
4	中国国际展览中心集团有限公司	53	5.89	2 319	5.85	51 477	9.00
5	贸促会纺织行业分会	11	1.22	1 981	5.00	27 620	4.83
6	贸促会化工行业分会	27	3.00	1 774	4.48	20 414.87	3.57
7	中国机电产品进出口商会	54	6.00	1 763	4.45	31 689	5.54
8	中国医药保健品进出口商会	33	3.67	1 665	4.20	18 546.55	3.24
9	中纺广告展览有限公司	7	0.78	1 541	3.89	19 014	3.32
10	商务部外贸发展事务局	13	1.44	1 456	3.67	19 285	3.37
11	贸促会机械行业分会	58	6.44	1 324	3.34	21 104.75	3.69
12	中国纺织品进出口商会	6	0.67	1 138	2.87	11 878	2.08
13	远大国际展览有限公司	32	3.56	1 075	2.71	12 724.5	2.22
14	福建荟源国际展览有限公司	34	3.78	968	2.44	10 990	1.92
15	保利国际展览有限公司	32	3.56	941	2.37	10 764	1.88
16	中国对外贸易中心集团有限公司	11	1.22	738	1.86	9 400.82	1.64
17	上海市国际展览(集团)有限公司	57	6.33	569	1.44	8 766.04	1.53
18	贸促会电子信息行业分会	23	2.56	529	1.33	7 142	1.25
19	长城国际展览有限责任公司	23	2.56	496	1.25	6 894.75	1.20
20	中国中轻国际控股有限公司	11	1.22	486	1.23	10 971	1.92
21	中国食品土畜进出口商会	11	1.22	380	0.96	3 668.77	0.64
22	中国五矿化工进出口商会	12	1.33	373	0.94	5 378.5	0.94
23	中国电子国际展览广告有限责任公司	19	2.11	371	0.94	4 204.5	0.73
24	中国国际贸易中心股份有限公司	3	0.33	360	0.91	6 032	1.05
25	中国化工信息中心有限公司	11	1.22	351	0.89	4 204.5	0.73
26	贸促会浙江省委员会	10	1.11	324	0.82	3 957	0.69
27	江苏省商务厅	2	0.22	288	0.73	3 495	0.61
28	中国机械通用零部件工业协会	4	0.44	231	0.58	2 593.5	0.45
29	浙江中浙国际展览商务有限公司	10	1.11	230	0.58	2 412	0.42
30	中国机械国际合作股份有限公司	11	1.22	227	0.57	2 593.5	0.45

(12) 从组织参展面积来看，前五大组展单位分别是浙江米奥兰特商务会展股份有限公司(9.21万平方米，16.09%)、中国国际展览中心集团有限公司(5.15万平方米，9.00%)、西麦克国际展览有限责任公司(4.04万平方米，7.06%)、浙江远大国际会展有限公司(3.70万平方米，6.46%)、中国机电产品进出口商会(3.17万平方米，5.54%)。2023年前五大组展单位占比达44.14%，2019年提升8.67个百分点。

(13) 从组展形式来看，2023年中国贸促会共举办5项出国展览项目，其中4项线下展，1项线上展，包括西班牙国际未来交通大会及展览会、澜湄合作经济技术展览会、中国(印度尼西亚)智慧能源及交通产业展览会、中非(尼日利亚)产能合作品牌展览会、中国—大洋洲及南太地区国际贸易数字展览会。

(14) 从展览内容来看，展会项目聚焦新能源、智慧交通等新兴产业，支持企业开展高质量、高技术、高附加值的绿色低碳贸易，更好地融入全球产业链、供应链和价值链。如西班牙国际未来交通大会及展览会，中国企业展出了人工智能数据管理软件、城市监控传感器、智能街道设施和照明系统等智慧交通领域新产品和智慧城市解决方案；中国(印度尼西亚)智慧交通及能源产业展览会重点展示以新能源汽车、锂电池和光伏组件"新三样"为代表的新能源和汽车产业高技术产品。

微案例

中国(印度尼西亚)智慧交通及能源产业展览会

由中国贸促会主办，米奥兰特国际会展承办的"中国(印度尼西亚)智慧交通及能源产业展览会"(以下简称"智慧交通展")于2023年11月23日—26日在印度尼西亚雅加达举办。本次展会为由中国贸促会外贸专项资金资助主办的境外展会，来自广东、江苏、浙江、山东、河北、湖北、江西、广西等省区的38家企业参加本次展会，其中包括五菱、长城、东风、奇瑞、小蓝快充、比克动力等新能源汽车、智慧物流仓储、新能源储能电、城市交通管理、充电管理等领域的中国品牌企业参加了本次展会，展览面积1 008平方米，特装面积900平方米，特装率达到90%，品牌参展企业28家，占参展企业总数的73%。智慧交通展成为中国新能源汽车、锂电池和光伏组件"新三样"出海的重要平台。

(15) 从举办地点来看，出国展举办地点侧重于发展中国家和新兴市场，为中国同发展中国家开展产能合作、经贸交流提供了高质量平台。如在越南胡志明市举办的2023澜湄合作经济技术展览会，共吸引来自白俄罗斯、韩国、斯里兰卡、印度等约20个国家观众参观；在尼日利亚举办的中非(尼日利亚)产能合作品牌展览会，成为中国企业对非经贸合作的窗口和重要的产品展示平台。

(三) 会展业空间分布情况

从我国会展行业产业链区域分布来看，会展行业产业链的企业多集中于我国东南沿海地区，例如山东、上海等地。在内陆地区的北京、河南、四川等省份，产业链企业分布较多。

各大城市可以按其会展业发展速度和成熟程度分为三个梯队：以中国香港、北京、上海、广州为代表的第一梯队，除了各自拥有国际知名组展机构认定和品牌展会外，其本土展会的规模和影响力也是国内首屈一指的，如中国(上海)国际技术进出口交易会(简称上交会)、中国华东进出口商品交易会(简称华交会)、中国进出口商品交易会(简称广交会)等。第二梯队以深圳、大连、长春、杭州、南宁、昆明、义乌、东莞及部分省份省会城市为代表，这些城市虽然在会展业总体规模和发展水平上与第一梯队存在一定差距，但是在各自领域地域发展会展业的过程当中也取得了一定的成就，形成了一批在国内外具有一定竞争力和影响力的组展机构和品牌展会，如大连国际服装博览会、东莞名家具展、义乌国际小商品博览会等。第三梯队的城市数量较多，基本上其会展业发展处于刚刚起步阶段，虽然也拥有一定规模的会展场馆和设施，但是利用率不高，而且在办展规模、质量和效益上和第一、二梯队不可同日而语。

我国大规模的会展行业产业园区共有29个，主要分布于广东、北京、浙江、河北、山东等地，其中广东省最多，共有6个相关产业园区。

从我国会展行业上市企业的区域分布来看，北京地区的会展行业上市企业最多，共有佰锐博雅、中青博联、名洋数字、昆仑股份和东恒会展五家上市企业。此外，天津、上海、湖北、浙江等地均有会展行业的上市企业分布。

二、中国会展业未来展望

(一) 数字化与智能化：会展业的新引擎

随着技术的不断发展，数字化和智能化的发展方向已经成为不可逆转的趋势。虚拟展览、元宇宙展会等新型会展形式的出现，正是这一趋势的具体体现。这些新型形式打破了传统会展的时间和空间限制，使得参展商和观众可以更加便捷地进行交流和合作。

虚拟展览利用先进的虚拟现实技术，为参展商和观众打造一个身临其境的展示环境。在这个环境中，参展商可以展示自己的产品、技术和服务，而观众则可以随时随地参观展览，了解最新的行业动态和产品信息。这种形式的展览不仅提高了参展的便捷性，还大大降低了参展的成本。

存量与变量：
新发展格局下
对中国会展业
的新思考

元宇宙展会则是将会展业与元宇宙这一新兴概念相结合，打造一个更加开放、互动和沉浸式的展示平台。在元宇宙展会中，参展商和观众可以通过虚拟身份进行互动，参与各种展览活动，甚至进行虚拟交易。这种形式的展会不仅具有极高的趣味性，还具有很强的商业潜力。

除了虚拟展览和元宇宙展会，大数据、云计算、人工智能等新技术的应用，也为会展业的创新发展提供了无限可能。通过大数据技术，会展业可以更加精准地分析市场需求和参展商的行为模式，从而提供更加个性化的服务。云计算技术则可以提高会展业的运营效率，降低运营成本。而人工智能技术可以应用于会展的各个环节，如智能导览、智能客服

等，提升参展商和观众的体验满意度。

(二) 绿色低碳：会展业的高质量发展之路

随着环保意识的提高，会展业将更加注重可持续发展。绿色会展的理念和实践将逐渐普及。在展会运营过程中，绿色低碳主要体现在采用环保材料和技术，减少碳排放。例如，使用可再生材料搭建展台，使用太阳能等清洁能源为展会供电，以及采用节能减排的设备和交通方式等。这些措施不仅可以降低展会对环境的影响，还可以提升展会的品牌形象和参展商社会责任感。

在展会内容设计上，绿色低碳也成为一个重要的主题。越来越多的展会开始关注环保产业和绿色技术的发展，将其作为展会的重要组成部分。同时，展会还通过举办相关论坛、研讨会等活动，推动绿色低碳理念的传播和实践。

(三) 产业跨界融合：会展业的新平台

会展业正逐渐从单一的展示平台转变为促进不同产业间交流合作的平台。这一转变不仅拓宽了会展业的服务范围，也为其带来了新的发展机遇。

通过举办跨行业的展会，可以促进产业链上下游的衔接，推动产业结构的优化升级。例如，一个涉及多个行业的综合性展会，可以为不同行业的参展商提供一个交流的平台，促进他们之间的合作和创新。同时，这种跨行业的展会还可以吸引更多元化的观众群体，提高展会的知名度和影响力。

此外，产业跨界融合还可以为会展业带来更多的商业机会。通过与其他产业的合作，可以拓展其服务领域，提供更多的增值服务。例如，与旅游业合作，可以为参展商和观众提供旅游服务；与文化产业合作，可以为展会增添更多的文化元素和娱乐活动等。

(四) 线上线下融合发展：会展业的创新转型

面对国际环境复杂多变等不确定因素的影响，线上线下融合发展的双轮驱动模式将成为会展业创新转型的重要方向。这种模式不仅可以有效应对突发情况，还能扩大会展活动的影响力和参与度。

线上线下融合发展主要体现在展会的形式和内容上。在形式上，会展业可以采用线上虚拟展会与线下实体展会相结合的方式，为参展商和观众提供更加生动和便捷的参展体验。在内容上，线上展会可以延伸线下展会的功能，提供更加丰富和多样的展览信息和服务。例如，线上展会可以设置虚拟展厅、在线交流区、商务洽谈区等功能区域，为参展商和观众提供更加全面的展览体验。

线上线下融合发展的模式不仅可以提高会展业的抗风险能力，还可以扩大其市场影响力。通过线上平台的宣传和推广，可以吸引更多的国际参展商和观众参与展会。同时，线上展会还可以打破地域限制，使得更多的人可以参与到展会中来。

(五) 专业化与市场化：会展业的核心竞争力

随着各行业垂直细分程度的提高，展览业的专业化程度也在不断加深。未来，专业展览将向高度细分的方向发展，紧密联系相关产业链条，打造专业交流平台，助力各类市场主体的精准对接和企业品牌推广的精准发力。会展业专业化意味着会展活动需要更加注重服务质量和专业化水平，以满足企业和参展者的多样化需求。专业化发展主要体现在展会的主题和内容上。一个专业的展会应该具有明确的主题和定位，针对特定的行业或领域进行深入的探讨和展示。同时，展会的内容也应该具有专业性和针对性，能够吸引目标观众和参展商的关注。为了提高展会的专业化水平，会展业可以加强与行业协会、专业机构等的合作，共同制定展会的主题和内容，提高展会的权威性和影响力。

市场化发展则主要体现在展会的运营和管理上。一个符合市场化的展会应该具有灵活多变的运营机制和高效的管理团队，能够根据市场需求和参展商的反馈进行及时的调整和改进。同时，市场化的展会还应该注重品牌建设和营销推广，提高自身的知名度和美誉度。为了实现市场化发展，会展业可以借鉴先进的市场化运营理念和管理模式，提高自身的运营效率和市场竞争力。

(六) 国际化：会展业的全球视野

随着全球化的深入发展，会展业的国际化趋势日益明显，中国会展业的国际影响力持续扩大。随着中国加快培育外贸新动能和进一步高水平对外开放，将吸引更多国际知名展览企业在国内落户，提高中国会展业的国际化水平和国际影响力。同时，中国会展业也将加快走出去的步伐，积极参与全球展览市场的合作与竞争。这不仅体现在展会规模的扩大上，也体现在展会内容的国际化以及吸引国际参展商和观众的能力上。

国际化发展对于会展业来说具有重要意义。首先，国际化可以提高展会的知名度和影响力，吸引更多的国际参展商和观众参与。其次，国际化可以促进不同国家之间的经济和文化交流，推动全球经济的发展和繁荣。最后，国际化还可以为会展业带来更多的商业机会和发展空间。

为了实现国际化发展，会展业可以采取多种措施。首先，可以加强与国际会展组织的合作和交流，共同推动会展业的国际化进程。其次，可以积极引进国际先进的会展理念和管理模式，提高自身的国际化水平。再次，还可以加强与国际参展商和观众的沟通和联系，了解他们的需求和期望，为他们提供更加个性化和专业化的服务。最后，会展业还可以通过举办国际性的展会和活动，提高自身的国际知名度和影响力。例如，可以定期举办国际性的行业论坛、研讨会等活动，邀请国际知名的专家和学者参与讨论和交流；还可以积极争取国际性的展会和活动在本地区举办，提高自身的国际影响力和竞争力。

(七) 标准化、规范化：会展业高质量发展的重要推动力

未来，中国会展业将进一步提升标准化、规范化的发展水平，这不仅是为了适应行业发展的内在需求，更是推动会展业健康、有序发展的重要保障。标准化和规范化的发展将有助于提升会展业的服务质量，增强行业的竞争力，进一步吸引国内外的参展商和观众。

在标准化方面，中国会展业将致力于制定和完善相关的行业标准，包括展览场馆的建设标准、展览服务的标准流程、展览信息的标准化管理等。这些标准的制定将有助于提升

会展业的整体运营效率，降低运营成本，提高服务质量。

在规范化方面，中国会展业将加强对展览活动的监管和管理，确保展览活动的合法合规，维护展览市场的公平竞争环境；同时还将推动建立行业自律机制，鼓励企业自觉遵守行业规范，共同维护会展业的良好形象。

做一做

收集全球会展业发展情况相关数据资料，制作一份简单直接、图文并茂反映全球会展业发展的报告。

任务三　分析会展经济

一、会展经济的概念

会展经济，是通过举办各种形式的会议和展览、展销，带来直接或间接经济效益和社会效益的一种经济现象和经济行为。它是一种以会议展览行业为主体，结合多种相关服务行业的综合经济体系。会展经济不仅仅局限于会议和展览本身，还包括由此衍生出的一系列经济活动，如餐饮、住宿、旅游、购物、娱乐等。这些活动共同构成了一个庞大的产业链条，为城市经济的发展注入强大的动力。

专家解读：会展经济助推高质量发展

会展经济的特点在于其强大的集聚效应和扩散效应。一方面，会展活动能够吸引大量的人流、物流、资金流和信息流，形成一个临时的、高度集中的市场，为参展商和观众提供了一个交流、合作、展示的平台；另一方面，会展活动的影响并不局限于活动本身，它还能带动相关产业的发展，如旅游业、餐饮业、住宿业等，从而推动整个城市经济的繁荣。

资料卡

会展经济的乘数效应

据世界旅游组织测算，旅游每增长直接收入1元，相关行业的收入就能增长4.3元，即旅游业的产业联动系数为1:4.3。但按专家测算，国际上展览业的产业带动系数则为1:9，即展览馆的收入如果是1，相关产业的收入则为9。在美国，会展业的联动效应可达到1:10。

微课四

做一做

会展业联动作用量化分析

目前杭州展览公司一个标准摊位的(国际展和国内展平均)对外报价在4 000元左右，其所带来的外地客商约为9人(展商3人、参观商6人)，平均每人在杭停留时间约为3天(展商6天、参观商1.5天)。

(1) 住宿消费：_____元/(人·天)×(9人×3天)=_____元。

(2) 餐饮消费(包括客户宴请)：_____元/(人·天)×(9人×3天)=_____元。

(3) 交通消费：[市内交通_____元/(人·天)×(9人×3天)]+(返程交通_____元/人×9人)=_____元。

(4) 购物礼品消费：_____元/(人·天)×(9人×3天)=_____元。

(5) 游览消费：_____元/(人·天)×(9人×3天)=_____元。

(6) 文化娱乐消费：_____元/(人·天)×(9人×3天)=_____元。

(7) 医疗保健消费：_____元/(人·天)×(9人×3天)=_____元。

(8) 其他服务消费(洗衣、理发、美容、照相、修理等)：_____元/(人·天)×(9人×3天)=_____元。

(9) 一个标准摊位平均物流费用：运输300元、仓储100元、保险100元、邮政50元、展位特装修500元、展览器材100元，总计_____元。

(10) 展商与参观商信息费用：广告500元、咨询200元、书报出版物100元、通信600元，总计_____元。

以上客流、物流、资金流、信息流为产业链带来的总收入为_____元，会展业收入与相关产业收入比例约为_____：_____。

二、世界会展格局与最新发展数据

(一) 世界会展格局

1. 以德国为代表的西欧

欧洲是现代会展业的诞生地，西欧是会展经济最发达的地区，其中德国首屈一指。德国会展业的突出特点是专业性、国际性的展览会数量最多、规模最大、效益最好。在国际性贸易展览会方面，德国是第一号的世界会展强国，世界著名的国际性、专业性贸易展览会中，约有2/3都在德国主办。根据德国展览业协会(Association of the German Trade Fair Industry，德文缩写AUMA)发布的信息，2023年大约1 140万参观者和183 000家参展公司涌向德国的70个贸易展览会中心，德国2024年举行的贸易展览会数量超过330个，其中近180个是领先标准的国家或国际贸易展览会。

2. 北美

北美地区，尤其是美国，是全球会展业的重要市场之一。根据塔苏斯集团旗下的贸易展会新闻网(Trade Shows News Network TSNN)发布的2024年美国250大贸易展会榜单,美国每年举办的会展数量众多,且规模庞大。例如,设备制造商协会三年一届的拉斯维加斯国际工程机械展览会(CONEXPO-CON/AGG展览会)在拉斯维加斯会议中心拥有240万平方英尺的巨大净展览面积,是北美最大的建筑设备展览会之一。

此外,消费电子协会的国际消费电子展(Consumer Electronics Show,CES)也是北美最大的年度贸易展会之一,吸引了全球科技行业的精英。2024年的消费电子展展出了约202 400种新产品,包括4G LTE、电动汽车和平板电脑等,吸引了14.9万名企业高管参加。

北美地区的其他国家,如加拿大,也拥有一定的会展市场。多伦多、温哥华等城市每年都会举办多个国际性的展览会,涉及多个行业领域。

3. 亚洲

亚洲地区,尤其是中国,近年来在会展业的发展上取得了显著的成就。据中国国际贸易促进委员会(China Council for the Promotion of International Trade,CCPIT)统计,2023年中国共举办了3 923项经贸类展会,总展览面积达到1.41亿平方米。此外,全球展览业协会(UFI)发布的《2024年世界展览场馆地图》显示,亚太地区是全球展览场馆容量最大的地区,占全球总容量的38.5%,首次超过欧洲。中国作为亚太地区的代表,会展展馆室内净展览面积排名全球第一,共1 240万平方米。

中国会展业的快速发展得益于政府的支持、市场的需求以及技术的进步。例如,虚拟现实(VR)、增强现实(AR)、大数据等技术的应用提升了会展的参与度和互动性,为参展商和观众带来了更好的体验。此外,中国还积极举办多个国际性的展览会,如广交会、进博会等,吸引了全球的目光。

除了中国,亚洲地区的其他国家,如日本、韩国、新加坡等,也拥有发达的会展业。例如,日本的东京国际车展、韩国的首尔国际车展等都是全球知名的汽车展览会。

4. 大洋洲

大洋洲会展经济发展水平仅次于欧美,但会展规模小于亚洲。该地区的会展业主要集中于澳大利亚。

5. 非洲

整个非洲大陆的会展经济主要集中于经济发达的南非和埃及。南非会展业凭借南非雄厚的经济实力及对周边国家的辐射能力,在整个南部非洲地区处于遥遥领先的地位。北部非洲的会展业以埃及为代表,埃及会展业凭借埃及连接亚欧和沟通中东、北非市场的极有利的地理位置优势,取得突飞猛进的发展,其展览会的规模和国际性都大大提高。除南非和埃及外,整个西部非洲和东部非洲的会展经济规模都很小,一个国家一年基本上仅能举办一个到两个展览会,而且受气候条件的限制,这些展览会不能常年举办。

(二) 世界会展经济发展最新数据

全球知名咨询公司德国JWC会展咨询发布的《全球会展业发展报告2023》(*Global Industry Performance Review 2023*)深度分析了全球会展市场最新发展格局、头部企业表现、中国及印度和中东等重点区域市场、全球场馆供给等内容。

2023年，全球举办专业贸易展约3万场，净展览租赁面积约1亿平方米，参展展商约440万家，观众约2.8亿人，全球展览业市场规模超过300亿欧元；2023年全球净租赁面积约恢复至2019年的87%，预计2025年全面恢复并略超过2019年水平。

在会展场馆方面，目前全球共有1 425座专业会展场馆(5 000平方米以上规模)，室内净展览面积共约4 200万平方米。其中，10万平方米以上大型会展场馆81个，主要分布在欧洲和亚太地区，分别为40个和35个。

值得一提的是，中国共有288个展馆，室内展览面积约1 240万平方米，超过美国(283个展馆，共约630万平方米)和德国(51个展馆，共约310万平方米)，展馆数量和总容量均为全球第一。

德国2023年专业贸易展净租赁面积预估约为710万平方米，恢复至2019年的86%。欧洲第二大展览市场意大利2023年展览业收入预估约恢复至2019年的91%，净租赁面积恢复至87%。

欧洲主要会展市场将在2024、2025年保持增长，此后展览数量、展览净租赁面积、展商数量和观众数量等关键指标将停滞甚至出现小幅下滑。

《全球会展业发展报告2023》对全球头部会展公司的业绩表现做了多方位深度分析和排名。根据数据，2010—2019年，全球头部40家展览公司的总收入年均复合增长率为5.8%，超过同期全球GDP年均增长率。其中，无自营展馆的展览公司年均复合增长率为8.7%，有自营展馆的展览公司年均复合增长率为4.1%。

三、我国会展经济的空间分布

会展经济的空间分布受到多种因素的影响，包括城市的经济发展水平、地理位置、交通条件、旅游资源等。在全球范围内，会展经济呈现明显的地域集中性，主要分布在一些经济发达、交通便利、旅游资源丰富的城市和地区。

在我国，会展经济的空间分布可以概括为五大会展经济带：环渤海会展经济带、长三角会展经济带、珠三角会展经济带、东北会展经济带和中西部会展经济带。这些会展经济带依托各自区域的经济、文化、交通等优势，形成了各具特色的会展经济发展模式。

(1) 环渤海会展经济带以北京为中心，辐射天津、廊坊等城市。这一地区的会展业发展较早、规模较大、数量较多，且专业化程度高。北京作为首都，具有极高的国际影响力和知名度，吸引了大量的国际会议和展览活动。同时，北京的专业行业协会也成为办展的主力军，进一步提升了北京会展业的辐射和带动作用。

(2) 长三角会展经济带以上海为中心，依托南京、杭州、宁波、苏州等城市。这一地区的会展业起点高、政府支持力度大、规划布局合理、贸易色彩浓厚。上海作为国际大都市，拥有完善的交通网络和丰富的旅游资源，为会展经济的发展提供了得天独厚的条件。

(3) 珠三角会展经济带以广州为中心，深圳、珠海、厦门等城市为辅助。这一地区的会展经济现代化程度高、产业结构特色突出、地域及产业分布密集。广交会作为该地区的标志性展会，为珠三角的会展经济带来了巨大的推动作用。

(4) 东北会展经济带以大连为中心，沈阳、长春等城市为重点。这一地区的会展经济依托东北老工业基地的产业优势和东北亚的区位优势，形成了多个品牌展会，如长春的汽博会、沈阳的制博会等。

(5) 中西部会展经济带以武汉、成都为中心，重庆、西安等城市为重点。这一地区的会展经济通过不断发展，已经形成了多个具有地方特色的品牌展会，如武汉的华中汽车展、成都的西部博览会等。

会展经济的空间分布受到多种因素的影响，呈现明显的地域集中性。各大会展经济带依托自身的经济、文化、交通等优势，形成了各具特色的会展经济发展模式。随着全球经济的不断发展和城市化的加速推进，会展经济将在未来发挥更加重要的作用，成为推动城市经济发展的重要力量。

现代会展包含会展活动、会展产业和会展经济三个层次，三个层次关系如图2-2所示。

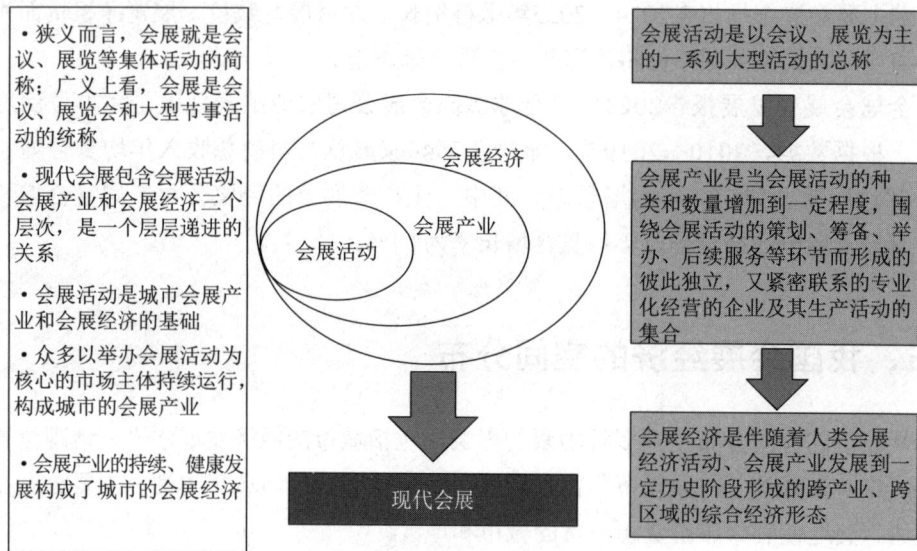

图2-2 现代会展的三个层次

做一做

不同语境下，"会展"一词有不同层面的含义，请选词填空。

备选词：经济、专业、活动、产业

1. 下周我们去国际会展中心做会展( )志愿者。

2. 东部经济发达地区会展( )蓬勃发展。

3. 加速释放会展( )的"乘数"效应，推动我市成为中国最受欢迎的会展城市。

4. 我们大学读的是会展( )。

▌知识检测▐

扫码做题

▌实战训练▐

组建3~5人的调研小组，用4周时间对你所在的城市会展业开展初步调研，了解代表企业、品牌会展、专业场馆情况以及政府发展会展业的具体措施，同时选择一家会展企业，了解其业务范围、岗位设置和分工。

📖 岗 课 赛证融通

会展人才培养的主要渠道包括学历教育和职业培训。在学历教育方面，截至2023年底，我国有130所高职院校开设了149个"会展策划与管理"专业点，37所高职院校开设了39个"展示艺术设计"专业点。2003年以来的20年中，教育部一共审批或备案了147个会展本科专业点，其中会展经济与管理专业点143个，交叉学科会展专业点4个。上述学历教育会展人才培养较有效地满足了会展行业人才的储备需求。

职业培训则是会展人才培养另一种有效供给方式，根据2022年新版的《中华人民共和国职业教育法》，职业培训包括就业前培训、在职培训、再就业培训及其他职业性培训。

根据教育部《职业教育专业目录(2021年)》，中等职业教育设置"会展服务与管理"专业(专业代码740106)，属于旅游大类、旅游类。专业核心课程包括：会展基础、会议服务、会展公共关系、会展信息技术应用、会展客户服务、会展现场服务与管理、会展法律基础知识、会展文案写作。

高等职业教育专科专业中设置的管理类会展专业有两个：一是会展策划与管理(专业代码540112)，属于旅游大类，专业基础课程包括管理学基础、旅游概论、商务礼仪与沟通、会展文案写作、会展概论、会展英语；专业核心课程包括会展项目管理、会展策划、会展营销、会展运营管理、会展现场管理、会展活动创意、会展展示设计、会展数字化应用。二是婚庆服务与管理(专业代码590304)，属于公共管理与服务大

会展策划与管理
专业解密

类，公共服务类。专业基础课程包括婚姻庆典服务概论、中西婚礼文化、婚姻家庭法规、婚庆服务礼仪、婚礼色彩设计与应用、婚庆音乐鉴赏与编辑、婚庆公司经营与管理、普通话语音与发声；专业核心课程包括婚礼策划实务、婚庆市场营销、婚礼现场督导、婚礼

手绘技巧、婚礼平面设计与制作、婚礼花艺与现场布置、婚礼化妆与造型设计、婚礼主持技巧。

普通高等学校本科专业目录(2022年版)中旅游管理类本科专业包括旅游管理(120901K)、酒店管理(120902)、会展经济与管理(120903)、旅游管理与服务教育(120904T)四个专业。《旅游管理类教学质量国家标准》中规定旅游管理类专业课程体系包括通识课程、基础课程、专业课程三大模块,应开设旅游学概论、旅游接待业、旅游目的地管理、旅游消费者行为4门核心课程,具体各专业核心课程由"4+X"构成,会展经济与管理专业核心课程"4+3"(4+会展概论、会展营销、会展策划与管理)。除了这7门核心课程之外,会展专业必修课一般还包括会展项目管理、会展运营管理、会展人力资源管理、会展文案、参展管理、战略管理、会展客户关系管理、大型活动策划与管理等。

项目三
展览会

学习目标

知识目标：了解展览会的概念；熟悉展览会的功能和分类；掌握展览会的参与方；掌握展览会的程序。

能力目标：能够分辨展览活动不同的参与方；能够参与展览活动展前、展中和展后的相关工作。

素质目标：团队力量，协作精神；善于思考，敢于创新；学思笃行，知行合一。

引导案例

中国义乌国际小商品博览会

中国义乌国际小商品博览会(以下简称"义博会")创办于1995年，以"面向世界、服务全国"为办展宗旨，经过30年的培育和发展，义博会已成为目前国内最具规模、最具影响、最有成效的日用消费品展会，先后被评为中国十大最具实力贸易进出口展览会、中国管理水平最佳展会、中国(参展效果)最佳展览会、最受关注的十大展会、最佳政府主导型展会和中国十大最具影响力品牌展会等，并获得了国际展览联盟(UFI)的认证。

1. 市场采购贸易，搭起内外联通的桥梁

素有"世界超市"之称的义乌，与全球232个国家和地区有着贸易往来，市场外向度超过65%，常驻外商约1.5万人，每年到义乌采购的外商超过50万人次。义博会起源于小商品专业批发市场并蓬勃发展，带动了周边一系列相关产业的崛起，改善和丰富了产品结构，进一步延伸了义乌小商品产业链。原本的一户户家庭手工作坊，现如今打上了"义乌制造"烙印，化身为一家家企业在竞争激烈的市场中抢占先机，脱颖而出。同时，义乌独特的专业市场优势实现了市场经营、会展业、出口贸易这三者的有机结合，促使其成为国际采购商重要的源头采购基地和国内外进出口贸易的主要基地。义博会始终抓住了外商组织工作这根主弦，由此吸引了参会目的明确、下单率高的国际采购商，不仅加快激活了义乌会展经济的一池春水，也成功地为义乌对外贸易高质量发展铺路搭桥。

2. 展会引领，中小企业海外拓荒

一直以来，义乌会展业与市场相伴相生。自1995年举办首届义博会以来，义乌坚持"以贸兴展，以展促贸，展贸互动"的特色会展业发展思路。在义博会这一品牌展会的带动下，已催生出20多个与产业高度关联的专业展会，现有文体用品展、五金电器展、针织服装展、玩具礼品展、家电厨具展等一批具有一定规模和影响力的品牌专业展会。义博会、五金会、森博会、装博会等品牌展会的展览面积、贸易观众量、成交额、展会配套活动都有突破，这些成绩的取得与市场化、专业化运作密不可分。义乌初步形成了以义博会等政府主导展会为龙头，一批品牌专业展会为支撑的大会展格局，会展综合实力位列全省前列，连续多年荣获"中国十大会展名城""中国最具影响力会展名城"等称号。

随着义乌会展业的迅速崛起，特别是"义博会"这一金名片的持续擦亮，与之相关的交通运输、邮电通信、口岸检查、旅游服务、娱乐购物、人才培训等硬件设施与软件环境日益完善。义乌现已建立起通达全国250多个城市乃至世界各地的公路、铁路、航运、空运路线的现代化综合交通运输体系，发达的联托运网络和领先的会展物流业水平为义乌商品出口开通了一条条贸易通道。

3. 政策扶持，助推展贸共赢

为创造良好的会展配套环境，义乌市委、市政府加大公共资源管理扶持力度，投资1.5亿元扶持中国小商品城会展中心集团公司建设专业展馆。一直以来，商务部、外交部全力支持义博会的各项工作，充分利用国内外市场和资源，加大义博会的对外宣传推介力度，为义博会的参展商和国际采购商开辟一条快捷、方便的绿色通道。

为了让小商品"货畅其流"，义乌把重心落在贸易便利化上。2014年，全国首创的"市场采购贸易方式"在义乌正式落地。市场采购贸易方式是指在经认定的市场集聚区采购商品，由符合条件的经营者在采购地办理出口通关手续的贸易方式。通过市场采购综合管理和属地管理，依托市场采购贸易联网信息平台，小商品对外贸易逐步实现"管得住、通得快、可溯源"，在推动义乌出口贸易快速增长方面发挥着关键作用，更为全国大型专业批发市场国际化发展打造高质量新样本。义乌海关、商检等部门协同合作，简化手续、优化流程后，让小商品出口也享受到一条龙服务，外贸货物通过宁波舟山港、上海港等码头运往海外，明显提高了小商品出口通检效率。此举为义乌外贸企业节约不少经济和时间成本，也能给国际采购商留下义乌贸易效率高、货物品质高的印象，一定程度上增加其回购订单。

资料来源：王璐. 义博会推动义乌外向型经济高质量发展研究[J]. 对外经贸实务，2023(8)：73-77.

敲黑板 划重点

展览活动在国家经济发展中的位置不可动摇，它拉动了众多产业的发展，通过汇聚人流、物流、信息流、资金流、技术流，直接拉动和间接带动相关产业和配套行业的发展，具有促进经济发展的集聚、辐射效应和带动性功能，对于从市场需求端去引导生产具有非常大的促进作用。重要的国际专业展览会是全球行业知识传播的热点载体，是行业发展的风向标或晴雨表。国际大展不仅是重要的商贸平台，还是行业的聚会厅、竞技场乃至行业标准产生地。

任务一　认识展览会

一、展览会的概念

展览会，也被人们称为贸易会(trade show)、交易会(trade fair)、商业和贸易活动(business and trade events)以及博览会(exposition)等。在这些不同的称呼中，每一种都蕴含着展览会独特的内涵和意义。有专家对"展览会"这三个字进行了深入的拆解和阐释，以揭示其丰富的含义。他们认为，"展"字所代表的是陈列和展示，即在展览会上，参展商会将自己的产品、技术或服务进行精心的陈列和展示，以便让参观者能够直观地了解和感受到其特点和优势；而"览"字代表了参观和观看，意味着展览会是一个供人们参观和观看的平台，参观者可以通过亲身体验和观察，深入了解参展商所展示的内容；至于"会"字，则强调了展览会的交流和互动特性。展览会不仅仅是一个展示的平台，更是一个为了实现某种特定目的而将人们集中到一起进行交流和互动的场所。这种交流和互动不仅发生在参展商与参展商之间、参观者与参观者之间，更重要的是发生在参展商与专业观众之间。通过这种面对面的交流，参展商可以更全面地了解市场需求，参观者也可以更深入地了解行业动态和最新技术。因此，展览会不仅仅是一个简单的展示平台，更是一个充满活力的交流和互动的场所，为参展商和参观者提供了一个难得的机会，共同推动商业和贸易的发展。

表3-1列举了国外学术界及权威认证机构对于展览的界定。

表3-1　展览会的相关定义

代表	展览的定义
戴维森(Davidson，1994)	向被邀请观众展示产品或服务的展示会，目的是诱导销售或是向参观人推介产品或服务
戈德布拉特(Goldblatt，1997)	以产品、设备和服务的股东或提供者为参展人的一种活动，目的是向一定的市场展示和推介他们的产品
拉姆斯登(Lumsdon，1997)	展览会的主要优势是能够引导销售和面对面销售、收集竞争对手的信息和在顾客心目中树立形象
国际大会及会议协会(International Congress & Convention Association，ICCA)	陈列展示产品和服务的各种活动

(续表)

代表	展览的定义
国际展览联盟(Union of International Fairs，UFI)分别定义了Trade fairs(交易会)和exhibition (展览)	交易会是指固定的每隔一段时间举行的市场行为，大量的公司介绍设计一个或者更多的产业部门的主要产品，并且大多数在样本的基础上出售，目的是吸引贸易和商务访客
	展览是指每隔一段时间，并且在特定时间段内举行的市场行为，大量的公司介绍涉及一个或者多个产业部门的具有代表性的产品，并且售卖或者为了达到促销的目的而提供相关信息，目的是吸引广大公众

根据美国《大百科全书》，展览会是一种具有一定规模，定期在固定场所举办的，来自不同地区的有组织的商人聚会。以此概念为基础，我们对展览会作出如下界定：展览会是一种具有一定规模和相对固定举办日期，以展示组织形象或产品为主要形式，以促成参展商和观众特别是专业买家之间的交流洽谈为最终目的的中介性活动。这种活动不仅是一种商业交流的形式，也是一种文化交流的平台，旨在通过展示来推广产品、服务或理念，同时为观众提供了解和体验的机会。展览活动的形式多样，包括但不限于展览会、博览会、交易会、展销会等，这些活动通常围绕特定主题进行，吸引众多人聚集在一起，形成定期或不定期的群众性社会交流活动。

二、展览会的功能

(一) 经济功能

1. 联系和交易功能

展览会是企业之间、企业与消费者之间进行沟通交流的重要平台，它不仅为企业提供了一个展示产品和服务的完美舞台，还通过现场演示、动手体验和互动会议等方式，使企业能够直接展示其产品和服务。在这样的平台上，企业能够以个性化和有说服力的方式传达其优势和独特的卖点，极大地增强了产品的吸引力，从而吸引潜在客户和合作伙伴，促进商业洽谈和交易。这种互动通常会带来即时反馈，从而提供有关客户偏好和行为的宝贵见解。

此外，展览会的面对面交流方式极大地缩短了交易链条，提高了交易效率，为企业带来了直接的商业机会和经济效益。通过展览会，企业不仅能够展示最新的产品和技术，还能够了解行业动态和竞争对手的情况，从而更好地调整自身的市场策略。展览会为企业提供了一个绝佳的机会，使他们能够与客户和合作伙伴建立更紧密的联系，进一步巩固和扩大市场份额。

2. 整合营销功能

展览会作为企业之间的有效营销平台，具有强大的整合营销功能。在展览会上，企业可以通过各种展示手段和推广活动，全方位、多角度地展示自身实力和品牌形象。这种综合性的营销方式不仅有助于提升企业的知名度和美誉度，还能帮助企业收集市场信息，拓展销售渠道，实现产品与市场的有效对接。展览会还为企业提供了与同行交流学习的机会，有助于企业借鉴先进经验，提升自身竞争力。展览会是产生潜在客户和推动销售的强大工具，是业务增长的催化剂。展览会提供了一个独特的平台，其中存在高度集中的潜在客户，通过展示产品和服务，企业可以吸引参观者到他们的展位，双方进行直接对话，这些互动具有个性化和影响力，可以有效收集联系方式并衡量参观者的兴趣水平。现场环境也为即时销售提供了机会，展会观众通常倾向于发现新产品并当场做出决定，尤其是在B2B环境中。展会优惠或折扣可以营造紧迫感，进一步推动销售业务的增长。展览会还为建立和培育与客户的良好关系提供了肥沃的土壤。展览会中的互动可以增强企业与其潜在客户之间的联系和信任感，企业同参观者互动、了解他们的需求并提供量身定制的解决方案可以显著提高客户的满意度，这些活动还使企业能够与现有客户重新建立联系，增强客户忠诚度。此外，展览会还提供了与同行建立联系的途径，从而可以促成合作关系，甚至推荐新客户。

3. 调节供需功能

展览会作为一个重要的信息市场，具备调节供需关系的功能。在这个平台上，企业所发布的产品信息实际上构成了市场信息的关键部分，这些信息不仅揭示了市场的供需状况，还反映了市场的变化趋势。通过参与展览会，企业能够及时捕捉到市场需求的动态，进而调整自身的生产计划和产品结构，以确保其产品能够更好地满足市场的实际需求。与此同时，消费者和采购商也能够通过展览会这一渠道，了解到最新的产品和技术动态，从而作出采购决策。因此，展览会不仅在调节市场供需关系方面发挥着至关重要的作用，还在促进资源优化配置、推动市场健康发展方面扮演着不可或缺的角色。

(二) 品牌塑造功能

展览会是企业塑造品牌形象、提升品牌价值的重要舞台。通过精心布置的展位、高质量的展品展示以及专业的现场服务，企业可以在展览会上充分展示自身的品牌形象和企业文化，吸引参观者的关注和认可。此外，展览会还为企业提供了与媒体互动的机会，企业可以借助媒体的力量扩大品牌影响力，提升品牌知名度。通过持续参加展览会，企业可以逐步建立起稳定的客户群体和市场地位，为企业的长远发展奠定坚实基础。

(三) 技术扩散功能

展览会作为一个展示新技术和新产品的重要平台，具有显著的技术扩散功能。在这个平台上，企业有机会展示最新的科研成果和技术创新成果，从而吸引来自行业内的专家和同行的广泛关注。通过现场的演示和交流活动，这些新技术和新产品能够迅速传播开来，并被广泛应用，进而推动整个行业的技术进步和产业升级。此外，展览会还为企业提供了与科研机构、高校以及其他合作伙伴进行合作交流的机会，这有助于企业引进外部智力资源，进一步提升自身的创新能力。

(四) 产业联动功能

展览会不仅仅局限于单一行业的交流展示，还常常涉及多个相关产业的联动发展。通过展览会，企业可以深入了解上下游产业链的最新动态和发展趋势，从而促进产业链上下游企业之间的合作与交流。这种产业联动不仅有助于形成产业集群效应，还能显著提升整个产业链的竞争力。同时，展览会还为政府、行业协会以及其他相关组织提供了推动产业发展的平台，有助于制定更加科学合理的产业政策和发展规划，进一步促进整个行业的健康发展。

2024年世界商展
排行榜

三、展览会的类型

展览会的分类标准有多个维度，主要包括商业属性、性质、内容、地理区域、规模、时间、场地和地点等。

(一) 按展览会的商业属性分类

展览会按商业属性可划分为商业展览会和非商业展览会，如表3-2所示。

表3-2　按商业属性分类的展览会

展览会类型	主要特征	展览会典型活动
商业展览会	商业展览会主办方一般为展会企业或行业协会等，展会主要目的是促进和实现贸易、交易	中国国际服务贸易交易会、中国—东盟博览会、中国—亚欧博览会、进博会、广交会、家博会、珠宝展、汽车展、丝绸展等
非商业展览会	非商业型展览会组委会多为政府部门或机构，多为公益性展览会或博览会，目的是促进文化交流、经济发展等	世界博览会

资料卡

世界博览会

世界博览会(简称世博会)分为两种形式：一种是综合性世博会；另一种是专业性世博会。世博会是一项由主办国政府组织或政府委托有关部门举办的有较大影响和悠久历史的国际性博览活动。世博会是非贸易性的，它让世界各国在同一个平台上展示社会、经济、文化、科技成就和发展前景，让所有参观者一同分享人类共有的文明成果。正因如此，世博会的举办规格也是最高的，参展主体都是国家政府和国际组织，也不局限于主办国和相关区域，是名副其实的"全球盛会"。世博会在初期确实着力展出一些新的发明创造、新的技术，展示一些比较独特的产品。但经过了一个多世纪的发展，世博会已经变成了一个展示人类文明的大型盛会。世博会的持续时间长，通常为几个月，甚至半年之久。世博会展出规模也较大。以上海世博会为例，要接待7 000万人次以上的游客，平均每天至少接待40万人次的游客。世界博览会的雏形为隋代杨广在观风行殿上举行的"万国博览会"。最早的现代博览会是由英国于1851年在水晶宫举办的万国工业博览会。

(二) 按展览会的性质分类

展览会按性质可划分为贸易型展览会和消费型展览会，如表3-3所示。

表3-3 按性质分类的展览会

展览会类型	主要特征	展览会典型活动
贸易型展览会	主要是为产业(如制造业、商业等)举办的展览，目的在于交流信息和洽谈贸易	中国国际服务贸易交易会、中国一东盟博览会、中国一亚欧博览会、进博会、广交会等
消费型展览会	主要展示消费品，观众主要是消费者，目的在于直接销售	家博会、珠宝展、汽车展、丝绸展等

(三) 按展览会的内容分类

展览会按内容可划分为综合性展览会和专业性展览会，如表3-4所示。

表3-4 按内容分类的展览会

展览会类型	主要特征	展览会典型活动
综合性展览会	涵盖全行业或数个行业，也被称为横向性展览	世博会(综合)、重工业展、轻工业展等
专业性展览会	专注于某一行业或产品	世博会(专业)、钟表展、框画展、文化博览会、科技博览会、图书博览会、旅游博览会等

(四) 按展览会的地理区域分类

展览会按地理区域可划分为国际展览会、国家展览会、区域展览会、地方展览会以及单个公司的独家展览会，如表3-5所示。

表3-5 按地理区域分类的展览会

展览会类型	主要特征	展览会典型活动
国际展览会	通常由国际性组织或机构主办，吸引世界各地的参展商和观众，具有较高的国际知名度和影响力	世界博览会
国家展览会	由国家级组织或机构主办，吸引全国各地的参展商和观众，全国范围内具有广泛影响力	中国国际医疗器械博览会
区域展览会	主要以特定区域范围为核心，集中展示区域经济、文化及产业资源，并推动区域内商贸合作与文化交流	东北亚投资贸易博览会
地方展览会	一般规模不大，特征是以当地观众为主，但是参展商也可能来自外地，甚至来自国外	成都美食节、义乌车展等
独家展览会	由单个公司为其产品或服务举办的展览	海尔世界家电博物馆

(五) 按展览会的规模分类

展览会按规模可划分为小型展览会、中型展览会、大型展览会和超大型展览会，如表3-6所示。

表3-6　按规模分类的展览会

展览会类型	主要特征
小型展览会	展览面积：0.5万~2万平方米
中型展览会	展览面积：3万~5万平方米
大型展览会	展览面积：6万~9万平方米
超大型展览会	展览面积：10万平方米以上

(六) 按展览会的时间分类

展览会按时间可划分为定期展览会和不定期展览会，如表3-7所示。

表3-7　按时间分类的展览会

展览会类型	主要特征
定期展览会	举办频率为一年四次、一年两次、一年一次、两年一次等
不定期展览会	举办时间根据需要而定，不固定时间举办

(七) 按展览会的场地分类

展览会按场地可划分为室内展览会、室外展览会和线上展览会，如表3-8所示。

表3-8　按场地分类的展览会

展览会类型	主要特征	展览会典型活动
室内展览会	不受天气影响，举办时间也较灵活，长短皆宜，设计布置较为复杂，所需费用也较多，多用于展示常规展品	纺织展、电子展等
室外展览会	场地较大，设计布置比较简便，可以放置大型展品，所需费用不多，多用于展示非常规展品	航空展、矿山设备展、房车博览会等
线上展览会	凭借技术赋能和模式创新，正在重塑会展行业的生态格局。其核心优势在于突破时空限制、降低交易成本，并通过数据驱动实现精准资源匹配，成为企业全球化布局的重要工具	非洲GTW线上建材展

(八) 按展览会的举办地点分类

展览会按举办地点可划分为常驻展览会和流动展览会，如表3-9所示。

表3-9　按举办地点分类的展览会

展览会类型	主要特征
常驻展览会	举办地固定在同一个地方
流动展览会	举办地点不断变化，且无固定规律的展览会

做一做

收集你所在的城市今年下半年的展览活动，完成表3-10。

表3-10　本市展览会类型

时间	展览会名称	类型

任务二　辨识展览会参与者

作为商业交流和展示的重要平台，展览活动的参与者涵盖了多个方面，包括展览会组织者、参展商、观众、会展场馆、服务承包商等，各方在展览活动中扮演着不同的角色，发挥着重要的作用。只有多方共同努力、密切配合，才能使展览活动取得圆满成功。

一、展览会参与者构成

(一) 展览会组织者

展览会组织者(exhibition organizer)是展览活动的组织者和策划者，负责整个展览活动的策划、组织、宣传和实施工作；协调各方面资源，确保展览活动的顺利进行。展览会组织者在展览活动中扮演着至关重要的角色，需要具备丰富的经验和专业知识，能够准确把握市场需求和行业趋势，为参展商和观众提供优质的服务和体验。同时，展览组织者还需要与参展商、观众、媒体等各方之间进行沟通和协调，确保展览活动的顺利进行。展览组织者还需要不断创新和改进展览活动的形式和内容，提高展览活动的吸引力和影响力。

微案例

英富曼(Informa)是一个全球领先的国际会展、数据资讯和学术研究集团，是世界排名第一的全球顶尖展览组展商，员工超过1.1万人，遍布全球30个国家和地区。在与博闻集团(英国)合并后，英富曼集团(英国)已成为全球最大组展商，其中Informa Markets目前已成为全球最大的展会主办方，涵盖医疗保健与制药、基础建设、建筑与房地产、时尚与服装、健康与营养、制造/机械与设备、酒店/食品与饮料、海事/运输与物流、美容与美学、珠宝、航空与航天、设计与家具、农业、能源/公用事业与资源、媒体与娱乐、文化与生活16个核心领域，拥有550多个B2B展会品牌，每年吸引全球550余万人参与Informa Markets主办的展览会及活动。

根据工作性质不同，展览会组织者具体可分为主办方、承办方和协办方。简单来说，主办方即发起单位，就是以谁的名义召集的；承办方指项目、事件的具体实施单位，就是谁具体在办这些业务，谁负责组织、联系、安排等事宜；协办方指的是在项目、事件的实施过程中提供协助或赞助的单位。

1. 主办方

主办方是指拥有展会并对展会承担主要法律责任的办展单位。在法律上，主办方拥有展会的所有权，负责制订展会计划和实施方案，对整个展会活动进行策划、组织和管理。

主办方是展览会的核心组织者，负责展览会的整体规划、宣传推广、招商招展、现场管理等工作。主办方需要深入研究行业趋势，确定展览会的主题、规模、时间和地点，制定科学合理的招商策略，吸引高质量的参展商和观众。同时，主办方还需与政府部门、行业协会、媒体等多方合作，提升展览会的知名度和影响力。在展览会期间，主办方需确保现场秩序井然，为参展商和观众提供良好的参展体验。

2. 承办方

承办方是指直接负责展会的策划、组织、操作与管理，并对展会承担主要财务责任的办展单位。承办方通常是受主办单位委托，负责具体实施活动或项目的组织。承办方根据主办方的要求和规划，负责展会的具体执行工作，如场地布置、物资采购、人员安排等。承办方负责展会的宣传推广、安全保卫、交通运输等具体事项，需要与主办单位密切合作，确保展会各项具体事务得到有效落实。

3. 协办方

协办方是指协助主办或承办单位负责展会的策划、组织、操作与管理，部分地承担展会的招展、招商和宣传推广工作的办展单位。协办方一般不承担财务责任，只是对主办或承办方的工作起协助作用。协办方主要负责专业支持与资源整合。协办方通常是在特定领域具有专业优势或资源的机构，如行业协会、科研机构、媒体等。它们为展览会提供专业支持，如邀请行业专家、组织专业论坛、提供媒体宣传等，丰富展览会的内容，提升展览会的专业性和权威性。协办方的参与，有助于整合行业资源，扩大展览会的影响力，同时也为协办方自身带来了品牌曝光和业务合作的机会。

(二) 参展商

参展商是展览活动的核心要素之一，他们是产品或服务的提供者，通过展览平台来展示其最新产品、技术或服务等，以吸引潜在客户和合作伙伴。参展商在展览活动中的成功与否，往往取决于其展示内容的质量、展位的设计以及现场互动的效果。因此，参展商需要精心策划和准备，确保在展览活动中展现最佳的形象和实力。参展商通过展览活动，可以了解市场需求、竞争态势、新技术发展以及行业发展趋势，为企业的战略决策提供有力支持。同时，参展商还可以与观众和潜在客户建立联系，进行深入的商业洽谈和合作，为企业的发展拓展新的渠道和机遇。

参展商的种类繁多，根据其特性和目标，可以细分为以下几类。

1. 行业专业展商

行业专业展商通常在特定行业中拥有丰富经验和高知名度。他们参展的主要目的是强化品牌形象，展示最新的技术和产品以及吸引潜在客户的注意。这些展商通过精心设计的展位、专业的产品演示和互动体验，向观众展示其创新能力和行业领先地位。例如，在汽车展览会上，奔驰、宝马等知名品牌会展示最新的车型和技术，吸引全球媒体的关注，获得消费者的青睐。

2. 创新科技企业

创新科技企业，尤其是初创公司，往往将展览会视为展示自身独特技术和解决方案的重要平台。创新科技企业希望通过与潜在客户的直接交流，建立新的业务关系，拓展合作渠道。这些企业通常拥有前沿的技术和创新的产品，但其品牌知名度相对较低。因此，创新科技企业可以利用展览会的机会，通过现场演示、技术讲座等形式，提升市场认知度和品牌影响力。

3. 国际参展商

随着全球化进程的加速，越来越多的国际参展商加入展览会的行列。国际参展商不仅带来了各自国家的特色产品和先进技术，他们的参与还促进了国际的商务交流与合作也为本地参展商和观众提供了了解国际趋势和文化的窗口。

(三) 观众

观众是展览活动的另一个重要因素，是参展商展示的对象，也是展览活动的最终受益者。观众在展览活动中扮演着重要的角色，他们的参与度和满意度直接影响着展览活动的成功。因此，展览组织者需要精心策划和组织各种活动，吸引观众的参与，提高观众的满意度。同时，参展商也需要通过展示内容的质量和现场互动的效果，吸引观众的关注，与观众建立联系，进行深入的商业洽谈和合作。

微课五

根据观众的身份和目的，可以将观众分为以下三类。

1. 企业采购代表

企业采购代表是企业中的关键决策者，他们拥有重要的采购决策权。他们参加展览会的主要目的是寻找新产品、新技术和新供应商，以满足企业的采购需求。在展览会上，他们可以通过与参展商的面对面交流，了解产品的性能、价格、交货期和售后服务等信息，为企业的采购决策助力。

如何留住观众的心

2. 消费者和个人观众

消费者和个人观众关注的是满足个人需求和兴趣的产品和服务。他们可能是普通消费者，也可能是特定行业的个体从业者。在展览会上，他们可以亲身体验产品、咨询专家、参与互动体验活动，从而深入了解产品的特点和潜在用途。这些观众为参展商提供了宝贵的市场反馈和意见，有助于参展商改进产品和服务。

展会专业观众
定位分析的
"三个什么"

3. 行业专家和学者

行业专家和学者通常具有丰富的行业知识和专业背景。他们参加展览会的主要目的是获取行业最新动态、分享经验和技术成果，以及与同行进行交流和合作。在展览会上，他们通过参加研讨会、论坛等活动，与业界精英共同探讨行业发展趋势和前沿技术，为行业的发展贡献智慧和力量。

做一做

展览会观众是不是越多越好？

(四) 会展场馆

会展场馆是展览活动的载体，它为展览活动的举办提供了场所和设施支持。会展场馆的建设和管理对于展览活动的成功举办具有重要意义。

会展中心是目前常见的展览会举办场馆，其工作重点是客户服务、营销、租赁与物业维护。会展中心设有专业的展厅，同时配备会议设施与相关商业配套，"展+会"的商业模式已成为重要的发展趋势。根据会展中心的业务模块，可分为纯展览馆运营、"展馆运营+多元配套服务""展馆运营+自办展+多元配套服务"等多种经营模式。会展中心自办展览在德国和我国内地相对常见，而中国香港会议展览中心则是典型的"展馆运营+多元配套服务"类型。

在选择场馆时，展会组织者要考虑很多方面，主要包括场馆的大小、场馆的服务(通信、餐饮、搭建、拆卸)、成本、参展商和观众的偏好、后勤考虑(航空服务、当地运输、停车)及住宿和娱乐。

展览场所的范围也在不断拓宽，很多集市用地、体育场、大型停车场或者博物馆以及社区中心也可以举办展览会。

关于会展场馆会在项目七详细介绍。

做一做

第30届义博会于2024年10月21日—24日在义乌国际博览中心举行，本次展会由中国轻工业联合会、中国商业联合会主办，义乌中国小商品城展览股份有限公司承办。本届义博会设国际标准展位3 800个，参展企业2 500家，展览面积达10万平方米，涵盖日用消费品、五金工具、建筑五金、电子电器、玩具、机电机械、体育及户外休闲用品、文化办公、服务贸易等行业。展会为期四天，预计到会采购商超160 000人次。

根据以上资料完成表3-11。

表3-11 2024义博会参与方

举办时间	展馆	主办方	承办方	参展商	观众

(五) 其他重要参与者的作用

1. 服务承包商

展览活动服务承包商是指在展览活动中，为展会或者参展商和观众提供各类服务的公司或团队。这些服务包括展台设计、搭建与施工管理、参展商手册、活动流程安排、嘉宾邀请与接待、舞台或旗帜等。这些服务的质量和效率直接影响到参展商和观众的体验，从而影响展览会的成败。展览业正在快速发展，展览活动服务承包商也在这个过程中逐渐成熟，其服务范围不断扩展，力求满足展会活动多样化的需求。

总服务承包商(general service contractor，GSC)，也称为官方展会服务商(official show contractor)或展会服务供应商(exposition services contractor)，提供的服务包括但不局限于搭建及撤展、设计和悬挂引导标识和横幅、地毯铺设、货物运输以及提供展位/展台所需的家具等。GSC提供的服务如表3-12所示。主场搭建商(official contractor)由展览会组织者指定，所提供的服务诸如展台搭建与拆卸、监督劳工、货物运输以及码头装载等。主场搭建商也称为综合服务承包商。

表3-12 GSC提供的服务

面向对象	提供的服务
展会/活动的组织者	账目管理、现场协调、管道和隔帘管理、入口管理、办公室管理、登记管理、展台搭建和拆除管理、展区的规划、布局和设计管理、地毯、家具、标识、制图、背景幕布、清洁服务、交通服务、物料运输、客户服务
参展商	展位设计和施工、展台搭建与拆卸、地毯、家具及配件、指示、标识、物料运输、参展商手册、国际业务中的关税代理

微 案 例

浙江米奥兰特商务会展股份有限公司(股票代码：米奥会展300795)成立于2010年6月30日，注册资本10 016万元，在深圳、广州、东莞、北京、上海、杭州、迪拜、雅加达等地均设有子公司，员工超过700人。作为中国第一家在中国资本市场上市的展览主承办主体公司，被业界称为"中国会展第一股"。米奥兰特致力于用会展的服务手段，积极响应国家"一带一路"倡议，是中国制造量身打造拓展全球市场的自主产权、自主品牌、独立运营、布局全球的会展营销服务平台。

2. 媒体

媒体是展览会信息传播的重要渠道，包括传统媒体(如电视、广播、报纸)和新媒体(如社交媒体、短视频平台、网络直播等)。媒体通过报道展览会的亮点、行业动态、参展商风采等，将展览会的信息传递给更广泛的受众，提高展览会的知名度和影响力。同时，媒体还能通过深度报道、专访等形式，深入挖掘展览会的价值，引导公众舆论，促进行业健康发展。

3. 志愿者

志愿者是展览会中的一道亮丽风景线，他们来自各行各业，怀揣着对公益事业的热爱，为展览会提供志愿服务。志愿者的工作包括指引参观路线、解答观众疑问、协助参展商布置展位等，他们的热情服务，为展览会增添了温馨和谐的氛围。同时，志愿者的参与，也体现了展览会对社会责任的承担，有助于提升展览会的品牌形象和社会影响力。

二、展览会参与者的相互作用

1. 参展商与观众的互动促进市场活力

参展商与观众之间的互动是展览会中最核心、最直接的交流方式。参展商通过展示产品和服务吸引观众的关注；观众则通过参观和体验了解参展商的实力和特色。这种互动不仅促进了信息的交流和传递，还为双方建立了潜在的商务合作关系。参展商可以根据观众的需求和反馈调整产品和服务策略；观众则可以根据参展商的展示和介绍选择适合自己的产品和服务。

2. 主办方与参展商的合作共赢

主办方与参展商之间的协作是确保展览会成功举办的关键。主办方需要为参展商提供优质的展位和服务支持；参展商则需要遵守主办方的规定和要求积极参与展览会的各项活动。双方通过紧密合作，共同推动展览会的顺利进行和高质量举办。这种协作不仅提升了展览会的整体效果和影响力，还为参展商提供了更多的商业机会和发展空间。

3. 媒体与所有参与者的联动效应

媒体作为信息传播的重要渠道，在展览会中发挥着不可替代的作用。媒体通过采访报道将参展商、观众、主办方等各方的声音和故事传递给更广泛的受众群体。这种联动不仅提升了展览会的知名度和影响力，还为参展商提供了宝贵的宣传机会和平台。同时媒体还可以通过对展览会的深入报道，对行业发展和市场趋势做出有价值的分析。

4. 服务提供商与展会协同发展

服务提供商在展览会中扮演着重要的支持和保障角色。他们通过为参展商和观众提供必要的服务和支持确保展览会的顺利进行，例如展位搭建商负责参展商展位的搭建和装饰工作，物流运输商负责展品的运输和仓储服务，餐饮服务商则为参展商和观众提供便捷的餐饮服务。这些服务提供商的专业性和高效性为展览会的成功举办提供了有力保障，同时也为参展商和观众提供了更加舒适的参展体验。

任务三　厘清展览会活动程序

一、展览策划阶段

(一) 成立策划小组

展览作为现代社会经济活动的重要组成部分，不仅承载着信息交流、产品展示、品牌推广等多重功能，更是企业文化、行业趋势乃至国家形象的展示窗口。因此，每一次展览的策划与执行都需精益求精，力求在每一个细节上都能体现出专业与创意。而这一切，都离不开一个结构合理、能力互补的策划团队的支持。策划小组的成立，意味着将不同领域、不同背景的专业人才集结在一起，通过团队协作，将各自的专业优势转化为推动展览项目向前发展的强大动力。

微课六

通常情况下，策划小组的成员构成应该包括以下几类专业人士。

(1) 项目主管。作为策划小组的领头羊，项目主管通常由公司的高级管理人员担任，如总经理、副总经理或业务部门经理等。在会展行业中，这一角色往往被称为贸易展会经理，他们不仅是会展公司与外界沟通的桥梁，也是内部管理的核心。项目主管需具备全局视野，能够准确

会展人成长记

把握市场动态，制定展览的总体战略方向。同时，他们还需具备出色的协调能力和领导力，确保团队成员之间以及团队与外部合作伙伴之间的顺畅沟通与合作。

(2) 策划人员。策划人员是展览计划的具体制定者和执行者，通常由策划部门的正副主管及业务骨干组成。他们需要对展览的主题、内容、形式等进行深入研究，结合市场趋势和受众需求，制定出既具有创新性又具备可行性的展览计划。策划人员需具备丰富的专业知识、敏锐的市场洞察力和良好的创意思维，以确保展览项目的新颖性和吸引力。

(3) 文案撰写人员。文案是展览策划中不可或缺的一环，它直接关系到展览信息的传递效果。文案撰写人员需具备扎实的文字功底、敏锐的洞察力和良好的沟通表达能力，能够准确捕捉策划小组的意图，将其转化为精炼、生动、富有感染力的文字。无论是展会策划案、宣传资料还是现场导览词，都应准确、流畅，以有效提升展览的传播力和影响力。

(4) 会展设计人员。设计是展览视觉呈现的灵魂，会展设计人员负责将策划理念转化为具体的视觉形象。无论是设计广告还是展示空间设计，设计人员都需具备高度的审美素

养、创新思维和扎实的设计技能。他们能够根据展览主题和目标受众的特点，创造出既符合展览氛围又能吸引观众注意力的设计方案，为展览增添独特的魅力和视觉冲击力。

做一做

图3-1是历年世博会会徽。在会展设计中，会徽(设计无疑是最受关注的，这种标识类设计有三个要素：图形、文字和(　　)。你知道第三个要素是什么吗？

LOGO设计的
三要素

请欣赏图3-1中历年世博会会徽。

2000年德国汉诺威世界博览会会徽　2005年日本爱知国际博览会会徽　2010年中国上海世界博览会会徽

2015年意大利米兰世界博览会　2020年阿联酋迪拜世界博览会　2025年日本大阪世界博览会

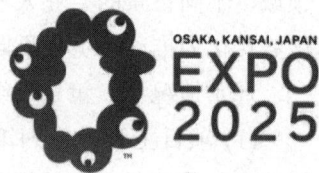

图3-1　历年世博会会徽

(5) 市场调查人员。在展览策划初期，深入的市场调查是制定展览策略的重要依据。市场调查人员需具备数据分析能力和市场敏锐度，能够通过各种渠道收集和分析市场数据，包括行业趋势、竞争对手情况、目标受众偏好等，为策划小组提供翔实、准确的市场报告，帮助团队做出更加科学合理的决策。

(6) 媒体联络人员。媒体宣传是提升展览知名度和影响力的关键手段。媒体联络人员需熟悉各类媒体的特点、覆盖范围和刊播价值，与媒体建立良好的合作关系，根据展览策划的需求，制订媒体宣传计划，确保展览信息能够精准、高效地传递给目标受众，达到最佳的广告宣传效果。

(7) 公关人员。公关人员是展览公司与外界沟通的润滑剂，他们负责维护展览公司的公众形象，处理公共关系事务，为展览项目创造和谐、有利的外部环境。公关人员需具备良好的人际交往能力、应变能力和危机处理能力，能够从公关角度为展览策划提供建议，协调解决展览过程中可能出现的各种问题，确保展览的顺利进行。

策划小组的成功运作离不开高效的工作机制和紧密的协作模式。项目主管作为团队的核心，应明确各成员的角色定位和责任分工，确保每个人都能在自己的专业领域内发挥最大效能。同时，项目主管还需定期组织团队会议，及时分享信息、讨论问题、调整策略，保持团队内部的沟通与协调。

在展览策划的实际操作中，策划小组可能会遇到各种挑战，如市场的快速变化、预算有限、时间紧迫等。面对这些挑战，策划小组要保持高度的灵活性和应变能力，及时调整策略，优化资源配置。例如，通过精细化管理，提高工作效率，降低成本；通过创新合作模式，引入外部资源，拓宽展览的广度和深度；通过加强风险管理，预防潜在问题，确保展览项目的顺利进行。

(二) 进行市场调查

在展会策划中，市场调查扮演着重要角色。从传播学的角度来看，市场调查是策划者深入了解市场信息、准确把握市场动态的重要途径。通过市场调查，策划者可以了解行业的发展趋势、市场的特征、市场的需求变化、消费者行为以及竞争对手的动态等关键信息。这些信息对于确定展会的目标和主题、撰写展会策划方案、选择合适的展会策略以及检查展会效果等都具有至关重要的作用。

为了确保市场调研的全面性和深入性，主办者应当将研究的重点集中在以下4个关键领域。

首先，市场前景分析是市场调查的重要组成部分。在这一部分，主办者需要深入探讨市场的发展趋势，包括政策环境的可行性分析和市场规模的预测。政策环境的可行性分析要求主办者评估当前和未来的政策环境，了解政策变化对市场的影响，以及政策对展会举办的潜在支持或限制。这有助于主办者更好地把握政策导向，为展会的成功举办提供有力的政策保障。同时，市场规模的预测也是市场前景分析的重要内容之一。主办者需要通过数据分析和市场调研，估算目标市场的总体规模和增长潜力，从而为展会的定位和规模提供依据。这有助于主办者更准确地把握市场需求，制定出更符合市场实际的展会策划方案。

其次，同类展会的竞争能力分析也是市场调查不可或缺的一部分。在这一部分，主办者需要对市场上现有的同类展会进行全面的分析，评估其竞争力。这包括了解这些展会的举办频率、规模、参展商和观众数量、展会的主题和特色等。通过对比分析，主办者可以找出自身展会的优势和劣势，从而制定相应的竞争策略。这有助于主办者更好地了解竞争对手的情况，为展会的成功举办提供有力的保障。

再次，本次展会的优势条件分析也是市场调查的重要内容之一。在这一部分，主办者需要深入挖掘和展示本次展会的独特优势条件。这些优势条件可能包括优越的地理位置、便捷的交通条件、优质的展馆设施、强大的组织团队、丰富的行业资源以及与行业协会的合作关系等。通过详细分析这些优势条件，主办者可以更好地向潜在参展商和观众展示展会的独特之处，从而提高展会的吸引力和竞争力。这有助于主办者更好地宣传和推广展会，吸引更多的参展商和观众参与。

最后，潜在客户需求调查是市场调查中最为关键的一环。在这一部分，主办者需要通过问卷调查、深度访谈、市场调研等方式，深入了解潜在客户的需求和期望。这包括了解客户对展会主题、参展商质量、同期活动、展会服务等方面的需求以及他们对展会的期望和建议等。通过收集和分析这些数据，主办者可以更好地满足客户的需求，提供更具吸引力的展会体验，从而提高客户的满意度和忠诚度。

(三) 制定展会策略

1. 综合考虑因素

主办者需要遵循一定的程序，确保展会决策的科学性和有效性。通常情况下，展会决策应综合考虑以下因素。

(1) 营销需求。营销需求是展会策略制定的出发点。展会作为一种市场营销手段，其根本目的在于满足企业的营销需求，促进产品的销售和推广。因此，主办者必须深入了解企业的营销目标，确保展会策略与之紧密契合。

(2) 市场条件。市场条件是制定展会策略的重要依据。市场环境的变化莫测要求主办者必须具备敏锐的市场洞察力。通过对市场趋势的准确把握，主办者可以制定出更加符合市场需求的展会策略，从而提高展会的吸引力和影响力。

(3) 营销方式。营销方式的选择也是制定展会策略时不可忽视的一环。不同的营销方式具有不同的特点和优势，主办者需要根据展会的实际情况和目标受众的偏好，选择最合适的营销方式。这不仅可以提高营销效果，还可以降低营销成本，实现效益的最大化。

(4) 内部条件。内部条件则是制定展会策略的基础。企业的资源状况、组织能力、员工素质等内部因素，都会对展会策略的制定产生重要影响。主办者需要充分考虑这些因素，确保展会策略与企业实际情况相匹配，从而实现最佳效果。

2. 定位目标市场

在综合考虑多方面因素的基础上，主办者接下来要做的就是进行展会目标市场的定位。以展览会为例，主办者在进行目标市场定位时，需要深入剖析多个关键因素。

(1) 展览会的类型是定位的首要考量。不同类型的展览会，如政府主办的、公益性质的或是商贸展览会等，其目标市场、受众群体和营销策略都存在显著差异。因此，主办者必须明确自己所主办的展览会类型，以便更准确地定位目标市场。

(2) 产业标准是影响展览目标市场定位的重要因素。一次展览会往往会涉及多个产业，这就要求主办者必须深入了解各产业的特点和需求，以便制定出更具针对性的营销策略。以汽车展览会为例，除了要考虑汽车生产企业的需求外，还应努力吸引销售、运输等与汽车需求密切相关的企业，甚至包括一些研究机构等，这样可以确保展会的全面性和专业性，提高展会的吸引力和影响力。

(3) 地理细分是划分展览市场的常用依据。不同地区的参展商和专业观众具有不同的需求特征和营销反应。因此，在进行地理细分时，主办者需要深入分析不同国家参展商对展会的个性化要求，以及他们在本国的具体分布情况。这有助于决策者更准确地把握各地区的市场特点和需求趋势，从而制定出更具针对性的营销策略。

(4) 行为细分也是展会市场细分的重要方法之一。它根据参展商的参展动机、购买动机、购买状态或对展览会的态度等因素进行划分。其中，参展动机被认为是进行展览市场细分的最佳起点。通过深入了解参展商的参展动机，主办者可以更加准确地把握用户需求和期望，从而制定出更加符合用户需求的营销策略。

决定展会策略时，必须在充分掌握现有相关资料的基础上进行，包括宏观政策环境、企业经营实力、会展市场竞争状况、顾客满意程度等。从展会营销的角度来说，一份会展营销计划应包括会展营销现状分析、行业SWOT分析、营销目标的确立、市场营销组合策略、具体的行动方案、营销预算费用以及营销计划的执行与控制等。

(四) 制定展示设计策略

作为现代市场营销策略中不可或缺的一环，展示设计的核心价值在于精准传达展览信息，有效吸引并留住参观者的注意力。这一过程不仅是艺术与技术的巧妙融合，更是对展览目的、品牌理念及展品特性的深度挖掘与创造性呈现。好的设计不仅能够显著提升展会的整体品位，为参展商树立良好的企业形象，还能在无形中促进产品营销，激发消费者的购买欲望，实现经济效益与社会效益的双重丰收。

1. 展会设计的前瞻性与系统性

对于规模较大、影响广泛的展会活动而言，其相关的设计工作往往需要提前数月乃至更长时间进行精心筹备。这一时间框架的设定，旨在确保每一个设计细节都能得到充分考虑与优化，从而在面对激烈的市场竞争时，能够以最佳状态亮相，脱颖而出。具体而言，在开展前9个月左右，会展的设计策划工作便应全面启动，其中包括但不限于展览结构的创意设计、展台的布局规划、视觉识别系统的建立，以及与展览公司的沟通与设计方案的审批等。

从参展商的视角出发，展会设计绝非简单的展台搭建那么简单，它是一个系统工程，需要从策划阶段就全面介入，综合考虑多方面因素。首先，展览结构的设计需紧密围绕参展主题，既要体现品牌特色，又要便于观众流动与互动；其次，获取展览公司的设计批准是确保设计方案得以顺利实施的关键步骤，这要求参展商与展览方保持密切沟通，确保设计理念与展会整体风格相协调；最后，设计与制作展会宣传册，展会宣传册不仅是展会信息的直观载体，更是参展商品牌形象的直接展现。

2. 展台设计的多样性与策略性

展台作为参展商与观众直接交流的"第一现场"，其设计的重要性不言而喻。根据不同的展览目标、展品特性及预算条件，设计展台应遵循不同的设计原则与功能区分，制定出灵活多变的设计策略。例如，对于科技类产品而言，创新性与未来感可能是设计的核心；而对于传统手工艺品，可能更注重文化氛围与工艺细节的展现。展台设计是一项综合性的创意活动，旨在通过视觉、空间与功能的巧妙结合，为参展商提供一个展示产品、服务与品牌形象的独特平台。优秀的展台设计不仅能够吸引参观者的目光，提升品牌形象，还能有效促进商务交流与合作。

在展台设计中，首先要明确设计目标与定位，包括参展主题、目标受众以及期望传达的品牌信息。基于此，设计师会运用色彩、灯光、材质与造型等方式，营造出与品牌调性相符的展示氛围。在色彩选择上，需考虑品牌标准色与展览环境的协调性；在灯光设计上，要注重光影效果，突出展品特色；在材质与造型的运用上，则需兼顾美观与实用性，确保展台结构的稳固与安全。

其次注重空间布局的合理性，确保展品展示、洽谈交流、休息等待等功能区域划分明确，流线顺畅，同时融入互动体验元素，如触摸屏展示、虚拟现实体验等，以增加参观者的参与感与兴趣度，提升展览效果。

展台设计是一项集创意、美学与实用性于一体的综合性工作。它需要设计师充分了解参展商需求，精准把握品牌特色与展览主题，通过巧妙的设计手法，为参展商打造一个既具有视觉冲击力，又能有效传递品牌价值的展台。优秀的展台设计不仅能够为参展商带来丰厚的商业回报，还能给参观者留下深刻的印象，成为展览活动中一道亮丽的风景线。

> **做一做**
>
> 中国国际旅游交易会(China International Travel Mart，CITM)，是亚洲地区最大规模的专业旅游展，每年举办一次，从2001年起，中国国际旅游交易会分别在上海和昆明交替举办。近年来，来自世界各地以及国内各省(区、市)旅游机构及所属地区的旅行社、饭店、航空公司以及同旅游业有关的企业纷纷参加中国国际旅游交易会。作为文旅领域的国际专业展会，其展台展位设计极富创意和特色。
>
> 请收集上一届中国国际旅游交易会展台照片，评选出你最喜欢的展台设计，并说出理由。

3. 宣传材料设计的艺术与科学

对于主办方来说，宣传材料包括依托网站、公众号、微博、小红书、抖音、快手等新媒体发布的资讯，还包括招展书、招商书、参展手册、手提袋、文创品等传统宣传资料。

对于参展商来说，宣传材料主要指各种文字资料，如宣传册页、新闻稿件等。而事实上，宣传材料不仅仅限于现场分发给观众或记者的文字资料，它还包括很多形式，如直接邮寄资料、产品介绍、DVD、纪念包(手提袋)、酒店的户外广告或展会的每日快讯等。

在宣传材料的设计上，既要尊重并融入展会的整体视觉风格，又要力求在众多参展商中脱颖而出，形成强烈的视觉冲击力。这不仅要求设计师具备深厚的艺术修养，能够巧妙运用色彩、图形、文字等元素，创造出既美观又富有感染力的视觉效果，还要求设计师掌握科学的设计方法，确保设计成果既符合审美要求，又能有效传达信息，达到预期的营销目的。

外观设计是宣传材料设计的首要环节，它直接关系到材料的第一印象与吸引力。在这一阶段，设计师需重点解决两个问题：一是材料的形状，即如何通过独特的形态设计，使宣传材料在众多展品中脱颖而出，吸引人们的目光；二是材料的大小，既要考虑携带的便利性，又要确保内容的完整呈现，避免因尺寸不当而造成的阅读不便或信息遗漏。

此外，人性化设计也是宣传材料设计中不可忽视的原则。这意味着设计不仅要美观大方，更要考虑到用户的使用习惯与情感体验。例如，宣传册的纸张选择应便于翻阅，字体大小与行距应适合长时间阅读，纪念品的设计应兼顾实用性与美观性，以便参观者愿意长期保留并主动传播，从而进一步扩大展览的影响力。

微案例

2024义博会宣传资料

一次展会相关宣传资料至关重要，2024义博会会徽、官网、参展商手册、招展书如图3-2~图3-5所示。

图3-2　会徽

图3-3　官方网站

图3-4　参展商手册

(a) 招展书封面封底

图3-5　招展书

(b) 招展书内页

图3-5 招展书(续)

资料来源：义博会官网。

做一做

请收集身边某个展会相关宣传材料(宣传品)的实物和图片。

(五) 制定预算方案

在会展策划阶段，良好的财务管理和预算控制是至关重要的因素之一。如果预算方案安排得当，不仅能够有效地增加收益、提高整体效益，还能使主办者更加清晰地了解收入的来源及其比例，从而分析主要的投入项目，并确定主要的收入来源。

在制定会展预算方案时，需要考虑以下几方面内容。

1. 会展目标与规模

(1) 明确会展活动的目标，如推广产品、增加品牌知名度、拓展客户群体等。不同的目标会对预算产生不同的影响。

(2) 根据目标确定会展的规模和范围，包括展位面积、参展人数、参展商数量等。规模的确定将直接影响预算的大小。

2. 收入预算

(1) 主营业务收入，如展位费、参会费等，可根据市场因素和以往经验进行估算。

(2) 政府资助收入，如政府机构主办的或支持的会展项目，可能获得的政府拨款。

(3) 资源开发收入，包括门票收入、广告赞助收入、其他服务收入(如设备租赁、搭建费、餐饮费等)以及利惠收入(如提前支付的参展费产生的利息)。

3. 支出预算

(1) 场馆费用，包括场馆租金、水电及其配套设施费用等，是会展项目最主要的支出项目。

(2) 布展搭建费，根据会展项目的类型和内容，估算布展和搭建所需的费用。

(3) 招商招展费用，包括宣传推广、邀请函制作与发放、招商人员差旅费等。

(4) 行政后勤费用，包括工资、奖金、复印、电话、信函来往、计算机等费用，以及餐饮、交通、住宿等后勤保障费用。

4. 其他费用

(1) 固定费用，如印刷和邮寄宣传资料所需的费用。

(2) 可变费用，如餐饮费、交通费等，这些费用可能根据实际情况有所变动。

5. 预算调整与控制

(1) 预留金。考虑到市场价格波动和可能发生的意外情况，合理增加一定的预留金以应对潜在风险。

(2) 预算监控。建立有效的预算监控机制，及时跟进实际支出情况，对超出预算的项目进行合理调整，确保整体预算在合理范围内。

6. 参考历史数据与市场调研

在制定会展预算方案时，还要回顾过去类似会展项目的预算和决算情况；了解竞争对手的会展预算和策略，以及行业平均费用和效益水平，力求制定出更具竞争力的预算。

(六) 撰写策划方案

撰写展会策划方案需要设涉及以下几方面内容。

1. 明确会展主题与目标

这包括确定会展的核心议题、预期吸引的观众群体及期望达成的成果，如品牌宣传、产品推广或行业交流。

2. 规划会展内容与流程

设计吸引人的开幕式、主题演讲、展览区域、互动环节及闭幕式等，确保活动内容丰富、流程顺畅。同时，考虑引入创新元素，如虚拟现实体验、线上直播等，提升观众参与感。

3. 选择合适的场地与时间

根据预期规模、预算及目标群体的便利性，选定合适的会展地点和日期，确保交通便捷、设施完善。

4. 制订预算与筹款计划

详细列出各项开支，包括场地租赁、宣传费用、嘉宾邀请等，并规划资金来源，确保项目经济可行。

5. 制定宣传与邀请策略

利用社交媒体、行业媒体、邮件邀请等多种渠道广泛宣传，精准邀请目标观众和嘉宾，提高会展知名度和参与度。

展会策划案撰写是会展专业学生一项基本技能，学生在专业学习和成长中会通过参加会展创意策划大赛等形式来锻炼自己和掌握技能。展览会策划案提要和简案范例扫描下方二维码可见。

会展策划案
简案范例

做一做

分组找一份展览会策划方案，讨论分析其内容。

▎二、展前工作阶段

(一) 宣传推广

展会宣传推广是连接展会与目标群体的桥梁。有效的宣传推广不仅能够提升展会的知名度与美誉度，还能激发目标群体的参与热情，为展会的成功举办奠定坚实的基础。

1. 新闻发布会：权威发声，引领舆论导向

新闻发布会是展会宣传推广中不可或缺的一环，它通过邀请媒体记者现场采访报道，将展会的最新动态、亮点特色及行业价值传递给公众。从展会筹备初期到开幕前夕，适时举办新闻发布会，能够持续吸引公众关注，营造浓厚的舆论氛围。在筹备之初，可通过发布会宣布展会主题、规模、预期目标等，为展会造势；招展工作基本结束后，可通过发布会展示参展商阵容、亮点展品，增强观众期待；开幕前夕，再次通过发布会预告开幕式亮点、活动安排，激发观众参与兴趣。

2. 专业媒体推广：精准定位，深度影响

在行业相关的报纸、杂志、网站上发布广告、软文及图片，是直达目标受众的有效途径。这些专业媒体拥有稳定的读者群，且多为行业从业者或爱好者，因此，选择在这些平台上进行推广，能够实现精准营销。此外，与媒体合作，随刊邮寄展会邀请函和门票，既能增加参与者的到达率，又能提前锁定一部分潜在观众。

3. 同类展会宣传推广：资源共享，互利共赢

在国内外同类展会上进行宣传推广，是一种高效的跨界合作方式。通过互换展位、在

同类展会会刊上刊登信息、共同举办新闻发布会等形式，不仅可以扩大即将举办的展会的知名度，还能促进与同行之间的交流与合作，实现资源共享、互利共赢。

4. 大众媒体推广：全面覆盖，提升影响力

大众媒体以其广泛的覆盖面和强大的传播力成为展会宣传推广中不可或缺的一部分。利用报纸、电视、广播等传统媒体，以及户外广告、交通广告、包装媒体、网站等新媒体，形成立体化的宣传网络，确保展会信息能够触及各个角落，提升展会的公众认知度和影响力。

5. 新媒体推广：充分互动，反馈及时

利用新媒体对展会进行宣传推广，可以充分借助社交媒体平台，如微博、微信公众号、抖音等，发布展会信息，吸引目标观众关注。例如，通过制作富有创意的短视频、图文直播和互动H5，展示展会精彩瞬间，增强观众参与感；与行业媒体、网红、意见领袖合作，进行跨界营销，扩大展会影响力；设置线上预约、购票系统，方便观众参展，同时收集数据以优化后续宣传策略，实现线上线下融合的全渠道宣传。

> **做一做**
>
> 结合一场展会，收集其使用新媒体推广的做法。

(二) 招展和招商工作

招展与招商作为展会商业价值的直接体现，是构建展会商业生态的核心环节。它们不仅关乎展会的经济效益，更直接影响到展会的专业性和吸引力。

1. 招展工作流程的精细化管理

(1) 信息发布阶段。此阶段的关键在于广泛收集信息，精准定位潜在参展商。例如，通过发送调查表、征询表，了解行业动态及企业需求；发送邀请函，明确展会信息，邀请企业参展。在这一阶段，信息的准确性和针对性至关重要，直接关系到后续招展工作的效率。

(2) 营造气氛阶段。例如，利用短视频、直播、自媒体等新兴宣传手段，结合传统媒体广告、文章宣传，形成全方位的宣传攻势；通过新闻发布会、酒会、研讨会等活动，增强行业内的互动与交流，为展会造势。

(3) 与展商直接联系阶段。在前期信息收集与宣传的基础上，主办方通过电话、短信、微信等方式，直接拜访重点客户与合作单位，展开实质性的招展工作。在这一阶段，沟通技巧与专业能力同样重要，主办方要能够准确传达展会价值，解答企业疑虑，促成合作。

(4) 与展商洽谈阶段。通过电话、约见、拜访等多种方式，主办方与潜在参展商进行深入洽谈，明确合作细节，发放筹备进度报告、门票等，以实际行动展示展会的专业性，最终完成招展任务。

2. 招商工作的策略性布局

(1) 招商阶段。在招展工作取得一定成果后，主办方要及时启动招商工作，如通过电话、短信、微信、电子邮件等多种方式，邀请采购商、经销商等目标群体参展。在这一阶段，需要精准定位目标客户，制定个性化的邀请方案，提高招商效率。

(2) 展览服务阶段。在招商工作进行的同时，也要注重展览服务的提供，包括广告征集、工程预订、展具准备、招商广告发布、招商邀请函与门票的发放等，要通过提供优质的服务，提升参展商与观众的满意度，为展会的持续发展奠定基础。

(三) 布展工作

展览会布展工作是一个系统工程，涉及多个环节和细节，具体包括如下工作安排。

第一，确定展位的整体布局和外观设计，确保符合品牌形象和展会目标。这包括展位的流通路线规划，确保人流可以顺畅地进入和离开展位。

第二，根据设计图纸进行物理结构的搭建，如展墙、展台、吊牌等。同时，安装必要的设备设施，如照明、音响和视频设备，确保所有技术设备的功能性和互动体验的用户友好性。

第三，制作并安装展位的视觉元素，如标识、横幅、海报等，确保使用的色彩、图形和字体与公司的品牌形象一致；布设交互式设备，如触摸屏、虚拟现实体验或其他互动展示设备，以吸引参观者的注意。

第四，安排展品的位置，确保其最大限度地吸引参观者的注意，并对展品进行必要的保护，避免展会期间发生损坏。同时，准备所有必要的建筑材料、装饰材料和展示设备，并预备一些备用材料，以应对可能的需求变化或意外情况。

第五，制订一份详细的布展计划，包括时间表、任务分配和预算概览，确保有足够的工作人员负责布展和展会期间的运营，并对参展团队进行培训，确保他们了解展位功能和应急程序。

在布展期间，还需要协调现场的各项工作，包括展位的日常维护和清洁。处理展会期间可能出现的各种突发问题，确保展会顺利进行。

随着市场环境的不断变化，主办方还需不断创新宣传手段与招商策略，以适应行业发展的新趋势，推动展会不断迈向新的高度。

三、展中管理阶段

(一) 布展期的工作安排

展会接待工作是展会成功的关键，它直接体现办展企业的专业形象和服务质量。优秀的接待能提升参观者体验，增强企业好感度，促进商务交流，发掘潜在客户，对品牌宣传、市场拓展具有不可替代的作用。因此，高度重视并精心策划展会接待工作至关重要。

参展商报到处承担着参展企业的接待、登记、证件派发及展品入场确认等多重任务。具体工作安排如下所述。

1. 参展企业报到登记

报到处要设立专门的登记台，配备专业的登记人员，对前来报到的参展企业进行详细登记，包括企业名称、参展人员姓名、联系方式等基本信息，以便后续跟踪服务。

2. 派发参展证与展品入场确认

根据参展企业的报名情况，在报到处及时派发参展证，确保参展人员能够顺利进入展会现场。同时，还需对展品进行入场确认，核对展品清单，确保展品与报名信息一致，避免误入或遗漏。

3. 派发《参会指南》与《参展商手册》

为了让参展商更好地了解展览会的整体安排和注意事项，应在报到处向每位参展商派发《参会指南》和《参展商手册》。这些资料应包含展览会的日程安排、展位布局、交通指南、餐饮服务、安全须知等内容，帮助参展商快速熟悉展会环境，提高参展效率。

4. 提供咨询服务

报到处还要设立咨询服务台，配备专业的咨询人员，为参展商提供展会相关的咨询服务。无论是关于展位布置、展品运输，还是展会期间的活动安排，咨询人员都应给予及时、准确的解答，帮助参展商解决遇到的问题。

(二) 开幕式的组织工作

展览会的开幕式是整个展览会的序幕，也是展示展览会形象和吸引参观者的重要环节。因此，开幕式的组织工作需要精心策划，确保万无一失。具体工作安排如下所述。

1. 确定邀请参加展览会开幕式贵宾的名单

主办方需要根据展览会的主题和规模，确定邀请的贵宾名单。这些贵宾可能包括政府领导、行业专家、知名企业家等。邀请时需提前发出邀请函，并确认贵宾的出席情况，以便做好相应的接待准备。

2. 确定邀请参展企业的记者名录

主办方需要根据参展企业的特点和需求，确定邀请的记者名录，并提前与媒体沟通，确保记者能够准时到达并顺利进行报道。

3. 开幕式的场地搭建

开幕式的场地搭建要符合展览会的整体风格和氛围。根据开幕式的规模和形式，确定场地的大小、布局、灯光、音响等布置，同时还需考虑嘉宾的座位安排、演讲台的设置等细节问题，确保开幕式的顺利进行。

4. 开幕式讲话内容的审定

开幕式主持人作为整个活动的串联者，其讲话内容需经过精心审定，确保其讲话内容符合展览会的主题和氛围，能够准确传达展览会的意义和价值；同时还需考虑讲话的时长和节奏，确保与整个开幕式的流程相协调。

除了主持人外，对于嘉宾的讲话内容，同样需要审定，确保其讲话内容符合展览会的主题和氛围，能够给参观者留下深刻的印象。

5. 开幕式的时间把控

为了保持参观者的兴趣和注意力，开幕式的时间应控制在10～15分钟。在这段时间内，需合理安排各个环节的时间，确保整个开幕式的紧凑和高效。

6. 开幕式结束后的人员安排与会后工作

开幕式结束后，主办方要安排专人带领嘉宾参观展会，并为其提供详细的讲解服务。同时，主办方要做好会后的收尾工作，包括清理场地、归还借用的物品、整理相关资料等，确保整个开幕式的圆满结束和后续工作的顺利进行。

(三) 召开期间的组织工作

1. 协调展会期间研讨会会议组织安排工作

研讨会作为展览会的重要组成部分，能够为参展商和参观者提供一个交流、学习的平台。研讨会会议的组织安排工作包括确定研讨会的主题和议程、邀请相关专家和嘉宾、安排会议场地和设备、提供会议资料和服务等。

2. 发挥中间人形象与职责，为企业牵线搭桥

在展览会召开期间，主办方需充分发挥其中间人的形象与职责，为参展商和参观者提供牵线搭桥的服务。

(1) 为企业提供洽谈间(休息室)。为了满足参展商与参观者的洽谈需求，需设立专门的洽谈间或休息室。这些空间应配备舒适的座椅、茶几、饮水机等设施，为双方提供一个良好的洽谈环境。

(2) 提供签订合同场所。对于需要在展览会上签订合同的参展商和参观者，需提供专门的签订合同场所。这些场所应配备必要的合同文本、印章、签字笔等工具，以及专业的法律顾问或合同审核人员，确保双方能够顺利签订合同。

(3) 及时将参观者的信息反馈给企业。在展览会期间，主办方要密切关注参观者的动态和需求，及时将他们的信息反馈给参展商。这些信息可能包括参观者对产品的评价、购买意向、合作需求等。通过及时反馈信息，可以帮助参展商更好地了解市场需求和消费者偏好，提高展会质量。

(4) 积极与企业沟通，了解企业的想法及要求。在展览会期间，主办方要积极与参展商进行沟通，了解他们的想法和要求为他们提供更加精准、有效的服务，帮助他们更好地实现参展目标。

3. 统计大会的成交额并做好记录

成交额是衡量展览会效果的重要指标之一。在展览会期间，主办方要做好成交额的统计和记录工作，设立专门的成交额统计台账，安排专人进行统计和记录，确保数据的准确性和完整性等。

4. 积极听取参展代表对展会的意见和建议

参展代表作为展览会的直接参与者，他们的意见和建议对于改进展会质量具有重要意

义。在展览会期间，主办方可以通过设立意见箱、开展问卷调查、组织座谈会等方式收集他们的反馈意见，同时对收集到的意见和建议进行整理和分析，找出存在的问题和不足，为后续的展会改进提供参考依据。

5. 根据参展信息，再次邀请参展企业参加第二年的展会

展览会是一个持续性的活动，为了保持参展商的连续性和稳定性，需在展览会结束后根据参展信息再次邀请参展企业参加第二年的展会。在邀请时需注明展会的主题、时间、地点等关键信息，并强调参展的重要性和价值。通过持续邀请和优质服务，可以建立起稳定的参展商群体和品牌影响力，为展览会的长期发展奠定坚实基础。

(四) 撤展

撤展工作不仅仅是展会结束后的简单收尾，还涵盖了展品处理、展品出馆控制、展位拆除、租用展具退还、展场清洁以及撤展安全保卫等一系列繁杂而关键的任务。

1. 展品处理

在撤展的诸多工作中，展品处理无疑是核心环节。展品作为展会的灵魂，其处理方式直接关系到参展商的切身利益。一般来说，展品处理的方式主要有出售、赠送、销毁和回运4种。出售是指将展品以合理的价格出售给对展品感兴趣的观众，这既能为参展商带来额外的收益，也能满足观众的需求。赠送是一种更为灵活的处理方式，参展商可以将展品作为礼物送给客户或重要人物，以加深彼此之间的合作关系。销毁的处理方式通常适用于那些价值不大、参展商不愿出售也不愿回运的展品，但在销毁过程中必须确保有人证在场，避免纠纷。回运则是将展品运回参展商所在地，这种方式虽然成本较高，但能保证展品的完整性和安全性。参展商在撤展前必须明确展品的处理方式，以便后续工作的顺利进行。

2. 展品出馆控制

为了确保展品出馆的有序进行，展会通常会实行"放行条"控制制度。这一制度要求参展商在展品出馆前，必须先到组展方办公室申请"放行条"。待组展方相关人员查验展品与"放行条"上的信息一致后，才准许展品出馆。这一制度的实施不仅能有效防止展品的丢失和错拿，也能保证撤展工作的有序进行。

3. 展位拆除

在展品处理完毕并顺利出馆后，接下来的工作便是展位的拆除和展具的撤走。对于使用租用标准展台或委托施工的展台的参展商来说，他们无须担心展台的拆除问题，因为这一工作通常由展览会或施工公司负责。但对于那些自己动手搭建展台的参展商来说，他们就需要事先安排好拆除人员和工作计划，以确保展位的顺利拆除和展具的及时撤走。

4. 租用展具退还

展览完毕后，各参展商临时租用的展具也需要及时退还给展馆服务部门或各搭建商。在退还过程中，参展商必须细心检查展具的完好性，避免因损坏而带来的损失。同时，展馆服务部门和搭建商也应对退还的展具进行仔细检查。

5. 撤展安全保卫

撤展过程中的安全问题主要集中在用电安全和人身安全两方面。为了确保用电安全，

展览会正式撤展前15分钟应将电源切断，以避免因电路故障而引发的火灾等安全事故。在拆除大型机械设备和大型特装展台时，尤其要注意人身安全。参展商、搭建商和物流运输商应密切配合，共同制定详细的安全操作规程和应急预案，确保撤展工作的顺利进行和人员的安全。

综上所述，撤展工作作为展会的重要组成部分，为了确保撤展工作的顺利进行和参展商的切身利益，展会组织者、参展商、搭建商和物流运输商等各方应密切配合，共同制订详细的撤展计划和应急预案。同时，各方也应加强沟通和协调，及时解决撤展过程中出现的问题和困难，共同为展会的圆满落幕贡献自己的力量。

四、展后评估阶段

展览项目评估，作为一个系统化、科学化的过程，其核心在于评估主体依据预设的标准与程序，对展览项目进行全方位、细致入微的审视与评判。这一过程不仅涵盖了展览项目的方案设计、实施过程、最终成果、广泛影响以及内在价值等多个维度，还融合了定量分析与定性评估的双重手段，旨在获取全面、准确的信息反馈，为后续展览项目的调整与优化提供坚实的依据。展后评估指标通常包括以下几个。

(一) 基础指标

1. 参展商数量和质量

参展商的数量是衡量展会规模的重要指标，参展商的质量则反映了展会的专业性和吸引力。高质量和多样化的参展商能够吸引更多的观众，促进商业交流和合作。

2. 观众数量和满意度

观众数量是展会成功与否的重要标志之一。观众的满意度则通过观众调查和反馈来评估，它直接反映了展会对观众的吸引力和满足程度。高满意度的观众更有可能成为未来的潜在客户或合作伙伴。

义博会展后报告

(二) 展位布局与设计

展位布局和设计是吸引观众和展商的关键因素。一个良好的布局可以帮助展商充分展示产品和服务，同时提升观众的参观体验。评估时，可以考虑展位的创新性、功能性以及与展会主题的契合度。

(三) 商业交流与合作情况

展会的一个重要目标是促进商业交流和合作。评估参展商和观众之间的交流和合作情况，可以了解展会的商业价值和影响力。这包括收集双方的合作意向、签约数量以及后续跟进情况等信息。

(四) 组织与服务水平

展会组织与服务水平是衡量展会运营能力的重要指标。一个良好的组织与服务可以提高参展商和观众的满意度，并增强展会的专业形象。评估时，可以考虑展会筹备工作的效率、现场管理的有序性、服务人员的专业性和服务态度等方面。

(五) 宣传效果与知名度

展会的宣传效果与知名度是吸引观众和参展商的重要因素。评估时，可以考虑宣传渠道的多样性、覆盖范围的广度以及宣传内容的吸引力和针对性。同时，收集媒体报道、网络评论等外部反馈也是评估宣传效果的重要途径。

(六) 创新与专业程度

展会的创新与专业程度是吸引观众和参展商的关键因素之一。评估时，可以考虑展会的主题设定、展览内容的创新性、专业论坛或研讨会的水平以及行业前沿趋势的展现等方面。

(七) 环保与可持续发展

随着环保意识的提高，评估展会的环保措施和可持续发展实践也变得越来越重要。这包括展会的节能减排措施、可回收材料的使用情况、绿色交通方案的推广以及环保理念的传播等方面。

(八) 经济效益与影响力

展会的经济效益和影响力是评估展会成功与否的重要指标。经济效益方面可以考虑展会的直接经济收益、对当地经济的拉动作用以及参展商和观众的投入产出比等。影响力方面则可以通过评估展会在行业内的地位、对政策制定和市场趋势的影响以及社会反响等方面来体现。

(九) 参展商和观众的整体评价

参展商和观众对展会的整体评价是衡量展会成功与否的最直接、最真实的反映。他们的反馈可以帮助改进展会的不足之处，并加强展会的优势。评估时，可以通过问卷调查、面对面访谈等方式收集参展商和观众的意见和建议。

知识检测

扫码做题

实战训练

在你所在城市，正在举办的展会有哪些？请去展会现场采集展会的参与方信息，并配以相关图片进行说明。

📖 岗课 赛 证融通

全国高校商业精英挑战赛文旅与会展创新创业实践竞赛

本项赛事有会展专业"世界杯"之称，自2007年创办以来，截至2024年已经举办了18届，经过18年的培育发展，已经成为我国文旅与会展教育领域中，主管部门认可、院校覆盖全面、校企合作深入、国际交流广泛的赛事活动。本项竞赛旨在培养适应新时期文旅与会展业发展所需的应用型、创新型和复合型人才，形成集学科竞赛、产学合作与国际交流三位一体的创新实践平台。竞赛时间基本在每年下半年9—11月。竞赛机构、主题和内容不断发展变化，以2024年第十八届为例，竞赛由中国国际贸易促进委员会商业行业委员会、中国国际商会商业行业商会和中国商业经济学会联合主办，全国会展行业产教融合共同体和教育部会展策划与管理专业教学资源库共同承办。协办单位包括全国现代服务业职业教育集团和《商展经济》杂志社等。比赛分初赛(各赛区内部进行知识赛)、选拔赛(省赛)、全国总决赛(采取大线上小线下的方式进行，分组赛入围队伍参加全国总决赛分组赛，晋级队伍参加全国总决赛精英赛)三个阶段。竞赛分为文化旅游竞赛、会展竞赛、酒店竞赛三个专业方向。会展竞赛方向具体包括会展项目策划、会展项目调研、会展设计、新媒体短视频创作、会展安全应急沙盘演练竞赛。

会展项目策划：策划一个会展项目，结合新趋势和技术元素。

会展项目调研：对已有会展项目进行调研，形成调研报告。

会展设计：包括VI设计和展位设计两个命题方向。

新媒体短视频创作：针对某会展项目进行专题短视频创作。

会展安全应急沙盘演练竞赛：编制应急预案，完成应急处理流程仿真模拟。

参赛对象包括但不限于旅游管理、文化产业管理、会展策划与管理、会展经济与管理、广告与会展、酒店管理、新媒体运营与管理、市场营销、展示设计、艺术设计、服装陈列与展示设计、数字展示、会展艺术设计、工商管理、商务英语、国际贸易、人力资源、财务管理及相关经济大类、管理大类、旅游大类和艺术大类专业的院校全日制在校学生。

项目四
会议

学习目标

知识目标：了解会议的概念、分类和功能；掌握会议策划的原则和内容；熟悉会议服务与管理流程。

能力目标：能够独立策划小型会议；能够分辨不同类型的会议。

素质目标：认真做事，敢于实践，勇于挑战。

引导案例

博鳌亚洲论坛

博鳌亚洲论坛(Boao Forum For Asia，BFA，以下简称"论坛")是一个总部设在中国的国际组织，由29个成员国共同发起，每年定期在海南博鳌举行年会。论坛成立的初衷是促进亚洲经济一体化。论坛当今的使命是为亚洲和世界发展凝聚正能量。

当前，经济全球化和区域一体化不断发展，亚洲各国面临巨大机遇，也面临严峻挑战。这要求亚洲国家加强与世界其他地区的合作，也要求亚洲国家增进彼此间的交流与合作。如何应对全球化给本地区国家带来的挑战，保持本地区经济的健康发展，加强相互间的协调与合作已成为亚洲各国面临的共同课题。

就亚洲国家整体而言，缺乏一个真正从亚洲的利益和观点出发，专门讨论亚洲事务，增进亚洲各国之间、亚洲各国与世界其他地区之间交流与合作的论坛组织。在此背景下，1998年，菲律宾前总统拉莫斯、澳大利亚前总理霍克和日本前首相细川护熙倡议成立一个类似达沃斯"世界经济论坛"的"亚洲论坛"。

"亚洲论坛"的概念得到有关亚洲各国的认同。1999年10月8日，时任中华人民共和国副主席胡锦涛在北京会见了专程为"亚洲论坛"来华的拉莫斯和霍克，并表示中方将对"亚洲论坛"的创建提供支持与合作。2000年，26个发起成员国政府就成立"亚洲论坛"达成共识，中国政府批准在海南成立论坛，各方代表在海南举行了筹备工作会议，博鳌亚洲论坛就此诞生并落户中国海南。

2002年4月12日至13日，博鳌亚洲论坛举行首届年会，主题是"新世纪、新形势、新任务：亚洲经济合作与发展"。此后，论坛每年定期在博鳌召开年会。

论坛的发展得到各成员国政府、广大会员合作伙伴，以及各界有识之士的大力支持和积极参与，目前已成为亚洲以及其他大洲有关国家政府、工商界和学术界领袖就亚洲以及全球重要事务进行对话的高层次平台。在新的历史时期，论坛立足亚洲，面向世界，坚持以经济发展为主线，同时为适应不断出现的新经济业态，积极向科技创新、健康、教育、文化、媒体五大领域拓展，为亚洲及世界的和平、繁荣与可持续发展贡献力量。

2024年年会的主题是"亚洲与世界：共同的挑战，共同的责任"。年会设置了"4+1"个板块议题，即"世界经济""科技创新""社会发展""国际合作"以及"共迎挑战"板块。前述4个板块从不同领域入手，深入分析当前亚洲与世界面临的挑战与机遇，探讨世界发展中的共同利益和共同责任；第5个板块则从不同的嘉宾视角出发，探讨如何加强合作、共迎挑战。2024年年会议题设置呼应各方关切，四大板块涉及数十个议题，涵盖40多场分论坛活动，为应对全球共同挑战，凝聚博鳌共识，贡献博鳌智慧，提出博鳌方案。

资料来源：博鳌亚洲论坛官方网站。

敲黑板 划重点

中国会议业的发展始于2000年，至今已经历了20多年快速发展过程。2016年在杭州召开G20峰会，2017年在厦门召开金砖国家峰会，2018年在青岛召开上合峰会，这些国际会议在北京、上海之外的不同省市举办，到2019年召开的亚布力论坛、博鳌亚洲论坛、第二届"一带一路"国际合作高峰论坛、大连夏季达沃斯论坛、乌镇互联网大会、第二届中国国际进口博览会虹桥国际经贸论坛等一系列有影响力的会议活动，会议总量不断增长，会议质量不断提升，会议形象颇受好评，会议内在价值赢得广泛认可。会议业是会展业的重要组成部分。在当前信息化社会中，会议成为人们开展政务、经济、文化以及其他社会活动的一种必不可少的重要方式。对于参会者来说，会议的主要功能在于传递、交流并创造信息。对于组织者而言，会议带来经济效益的同时，在提升举办地形象、创造社会效益等方面具有特殊的作用。

知识精讲

任务一　认识会议

一、会议的概念

《韦氏新大学词典》关于"会议"的解释是：会议乃一种会晤的行为或过程，是为了一个共同目的的集会。从字义上理解，"会"包含聚合、会合、碰头和会面等意思；"议"是指商讨、商议，就具体事情(或问题)展开讨论和研究。孙中山提出："凡研究事理而为之解决，一人谓之独思，二人谓之对话，三人以上而循有一定规则者，则谓之会议。"沈燕云、昌秋霞认为："凡一群人在特定的时间、地点聚集，共同研商或进行的某种特定的活动均称之为会议。"马勇、王春雷提出："会议是指人们为了解决某个共同的问题或出于不同的目的聚集在一起进行讨论、交流的活动。"

综合以上有关会议的解释，会议是指三人以上的群体为了研究问题、交流信息、获取知识、统一思想等而在特定的时间聚集、在特定的地点、按照一定的规则进行的演讲、发言、讲解、讨论、商议和交流等行为，从而集思广益、达成一定结论的活动。

在这个概念中，主要强调了会议的以下几个特性。

(1) 针对性。每个决定召开的会议都必须有明确的主题，这是保证会议成功的前提。

(2) 规定性。会议的参与者是由会议主题决定的，而且他们在会议进程中分别担当不同角色，以期共同推动会议的有序开展。

(3) 程序性。会议是一项组织有序的集体活动。会议在开始之前有明确的预期，有设定的进程。所有与会者的努力都是为了保证会议按照预定程序进行，并最终实现目标。

"会议"是一个意义宽泛的词汇，泛指各种各样的交流活动，不同"会议"的中英文表述如表4-1所示。无论是为了内部交流(如销售会议、培训讲座、领导进修会和年度大会)，还是作为与重要听众的交流工具(如新闻发布会、产品推介会、年度大会和一些技术会议等)，会议已成为现代传播业的前沿阵地。

表4-1 不同"会议"的中英文表述

中文名称	英文名称及说明
会议	meeting
大会	conference
年会	annual conference
研讨会	seminar，可以是社会任何团体或学生组织的研讨会，属于非专业性质
	symposium，多指专家或从事某项专业研究的学者所进行的专题研讨会，属于专业性的，比seminar正规
圆桌会议	round table
分组专题会议	panel session
论坛	forum

二、会议的功能

(一) 会议的决策指挥功能

会议是通过民主做出决策的一种重要手段。决策功能是会议活动的基本功能，是会议活动在最初出现时就相伴而生的第一功能。随着社会的不断发展，特别是人们的社会再生产活动进入了高度专业化和高度综合化的阶段，在国家管理活动中，行业与行业之间、部门与部门之间的联系比历史上任何时候都更加紧密、更加重要，在这种情况下，会议的功能更是不断地得到充分体现。按照管理科学化的要求，在全部会议活动当中，有70%的会议应该是用来解决"干什么"和"怎么干"这类问题的，都具有决策指挥功能。所以，会议是决策的重要形式，决策指挥是会议的基本功能。会议的决策功能在实际运用时，同时受到两个因素的制约：一是会议所决策的事项必须在会议的职权范围以内，即会议只能决定有权决定的事项，如超出会议的职权范围，则不能行使决策功能；二是会议在行使决策功能时，必须获得法定人数的认可。

(二) 会议的分权功能

会议的分权功能就是通过会议的形式，把一个问题交由多数人共同讨论，共同决定。会议提供了一个平台，让不同背景、不同观点的人能够聚在一起，把特定的权力(如表决权、表达权、选举权)交给每一个参加会议的人，以便让大家对所研究、所决定的问题共同发表意见，共同承担责任，共同行使参与和控制的权利。

(三) 会议的交流功能

会议的交流功能就是在会议进行过程中，与会人员相互之间通过直接地交换意见，实现相互间信息的瞬间共享。通过会议这一平台，参与者能够进行有效的信息交流、意见交换和观点碰撞，有助于激发创新思维和解决问题的新方法。同时，信息交流也有助于增进参与者之间的了解和信任，为后续的合作打下良好的基础。

会议的交流功能还有助于建立和维护良好的人际关系。在会议上，参与者可以通过交流和互动增进彼此的了解和信任，建立稳定的合作关系。这种关系的建立对于团队协作和组织的长期发展具有重要意义。

(四) 会议的协调功能

会议的协调功能就是通过会议消除与会者对某个问题的认识差异，并在共同的目标指导之下，达到认识的统一和行动的一致。在进行协调时，并不排除不同意见，也正因为有不同的意见，会议的协调功能才得以更充分的体现。在会议上，大家为了一个共同的目标开诚布公，求同存异，从而达到步调一致，众志成城，将原本个别的、分散的行为最终形成一股强大的、正向的影响。

做一做

会议是否还有其他功能？

资料卡

中国会展会议行业未来趋势

中国的会展会议市场规模巨大，数字化转型和互联网快速发展推动了技术创新和环保实践，市场动态的变化对行业发展尤为重要。

读报告看会展

1. 行业背景

中国的会展会议行业具有丰富的历史和迅速增长的发展态势。自改革开放以来，中国经济的快速崛起和国际地位的提升，为会展会议行业的发展提供了巨大的机遇和空间。目前，中国会展市场规模庞大，涵盖了各个领域和行业，包括商业、科技、文化、体育等，如北京、上海、广州、深圳等城市都拥有国际知名的会展中心和场馆。中国会展会议行业在技术应用方面取得了显著进展，如虚拟现实、人工智能、大数据等技术的应用，为会议的成功举办提供更多可能性。

2. 中国会展会议行业现状

中国的会展会议行业目前处于快速发展的阶段，并持续保持快速增长势头，市场规模不断扩大。据统计，中国会展行业的年均增长率远超全球平均水平，成为全球会展市场的重要一员。

(1) 数字化转型。随着信息技术的不断发展，中国会展会议行业正在经历数字化转型。线上会议、虚拟展览等新形式不断涌现，为参展商和参会者提供了更便捷的参与方式，并拓展了会议的影响范围。

(2) 国际化程度提升。中国会展会议行业逐渐国际化，越来越多的国际性展会选择在中国举办，中国吸引了全球各地的参与者和投资者。同时，中国的企业和机构也积极参与国际性会展，提升了国际影响力。政府出台了一系列政策措施促进行业的发展，包括会展基础设施建设、会展产业扶持政策等，为行业的健康发展提供了有力保障。

3. 未来发展趋势

(1) 随着信息技术的不断进步，会展会议行业将更加朝着数字化和虚拟化方向发展。线上会议、虚拟展览等形式将得到进一步发展，为参与者提供更灵活、更便捷的参与方式。

(2) 环保和可持续发展将成为行业关注的重点。会展会议将向绿色低碳方向发展，采用环保材料、节能减排、绿色交通等措施成为会展会议的常态。

(3) 针对不同行业和参与者的需求，会展会议将提供更加个性化的服务，定制化展台设计、专业化会议服务等将成为行业发展的新趋势。

未来，中国会展会议行业将继续蓬勃发展，成为连接世界、促进交流与合作的重要平台。在数字化、智能化的引领下，行业将迎来更多创新和机遇。未来行业各方共同努力，秉持绿色、可持续的理念，为推动全球会展事业发展贡献力量，让每一次会议都成为知识交流、合作共赢的契机。

三、会议的种类

会议作为人们从事社会活动或从事各项工作的一种重要手段和方法，其应用十分广泛，因而可以从不同角度划分类型。

(一) 按会议的规模划分

会议的规模是相对的，通常依据出席会议人数的多少可分为以下四类。

1. 小型会议

小型会议一般指少则几人，多则几十人参加的会议，但往往不少于3人，如各种办公会、座谈会、现场会。两人会面、交谈通常不称为会议。小型会议一般安排在工作现场或小型会议室召开。

2. 中型会议

中型会议一般指人数在几十人至数百人参加的会议，如节日慰问会、表彰会、学术交流会和大型企事业单位的职代会。中型会议根据与会人员数量，可安排在会议厅或礼堂召开。

3. 大型会议

大型会议一般指人数在数百人至千人参加的会议，如全国人民代表大会、博览会、交易会。大型会议一般在礼堂、会堂或剧场、会议中心召开。

4. 特大型会议

特大型会议一般指人数在万人以上的集会，如大型节日集会、庆祝大会。特大型会议一般可在体育场、露天广场召开。

(二) 按会议内容划分

1. 综合性会议

综合性会议在一次会议中要讨论和研究多方面的问题，如各级人民代表大会、政府常务会议等。

2. 专题性会议

专题性会议在一次会议中只集中解决一方面的问题，讨论研究一方面的事情或工作，如专题讨论会、年度销售会议等。

微案例

世界燃气大会将首次在中国举办

2024年5月22日，国际燃气联盟(International Gas Union，IGU)燃气行业发展论坛(下称"倒计时一周年活动")在国家会议中心举办。本次活动是第29届世界燃气大会(WGC2025)开幕前在中国举办的重要预热活动。世界燃气大会是国际燃气联盟(IGU)的旗舰会议，每隔三年在IGU任期主席所在国家举办一次。2025年5月19日至23日，世界燃气大会将首次来到中国，在国家会议中心二期举办。

国际燃气联盟于1931年在瑞士韦威注册登记，秘书处设在英国伦敦，由来自80多个国家和地区的150多个政府部门、行业协会和企业组成，覆盖天然气勘探、生产、输送、储存及应用全产业链，是全球燃气行业最权威的非营利性国际组织。现任主席李雅兰是IGU成立以来首位担任该职务的中国籍人士，也是IGU历史上首位女性主席。根据IGU章程，IGU任期主席国将获得举办世界燃气大会的机会。2025年5月19日至23日，世界燃气大会将首次来到中国，以"赋能可持续未来"为主题，在北京国家会议中心二期举办。WGC2025将吸引来自70多个国家和地区的3 000多位代表参会，大会的会议部分将围绕六大主题，举办近百场论坛，约500位嘉宾将在大会上发言。大会的展览面积约5万平方米，预计将吸引超过3万名观众，规模创历届世界燃气大会之最。

倒计时一周年活动上，还举办了"IGU燃气行业发展论坛"和"WGC2025发布"活动。中国土木工程学会燃气分会相关负责人向全行业发出积极参与WGC2025的倡议。WGC2025唯一指定会展运营方首都会展(集团)有限公司相关负责人宣布了首批签约WGC2025的重要赞助商及展商。此外，活动中还公布了首批重要合作伙伴名单。第29届世界燃气大会摘要征集、参会注册通道也在活动上全球同步开启。

资料来源：周宇宁. 世界燃气大会将首次在中国举办[J]. 中国会展(中国会议)，2024(10)：15.

(三) 按会议的性质划分

1. 决策性会议

决策性会议是指拥有立法权或决策权的领导机关或领导层，为了制定和颁布方针政策、法律法规或就某些问题进行商讨，对重大事项做出决策而召开的会议。决策性会议大致分为代表性会议和领导办公会议两种。

(1) 代表性会议，指按照法定的程序，为了制定颁布法律、法规，选举产生新一届领导班子等重大事项而召开的会议，如各级人民代表大会等。

(2) 领导办公会议，指由各级机关、企事业单位的领导班子内部定期召开的，研究日常工作中重要事项，并做出决策的会议，如各级领导机关的领导办公会议、董事会议等。

2. 非决策性会议

非决策性会议是不产生需要贯彻执行的政策、法规或不做出决策的会议。非决策性会议又可分为以下几种。

(1) 日常办公会议，通常指根据本单位、本部门的工作职能，具体研究、讨论日常工作的会议，如工作例会、办公会议等。

(2) 咨询性会议，通常指在做出重大决策、具体开展工作之前，邀请有关专家对决策目标和方案进行可行性的咨询、论证的会议，如投资咨询会等。

(3) 总结交流会议，通常指在工作任务完成之后，对工作中的情况和问题、经验和教训进行总结交流的会议，如经验交流大会、工作总结大会等。

(4) 洽谈谈判性会议，通常指围绕商业活动达成合作事宜，签订合同协议的会议，如订货会、商务洽谈会等。

(5) 培训会议，通常指为了提高员工业务水平，强化理论知识，加强专业技能而召开的会议，如公文写作培训会议等。

(6) 庆典性会议，通常指为了庆祝重要节日、重大事件或工作取得重大成果而召开的会议，如联欢会、庆祝大会、周年庆等。

(7) 商品展示和推介性会议，通常指由商品生产单位举办的，在某一场所和一定期限内，用展示的形式，向专业群体和消费者介绍和推广自己的新产品，如新产品发布会等。

(四) 按会议所跨的地域范围划分

按会议所跨的地域范围，可将会议分为国际性会议、全国性会议、地区性会议和部门性会议。

1. 国际性会议

国际性会议，指会议的内容涉及不同国家和地区，与会者来自不同国家和地区的会议，如联合国大会、国际经济发展会议、南北对话、西方国家首脑会议和亚太经济合作组织领导人非正式会议等。

2. 全国性会议

全国性会议，指会议的内容涉及全国性问题，与会者来自全国各个地区的会议，如全国人民代表大会。

3. 地区性会议

地区性会议，指在特定的地理区域内，如省、市、县或其他具有明确地域特征的行政划分区域内召开的会议，如市政府常务会议等。

4. 部门性会议

部门性会议，指根据部门的工作职能而召开的会议，如部门员工例会、业务洽谈会、新产品推介会、销售会议、培训会议、客户咨询会、奖励会议等。

(五) 按会议的目的划分

根据会议的具体目的，可将会议分为说明会议、研究会议、解决问题会议、沟通协调会议、创意会议。但在实际操作中，同一个会议常常包含其中之一或更多的目的。

1. 说明会议

说明会议主要以信息的传递为目的。说明会议是把上层做出的决策，单方面地传递给下层的会议，可以有提问和回答，但是没有讨论和表决。

2. 研究会议

研究会议主要以信息交换和相互启发为目的。相互启发就是对于一些个人未能注意的问题，彼此交换看法和经验。此类会议上虽然会有讨论，但不会通过表决的方法做出决定。

3. 解决问题会议

解决问题会议，主要以做出决定为目的，是针对某些特定问题或议案，通过参加者的讨论、表决的方式，获得解决问题方案的会议。此类会议上，有时以原方案为基础，请参加会议的人员提出改善方案。此类会议既能收集与会者的智慧，又能让每个人都有参与感。

4. 沟通协调会议

沟通协调会议以沟通信息、调解矛盾为目的。在一个企业中，往往会出现部门与部门之间、员工与员工之间意见分歧、产生矛盾的情况，甚至影响到工作的整体进展，这时就需要让双方坐在一起，消除误会，沟通信息，协调工作。

5. 创意会议

创意会议以收集创意为目的，是一种为获取大量的设想、为课题寻找多种解题思路而召开的会议，所以也称为开放型会议。许多广告公司、媒体公司有时会开一些开发创意的会议，通过举行会议，形成新的构思，并且论证新构思，使其具有可行性。

(六) 按会议的形式划分

1. 圆桌会议

圆桌会议，指大约10～20名的人员，围着圆桌而坐，各自以平等的地位自由发言的会议。在某些国际会议中，主席和各国代表的席位不分上下尊卑，可避免其他排座方式可能出现的一些代表席位居前、居中，另一些代表居后、居侧的矛盾，更能体现各国平等原则和协商精神。现"圆桌会议"已成为平等交流、意见开放的代名词，是国家之间以及国家内部一种重要的协商和讨论形式。

2. 公开讨论会议(forum)

从字面意义出发，forum在拉丁语中意为"公共场所"或"市场"，原指古罗马时期人们聚集进行辩论、交易或诉讼的开放空间。随着时间的推移，forum的概念逐渐扩展到更广泛的领域，成为任何允许公开讨论、交换意见或分享知识的场所或平台的代名词。所以，公开讨论会议，指与会者就某一个公开的议题各抒己见，热烈讨论的会议。

3. 代表人会议

代表人会议，指从参加者当中选出两名以上的代表人，在全体人员面前彼此讨论特定的议题，接着由全体人员公开讨论并质询的会议。

4. 演讲型讨论会议

演讲型讨论会议，指由几位专门人员在全体人员讨论之前，从各自的立场发表对特定议题的意见，再由全体人员公开讨论质询的会议。

5. 小组讨论

参加者人数太多时，事先将全体人员分成几个小组，分别由各个小组讨论不同的议题，再由小组推选的代表整理小组的意见。小组讨论时，有时像打翻蜂窝般嘈杂，所以小组讨论也称为蜂音会议。

6. 议会型讨论

指在议会或类似机构中，各方代表围绕特定议题展开对话、发表观点，并最终作出决策或取得共识，是一种重视表决胜于讨论的会议。在股东会议时，如果人数太多而且时间有限，也可采用这种方式。

7. 头脑风暴会议

头脑风暴会议是一种通过集体讨论来激发创新思维和产生新想法的会议。这是以自由畅想、收集较多的创意为目标的会议。它鼓励参与者无拘无束地表达自己的想法，即使这些想法可能看起来不切实际或荒谬。

8. 在线会议

在线会议又称为网络会议或是远程协同办公，用户利用互联网实现不同地点多个用户的数据共享，通过在线会议来实现在线销售、远程客户支持、IT技术支持、远程培训、在线市场活动等多项用途。相比传统的线下会议，在线会议降低了场地租赁、交通等成本，为企业和个人节省了开支。参与者只需通过网络连接即可参与会议，不需现场聚集，极大地节省了时间和成本。

(七) 按会议的职级划分

1. 股东会议

股东大会是公司最高权力机构。股东会议就是由公司的出资者(股东)出席的，定期或临时召开的会议。会议主要审议批准公司年度财务预算、利润分配和弥补亏损方案，决定公司经营方针和投资计划，选举更换董事，修订公司章程等。

2. 董事会

董事会是公司的执行机构。董事会会议是由全体董事(被全体股东任命经营公司的人员)出席的，定期或临时召开的会议。此类会议主要决定和批准总经理提出的计划、年度经营、资金使用等方面的报告，批准财务报表，收支预算、年度利润分配方案，制定公司的规章制度，决定聘用总经理等高级职员等。

3. 高层管理人员会议

高层管理人员会议是由公司高层级管理人员参加的会议。比如在总经理的主持下重点讨论公司的生产经营管理工作，组织实施董事会决议；组织实施公司年度经营计划和投资方案等工作。

4. 中层管理人员会议

中层管理人员会议是召集处长、科长、部门经理等中层管理人员的会议。此类会议是在公司作出决策后，进行生产、经营活动部署的正式会议，通常定期举行。

5. 职工大会

职工大会是由企业全体职工参加的会议，主要有动员大会和总结评比大会。前者是为了鼓舞士气，调动职工积极性和工作热情；后者意在总结经验，展望未来，向全体职工提出新的希望和要求。

6. 部门会议

这种会议是在每一个部门内部所举行的，以解决问题及传递信息为目的，以部门人员为单位的会议。

做一做

收集你所在的城市今年举办的会议活动，完成表4-2。

表4-2　本市会议活动类型

时间	会议名称	类型

微案例

有效的战略会议一：群策群力

杰克·韦尔奇在克劳顿维尔与学员的课堂交流时受到启示，他决定在整个通用电气公司(GE)推行"群策群力"计划。"群策群力"是员工的一种座谈会，邀请几十名到几百名员工参加，而员工的上司并不在场。

在"群策群力"会议开始时，高管(或CEO)可能到场提出一个议题，然后就离开，由促动师(一般由企业的培训师和HR担任，也可聘请外部专家)启发与引导员工进行自由讨论，员工可以把自己的问题列成清单，认真地对这些问题进行争论，最后整理好向高管反映。在促动师的帮助下，员工和高管之间的这种交流变得容易了许多。

"群策群力"会议上，GE要求高管必须对每一项意见都要当场作出决定，大部分问题必须当场给予明确的答复，若有的问题不能当场回答，对该问题的处理也要在约定好的时间内完成。任何高管都不能对员工提出的这些意见或建议置之不理，这对消除形式主义起到了巨大的作用。

有了"群策群力"会议，许多技术与管理上的问题可能会在平等而热烈的争论中得以迅速解决。如今，GE几乎所有的员工都参加过"群策群力"会议。

有效的战略会议二：世界咖啡

世界咖啡的概念起源于朱尼塔·布朗博士(Juanita Brown)及大卫·伊萨克斯(David Isaacs)所提出的一种讨论方式，即在轻松的氛围中，通过弹性的小团体讨论和真诚对话，产生团体智能。这种会谈方式基于一个信念：每个人生来都具有足够的智慧与创造力。例如，英特尔公司是制造IC芯片的公司，却聘用了一群社会学家与人类学家，参与新产品研究开发。这些学者不从技术角度而是从人类需求角度出发，提出了人类需要无所不在地利用计算机上网，从而推动英特尔发明无线上网技术。又如，为了制定一个未来实验室的医学愿景，以及商讨采取什么措施向着这一目标前进，美国质量学会会员与客户服务部的负责人海克先生决定以"世界咖啡"的形式举办可口可乐全球实验室论坛，邀请了大约40位极具创意的高层管理者，取得很大的成功。再如，宝洁是世界上最大的日化产品公司，在探讨日化产品十年后的发展，发现自己公司里缺乏生物化学方面的知识，立刻寻找了数十名生物化学专家研讨，以保持自己在日化领域的领导者地位。这些都是世界咖啡会议。

世界咖啡会议模式的主要精神就是"跨界"，不同专业背景、不同职务、不同部门的一群人，针对数个主题，发表各自的见解，通过彼此的意见碰撞，激发出意想不到的点子。

人们很容易被自己过去所学或是经验所限制，一个团体或公司也是很容易被既成文化或价值观所限制，同构型越高，越不容易产生新的点子。"世界咖啡"这一交流模式强调从惯用的评判人的方式中解放出来，具体来说，它鼓励参与者超越对个人风格、学习方式和情感智商等传统评判标准的关注，转而用更加开放和包容的心态去聆听和理解他人的观点。

资料来源：AACTP中国。

四、会议的构成要素

构成会议的基本要素是会议主题、会议主办者、会议参加者、会议时间、会议地点等。会议的核心要素是会议主题，要根据会议主题来规划和组织会议的其他要素。

微课七

(一) 会议主题

会议主题是会议要讨论的主要内容，是会议要商议或要解决的问题。围绕会议的主题可选择一个或若干个议题开展讨论。会议的主题是会议的核心。

(二) 会议主办者

会议主办者是会议活动的组织者。会议的主办者具有决定会议的主题、参加者、时间、地点、形式以及选定承办者的权利，并承担会议的法律责任。会议的主办者也可能就是承办者，但许多情况下，会议的主办者会将会议的一些具体事务交给专业的会议承办者。

(三) 会议参加者

会议参加者即出席会议的人员，要根据会议的内容与规模不同，选择符合需要的与会者。一些会议中有正式代表与列席代表之分，他们在会议中具有不同的权利和义务。会议参加者的数量与身份地位决定了会议的影响力和经济效益。

(四) 会议时间

会议时间是指会议计划开始和结束的具体时间点,以及会议持续的总时长。这是会议组织过程中必须仔细考虑的一个要素,因为它直接关系到参会者的日程安排、会议的效率以及会议成果的产出。

(五) 会议地点

会议地点指会议举办的区位及具体的场所。不同的会议对其举办的区位与场所有不同的要求,其选择的依据主要是会议的背景、主题及会议场所的软硬件设施等。

做一做

了解本年度APEC峰会相关情况,分析会议构成五要素,并填写表4-3。

表4-3 APEC峰会会议要素

会议主题	
会议主办者	
会议参加者	
会议时间	
会议地点	

任务二 掌握会议策划的内容

一、会议策划的含义和意义

(一) 会议策划的含义

会议策划有广义和狭义之分。广义的会议策划是指与会议产业发展战略和会议活动实施方案相关的谋划、创意、设想的过程。狭义的会议策划专指围绕特定会议项目的策划,也就是说会议策划是围绕会议的组织者、与会者、信息、方式、时间、地点等基本要素及其相关背景和条件,制定会议项目最佳方案的过程。

(二) 会议策划的意义

1. 为主办者的决策提供依据

决策是对未来行动方案的抉择,有好的方案才会有好的决策。会议策划的目的就是寻求最科学、最合理、最有效的方案,为主办者决定是否开会、怎样开会提供决策依据。

2. 为会议的成功提供保障

会议的成功举办需要强有力的保障体系。会议的保障体系涵盖信息、资金、物质等各个方面,涉及邀请、接待、礼仪、服务、安全等各个环节,如果没有前期具体、详尽、周密的策划，就可能在实施过程中因某一小小的考虑不周而妨碍会议的正常进行，甚至还可能导致会议失败。实践表明，任何一项成功的会议都是科学合理和具体周密的策划结出的"硕果"。

二、会议策划的原则

在会议策划过程中，无论是主办方还是专业策划公司，都必须遵循以下原则。

(一) 目的性原则

会议策划是追求最佳会议方案的过程，为主办者的决策以及会议的成功举办提供依据和保障。会议策划自始至终必须紧紧围绕这一目的，把是否符合主办者的决策目标、是否有助于会议的成功举办作为判断会议策划正确与否的基本标准。

(二) 科学性原则

会议策划是一门科学。只有建立在科学方法基础上的会议策划，才能为会议主办者提供科学的决策依据，才能保障会议的成功举办，"拍脑袋"和"闭门造车"的做法是行不通的。坚持科学性原则，要求策划者尊重客观实际，一切从实际出发，运用科学的策划方法进行决策和规划。这不仅可以提高策划方案的可行性和有效性，还可以降低风险、提高策划效率，为企业或组织的长期发展奠定坚实基础。

(三) 创新性原则

与一般的计划工作相比，策划工作的不同之处就在于更强调、更追求创新。创新是会议策划的生命，特色是会议成功举办的要诀。尤其是对于会议企业来说，在会议业竞争日趋激烈的今天，唯有不断创新，突出、强化特色，才能扩大影响、提升实力，始终保持领先地位。

(四) 可行性原则

创新是会议策划的生命，但创新又必须建立在现实的、可行的基石之上。脱离了可行性这块基石，创新就会变成"作秀"，其结果是虚耗资源，损害会议的形象。会议策划的可行性原则涵盖了资源、时间、地点、技术、内容、法律与道德以及风险管理等多个方面。策划者需要综合考虑这些因素，确保会议能够在现实条件下得到有效执行，并达到预期的目标和效果。

(五) 周密性原则

会议策划是一项创新工程，需要发散性思维，但同时也是一个理性思辨的过程，需要策划者运用收敛性思维，注意事物的普遍联系，使会议策划的每一个细节、会议活动的每一个环节相互衔接、相互照应、相互协调，制订详尽的计划和预案，以应对可能出现的各种问题。

三、会议策划的关键

策划是人们为实现预定目标，事先筹谋、计划、设计的社会活动过程，也就是在综合各类信息的基础上，运用现代科学方法，寻求实现目标最佳方案的创造性思维活动。为实现会议的预期目的，前期的筹谋及计划设计是必不可少的。会议策划可以为会议决策提供方案，提高会议活动的经济效益，帮助提升会议品牌形象。

(一) 会议目标的策划

为了使会议的内容有的放矢，在准备会议之前，会议组织者要多方收集市场信息，对相关背景做深入的研究，努力抓住会议关注的热点问题，为下一步确定会议目标提供详细的背景资料和参考依据。

会议的目标是会议组织者的期望，而会议的任务是在会议目标统帅下所要完成的具体工作。换句话说，目标是会议所要完成的具体任务的总和，而完成任务是实现会议目标的具体步骤。会议的目标和任务制约着会议的议题和议程，决定会议的性质，影响会议的方式，引导会议的结果。确定会议目标和任务就是要解决为什么开会这一最基本的问题，开会只不过是实现组织者目标和期望的手段而已。目标清晰，任务明确，会议才能发挥应有的功能。

以下是一些评估会议成功的关键目标。

(1) 目标达成：会议是否达到了预定的目标，如信息交流、决策制定、团队建设等。

(2) 参与者满意度：参与者对会议内容、组织和流程的满意程度。

(3) 参与度：参与者的参与程度，包括提问、讨论和互动。

(4) 决策效率：会议是否高效地做出了决策，没有不必要的拖延。

(5) 信息传递：信息是否清晰、准确地传达给了所有参与者。

(6) 时间管理：会议是否按照预定的时间表进行，是否过度延长或提前结束。

(7) 资源利用：会议的组织是否经济高效，是否浪费资源。

(8) 后续行动：会议后是否有明确的行动计划和责任分配。

(9) 技术应用：会议中使用的技术和工具是否提高了效率和参与度。

(10) 反馈收集：会议是否有效收集参与者的反馈，以评估会议的效果。

(11) 问题解决：会议是否解决了预期的问题或挑战。

(12) 创新和创意：会议是否激发了新的想法或解决方案。

(13) 合规性：会议是否遵守了相关的法律法规和公司政策。

(14) 网络和关系建立：会议是否为参与者提供了建立新联系和加强现有关系的机会。

(15) 可持续性：会议的组织是否考虑了环境影响，如减少纸张使用、选择环保的场地等。

通过这些目标，可以全面评估会议的效果，并为未来的会议提供改进的方向和依据。

(二) 会议议题的策划

会议目标决定会议议题，反过来，任何一种会议目标都必须通过会议的具体议题来实现。议题应当在会议召开之前与目标一起确定。议题对会议的效率有直接的影响，因此，凡拟提交会议讨论的议题都是必要的，避免让那些没有必要性的问题分散精力和占用会议时间。一次会议的议题要适量，避免因议题过多导致会议时间过长，降低效率。而且要分清议题的主次轻重，明确中心议题或主要议题，以保证与会者能够把主要精力集中于最重要和最需要认真思考的问题上。另外，议题的准备要充分。在拟定议题的同时，还要提交相关的背景材料，有的还要形成两个以上的备选方案，以便在讨论和决策时参考，最大限度地提高会议的决策质量。

做一做

为了减少冗余的会议，提高组织的整体效率和生产力，针对没必要召开的会议，如何应对？

冗余会议

微案例

2023年APEC峰会

2023年11月15日至17日，亚太经合组织第三十次领导人非正式会议在美国旧金山召开。

会议内容：

本次APEC会议的主题为"为所有人创造一个有韧性和可持续的未来"，目标是建设"相互连接、创新和包容"的亚太地区，将重点讨论可持续发展、数字化、贸易便利化、能源安全和粮食安全等经济议题。在此次会议上，各成员将着眼于增强区域性多边合作，促进可持续包容性增长，同时将深入探讨推进亚太区域经济一体化进程的路径，为全球经济复苏注入更多动力。

会议进程：

2023年11月11日，开幕，整个论坛持续一周。

2023年11月11日—12日，高级官员会议。

2023年11月13日，第30届亚太经合组织(APEC)财长会议。

2023年11月14日—15日，外交部长和贸易部长会议。

2023年11月14日—16日，工商界领袖会议。

2023年11月16日—17日，领导人会议。

(三) 会议人员、时间与地点的策划

选择合适的人员、会议时间和地点是确保会议成功的关键因素之一。

1. 确定与会人员

首先要清楚地了解会议的目的，根据会议的目的和主题，确定主要与会人员。与会人员通常是直接与会议主题相关的，有决策权和影响力。他们的参与能够对会议的进程和结果产生重大影响。如果会议涉及不同部门或不同团队之间的合作或协调，那么需要考虑跨部门合作的参与人员。在确定参会人员的过程中，需要考虑到各种利益相关方，包括客户、供应商、合作伙伴等。在确定参会人员之后，需要建立联系，明确参与人员的职责和参与期望。会议策划人员要建立有效的沟通渠道，确保参会人员能够充分了解会议的目的和议程，并做好充分的准备。只有确保参会人员合理、有效地组织起来，才能为会议的顺利进行和取得良好的成果奠定基础。

2. 确定会议时间

会议的时间策划涉及两个方面的问题：一是时机，即什么时候召开会议最为合适；二是会期，即会议时间的长短。

策划会议时间时需要注意几个具体问题：一是会议的主要领导人、嘉宾、报告人是否能在预定时间参加会议；二是与会者是否有足够的时间准备提交相关文件或发言材料；三是会议的各项组织和准备工作是否有足够的时间完成；四是会议的具体日期是否触碰政治上、宗教上、民族风俗上的敏感时间，应予以回避。

做一做

上海某科技有限公司准备在11月15日上午召开一次咨询工作会议。公司拟邀请一些专家、学者以及其他企业单位的负责人共同探讨公司发展之路。为了能让与会者有充分时间安排好工作，公司决定提前将通知发给有关与会者。秘书发出书面通知后不久，公司总经理突然提示："这次会议十分重要，应当还要邀请区科委有关领导也来参加，听听他们的意见，以便更好地推动公司工作发展。"可是经过联系，区科委的林主任11月15日正好在外地出差，要到11月16日才能回来。于是，秘书再次发补充通知，通知各位与会者会议时间改在11月17日召开。后来，林主任的秘书打来电话说："林主任在外地出差可能要延长几天，还要去当地一些企业视察工作。"于是，公司的咨询工作会议时间只能一拖再拖。

分小组讨论：造成会议出现这种结果的原因是什么？如何避免上述情况的出现？

_____

_____

_____

3. 确定会议地点

会议地点的策划包括两方面的含义：一是选择合适的地区，如国际性会议要考虑选择在哪个国家或地区以及哪个城市举行，符合会议本身的层次；二是选择合适的场馆(包括会场、住宿的宾馆、饭店等)。会议除了给举办地带来经济效益，还将产生不同程度的政治影响、文化影响及社会影响，尤其是一些重大的国际会议，往往会给主办者带来巨大的政治利益和经济利益，提高主办者的国际地位。因此，会议的地点选择已经越来越具有浓厚的政治和经济色彩。

微案例

2017年，金砖会议以"深化金砖伙伴关系，开辟更加光明未来"为主题，以深化金砖国家合作、加强全球治理、开展人文交流、推进机制建设四方面作为合作重点。继北京、上海、杭州之后，厦门成为又一个将在国际舞台闪亮登场的中国城市。在众多城市中，金砖峰会选择厦门原因如下所述。

(1) 在2011年的中国国际投资贸易洽谈会上，金砖五国便在活动上集体亮相。随后几届投洽会，金砖国家也踊跃参展。随着投洽会的变化，中国转变为主动参与全球化，"一带一路"倡议和"走出去"战略就是重要体现。厦门处于"海上丝绸之路"核心区，在"走出去"战略中扮演着重要角色。

(2) 中欧班列连接厦门与欧洲，厦门是中国重要港口城市，更是和印度、巴西、南非保持密切经贸往来。

(3) 会展业已是厦门三大主导产业之一，完善的会展设施和丰富的会展经验为金砖会议提供了有力保障，是中国"会展名城"。

(4) 厦门大学是中国经济研究重镇，在南南合作、国际经贸合作、国际金融合作、国际发展合作、国际问题研究、国际经济法等领域已经建立了雄厚的研究基础。"投洽会"就曾专门举办金砖国家投资机会论坛。

(5) 厦门曾获得联合国人居奖、国际花园城市、中国国家森林城市等诸多殊荣，"颜值"甚高。除了"颜值"外，从金砖国家求合作、谋发展而言，厦门亦不愧为实实在在的一块"金砖"。

选择会议地点时，不仅要考虑举办地区的自然环境、基础设施条件、专业设施条件以及旅游景点等问题，更要考虑会议地点能否突出会议的主题、提高会议的效果并有利于实现会议的目标。例如，博鳌亚洲论坛总部选在中国海南博鳌，就是亚洲地区的一些前领导人向中国领导人提出的建议。他们认为，海南作为中国最大的经济特区，是中国深化与国际社会联系的实验区。海南省以建设生态省为目标，说明它当前和未来的发展重点是生态产业，这是亚洲和国际社会都看重的领域，符合世界经济发展潮流。博鳌是一个专门为论坛设计的集生态、休闲、旅游、智能和会展服务于一体的综合功能区，拥有十分宜人的自然地理环境。国内优秀的会议场地如表4-4所示。

表4-4 国内优秀会议场地

会议场地	会议场地基本情况	会议接待情况
杭州国际博览中心	杭州国际博览中心坐落于钱塘江南岸的钱江世纪城，总建筑面积85万平方米，是涵盖会议、展览、酒店、餐饮、文旅、商业等多元业态于一体的会展综合体。2016年9月，杭州国际博览中心作为G20杭州峰会的主会场亮相世界。2023年9月，杭州国际博览中心承载着杭州第19届亚运会主媒体中心、亚运竞赛场馆(壁球项目)、亚运官方接待酒店功能，再一次站在世界的镁光灯下。开业至今(截至2023年7月底)，杭州国际博览中心共接待会议活动已超过7 700场，展览超过300场，展览规模面积超过3 500万平方米，是国内首个通过五大认证的专业场馆	会议室数量：61间 最大会议室面积：10 000平方米 容纳人数：8 000人

（续表）

会议场地	会议场地基本情况	会议接待情况
南京国际博览会议中心	南京国际博览会议中心位于河西时尚新城的南京国际博览中心内，距元通地铁站200米，到禄口国际机场有30分钟车程，到南京火车南站有15分钟车程，商务、旅游、交通极其便利；拥有5 000平方米中华厅、2 000平方米紫金厅、1 300平方米钟山厅及14间从40平方米~400平方米大小不等、设施完备的各种规格的会议室、中西餐厅和17个宴会包间，是一座集会议、宴会、客房及展览于一体的大型综合性会议中心；设有超大型的会议设施，可至少同时接待7 000人会议；具有超大型的宴会接待功能，可至少同时接待5 000人宴会或自助餐	会议室数量：16间 最大会议室面积：5 000平方米 容纳人数：3 000人
苏州金鸡湖国际会议中心	苏州金鸡湖国际会议中心地处金鸡湖商圈的核心地带，紧邻苏州博览中心、苏州文化艺术中心和文博诺富特酒店，拥有5万平米会议空间，8 000平方米亚洲超大无柱豪华宴会厅，以及60间风格迥异、设施齐全的会议室，可根据客户需求分割组合，更与10万平方米的展览区连廊相通，能满足不同规模、不同形式的会议需求	会议室数量：60间 最大会议室面积：8 000平方米 最多容纳：6 400人
珠海国际会展中心	珠海国际会展中心位于珠海十字门中央商务区湾仔片区，占地面积26.9万平方米，到港珠澳大桥落脚点仅5分钟车程。一期室内净展览面积3万平方米，可提供约1 600个标准展位；设有50个多功能会议厅室、4 500平方米无柱宴会厅、2 000平方米的多功能厅及4 000平方米专业宴会厨房，可同时提供逾万人的高规格宴会服务，是国内领先的集会议、展览、酒店、剧院、甲级写字楼及配套商业于一体的大型会展综合场馆。二期占地面积约5.2万平方米，地上建筑面积约17.9万平方米，包括会展中心二期、商务(酒店)办公及配套商业等	多功能会议厅室总数量：超80个 最大会议室面积：6 800平方米 容纳人数：6 000人
大连国际会议中心	大连国际会议中心坐落在东港商务区、CBD核心区，是夏季达沃斯会议中国区主会场、大连新地标；共有大小会议室34间，均为高端会议精心打造，能够最大限度地满足从20人~3500人不同规模的会议活动等多功能服务需求；同时还设有展览区，总面积2万平方米，均采用抛光理石地热地面，为高端展览展示提供专有的完美展示空间；有宴会厅6个，其风格各异，均为无柱式设计，层高6~9米，视觉空间无限延展，建筑内通体航空铝板，使得灯光渲染达到极致	会议室数量：34间 最大会议室面积：2 300平方米 最多容纳：3 500人

(续表)

会议场地	会议场地基本情况	会议接待情况
北京国际会议中心	北京国际会议中心隶属北京北辰实业股份有限公司,地处亚运村地区,毗邻奥林匹克公园,周边大型超市、特色商业配套齐全;总建筑面积6万平方米,拥有规格各异的会议厅室50余个,展览面积6 000平方米,写字楼面积15 000平方米,是能够满足大型会议、展览、写字间租用等需求的五星级会议服务接待场所;自1990年投入运营以来,每年承接近千个不同规模档次的国内外会展活动。1996年4月15日,北京国际会议中心加入国际会议与集会协会(International Congress & Convention Association, ICCA),成为ICCA在中国的第一家会员,是中国旅游饭店协会、北京旅游饭店协会等理事会理事单位	会议室数量:18间 最大会议室面积: 1 900平方米 容纳人数:2 300人

做一做

结合你熟悉的城市,分析其在我国会议市场中的地位,并思考其打造会议城市的优势和劣势。

(四) 会议名称的策划

会议名称是指会议的正式称谓,是会议基本特征的信息标示,凡举行会议都应当事先确定会议名称。为区别各种不同的会议,除了策划反映会议的主题、性质和范围等基本特征信息的会议名称,还要制作美观、寓意深刻的会标,悬挂于会场内醒目之处。

微课八

会议名称一般揭示会议的主要特征:①揭示会议主题特征。有的会议名称揭示的主题比较具体,如"国际金融危机防范对策学术研讨会";有的会议主题则比较宽泛,如"庆祝建党70周年座谈会"。②揭示会议主办者特征,如"中国科学院知识创新试点工作咨询座谈会"。③揭示会议功能特征,如"×××审批大会""×××产品鉴定会""×××表彰大会""×××总结交流会"等。④揭示与会者身份特征,如"××公司股东大会"。⑤揭示会议出席范围特征,如"第四次世界妇女代表大会""×××国际学术研讨会"等。⑥揭示会议时间和届次特征。年度性会议和系列性会议必须揭示时间和届次特征,如"2020年×××市先进工作表彰大会""第26届万国邮政联盟大会"。⑦揭示会议地点特征,如"上海国际贸易洽谈会""广州商品交易会"等。⑧揭示会议方式特征,如"×××座谈会""×××茶话会"等。一次会议的名称所揭示特征的多少,应当根据会议的实际情况来确定。会议的目的、要求不同,会议名称所揭示的特征也各有侧重,如"第35次上海市市长国际企业家咨询会议"这一名称就揭示了会议的主办方、与会者身份、范围、届次和会议功能等若干特征。

做一做

请收集一份会议策划方案。

请扫描下方二维码查看策划方案样例，供大家参考。

学校2025年教师节
表彰大会活动策划
方案

任务三　厘清会议服务与管理程序

一、会议服务

会议服务贯穿于整个会议的会前、会中、会后等各个不同的阶段，会议服务既包括发生在会议现场的租赁、广告、保安、清洁、展品运输、会场布置等专业服务，也包括餐饮、旅游、住宿、交通等相关行业的配套服务。

(一) 会前准备工作

会前服务是服务流程中的第一个环节，这一环节工作的质量直接影响以后各环节工作的开展。会前准备是做好会务工作的前提和基础。为了确保会议的顺利进行，工作人员应精细地统筹好会议的整个进程和每一个环节，对可能发生的问题超前谋划。

1. 制定方案

会议方案是组织会议的总安排，主要包括会议名称、目的、时间、地点、参会人员、主要议程、会务工作任务及职责分工等内容。会议方案要简洁明了、具体清晰、可操作性强，并须报经相关领导审定。会议方案确定后，主办部门要召集各有关部门召开会务工作协调会，协调各部门按照方案要求落实各自职责。

2. 明确任务

在会议筹备阶段，主要有以下任务。

(1) 起草会议通知。会议通知的要素包括会议名称、主要内容、报到时间和地点、参会单位、报名要求、联系人姓名和电话等。会议通知要求表达准确、条理清楚、言简意赅，尤其是时间、地点要明确。

会议筹备
"三三法"

资料卡

会议通知模板

各位董事及相关人员：

经研究，公司决定召开董事会会议。现将会议相关事项通知如下：

一、参会人员

公司各董事。各监事、副总经理孙治刚、总公司各部室负责人、各分公司经理、销售站点负责人，各分公司可派2~4人列席会议。

二、会议时间

20_____年5月23日上午9：00

三、会议地点

公司三楼会议室

四、会议内容

审议《深化内部改革实施细则》

五、注意事项

1.请携带《深化内部改革实施细则》(讨论稿)。

2.请各参会人员合理安排工作时间，确保准时到会，无特殊情况不得请假。

特此通知。

(单位名称)

20_____年4月2日

(2) 下发会议通知。会议通知有电话、短(微)信、书面及内网邮件等多种下发方式，可视情况选用一种或同时使用多种。下发通知时，一定要注意以下两点：一是保密，涉密会议不能通过短信、微信发布；二是负责，必须确保会议通知及时送达参会者。对于书面通知，要制作签收登记表，对每一份发出的通知都要签字确认；对于以电子邮件发送的通知，要采取保留回执发送方式；对于以短信、微信方式发送的通知，应要求接收者及时回复。

(3) 落实参会人员。对参会人员名单要仔细核对，确保没有出入，并打印纸质请假人员名单及时向参会领导或会议主持人报告。

(4) 协调出席领导。根据会议要求，以当面报告、电话、短信、微信等多种方式，提请领导出席会议，着重向领导提醒会议时间、地点、主要参加(部门)人员及议程等。

(5) 预订会议室。会议时间确定之后，要立即与后勤、物业等会议室管理服务部门联系，预订会议室，并请服务人员协助做好保洁、桌椅摆放等先期准备工作。若有外单位人员参加，要提前制作好引导牌。

(6) 编印会议须知。对于全省业务工作会议、全公司干部职工大会、年中工作会等较大型会议要编印会议须知。须知编排要用词准确、表达清晰、周到简洁，主要内容包括会议纪律要求、日程安排、作息时间、参会人员名单、分组名单、食宿或乘车安排、值班电话、会议工作人员名单及联系方式、其他注意事项等。

(7) 制作会议证件。根据会议需要制作代表证、出(列)席证、出入证、工作证、车辆通行证等各类证件。证件制作要结合会议主题和内容,遵循美观大方、经济适用原则,要易于识别、方便管理、利于安全。

做一做

证件的形式应当反映会议内容,美观大方、朴素适用,切忌华而不实、低级庸俗。请大家观察会议证件(见图4-1),总结会议证件包括的要素,再试着用AI做一组会议证件,粘贴在下面。

图4-1　会议证件示例

(8) 会场布置直接关系到会议的正式程度和参与者的视觉体验,总体要求是规范和谐、庄重大方,并与会议主题和内容相一致。会场布置主要有两方面内容:一是合理布置主席台。主席台是会场的重点和中心,集中体现了整个会议的格调和氛围,是会场布置的重点,布置时要综合考虑会议性质、台上就座人数、方便领导出入以及主席台大小等多方面因素。二是附属设施调试,主要涉及音响、灯光、投影设备。根据会议需要安排适量话筒并在合适位置摆放,逐一提前试音,确保每支话筒都能正常使用;需要播放乐曲的要提前试播一次,最好进行备份,确保万无一失;检查会场内照明灯具有无损坏,如有损坏,需要提前修理更换;要提前准备好摄像、话筒电源;有投影演示时要提前预演一次,并视需要及时调节灯光。2023博鳌亚洲论坛年会会场布置情况如图4-2所示。

(a)　　　　　　　　　　　(b)

图4-2　2023博鳌亚洲论坛年会会场布置

(9) 制作、摆放桌签。根据最终确定的参会人员名单，制作桌签；要认真核对全场桌签，防止遗漏、重复和出现错别字；依据文明礼仪手册等规范合理安排与会人员会场座次；桌签摆放完成后要及时制作会场座位图，打印后放至会场方便查阅。桌签样式如图4-3所示。

图4-3　桌签样式

(10) 组织调度会议用车。视会议需要借用或租用车辆，并安排专人负责车辆调度，对乘车人员进行统计、清点；车辆较多时还要对车辆进行编号、分组，以方便调度。

(11) 安排新闻报道。需要新闻报道的会议，要提前联系宣传部门或新闻单位，在会场安排好新闻宣传人员专座，并协调相关事宜。

(12) 分发会议材料。会议材料发放时要逐一登记，做到不漏一份、不少一人。可以视情况在会前通知参会单位(人员)派人提前领取，也可以在会场签到时一并发放，还可以提前放置到参会人员座位上。对摆放在主席台上的材料，要从头到尾检查顺序和页码，整齐摆放，确保不出差错。

3. 分工落实

拟订好会议方案，根据方案分解任务后，要协调分工，明确责任人，规定各任务完成时限，做好分工落实，并在会议开始前做一次全面自查，确保万无一失。

(二) 会中接待工作

会中接待工作是指从会议报到至会议结束这段时间的工作。会中工作无小事，周到、细致是做好会中服务工作的基本要求。会中服务工作繁杂琐碎，一定要注重细节，做到精细周密。

1. 组织会议报到

会议报到工作主要包括人员身份确认、报到登记、根据会议要求发放资料、提醒注意事项等，做到迅速准确、热情周到、耐心细致、井然有序。

2. 做好会议签到

安排专人打印签到表放置签到处，设置签到处指示牌(见图4-4)。提醒到会人员签到，做好到会人员清点、登记工作，实时掌握人员到会情况，并视情况电话督促未到的参会人员及时到会。会议开始后，要统计汇总到会人数，登记迟到、缺席人员名单。

图4-4　签到处指示牌

做一做

组建3~5人的小组，根据所学并查找资料，模拟设计制作一次会议现场的物料(台签、指示牌、留影板等)。

3. 维护会场秩序

会议召开期间，要安排专人现场值班，维护好会场内外秩序。一是实时监测会场音响、灯光等情况，发现问题及时解决；二是及时提醒、制止会场内大声喧哗、随意走动、接听电话等不遵守纪律行为，同时防止无关人员进入会场；三是提醒会场服务人员适时供应茶水；四是向主席台上领导或会议主持人汇报特殊情况时，要采用合适方式灵活处理，尽量减少对会议的干扰和影响。

(三) 会后总结工作

会后工作是会务工作的重要组成部分，是保证会议质量、达成会议效果的重要环节。通过会后工作总结，能够推进会议精神的贯彻落实，进一步优化会务工作机制，提升会议效果。

1. 返程服务

协调组织好与会人员会后服务，必要时协助联系交通工具或帮助订票，对个别因工作需要暂留的人员，在食宿方面妥善安排。

2. 材料归档

会后要及时将会议方案、通知、简报、发言材料、领导讲话、音像资料等相关资料收集齐全，按规定整理归档，以备查考。同时，要按照保密相关要求，对需回收的会议材料逐份清点、登记回收。

3. 会后总结

每次会议结束后，要及时、客观、准确地做好总结。系统梳理、分析会务工作成功经验及存在的问题，尤其要注意收集整理与会人员对会议的意见、建议，为以后进一步改进会务工作提供借鉴的同时，要将会议决定事项办理情况列入督查督办工作中，确保会议精神及时落实。

二、会议管理

会议作为一种有目的、有组织的集体性交流活动，涉及的范围相当广泛，需要协调的关系非常多。为了确保会议活动的协调、有序、高效，就必须实施会议管理。会议管理就是指会议组织者运用科学的决策、规划、组织、指挥和协调手段，以最优的服务、最低的成本和最高的效率，合理配置会议资源，实现会议目标的过程。会议管理的过程渗透到会议的策划、报批、申办、筹备、接待、举行、主持、总结、评估、反馈等各个环节。

(一) 会议效率管理

会议具有一定的社会功能，但不是万能的法宝，运用不当或者管理不善，也会产生负面效应。会议效率管理就是运用有效的控制手段，端正会风，提高效率，使会议朝着正确的方向发展。会议效率管理主要涉及内容控制、规模和范围控制、时间控制三个方面。

1. 会议内容控制

会议内容控制包括对会议的目的、任务、议题和发言内容的控制。具体要求如下所述。

(1) 开会前一定要明确会议的目的和任务，目的不明确、可开可不开的会议坚决不开。

(2) 可用电话、传真、计算机等现代通信手段联系解决问题的会议不必开。

(3) 条件不成熟、准备不充分的会议推迟开。

(4) 内容相关的几个会议合并开。

(5) 议题过多的会议分段开。

(6) 发言不允许脱离议题。

2. 会议规模和范围控制

会议规模和出席范围同会议的效率有着密切的关系。规模和出席范围合理，就能提高会议效率；规模失控，范围过大，会议效率就会下降，因此要做到以下几点。

(1) 参加对象的范围和规模要合理，与会议目的和议题无关的、对会议议题以及相关情况不了解的、缺乏代表性的、不具备基本议事能力的人员不列入参会范围。

(2) 能以局部性会议解决的问题就不要召开全局性会议，对确实需要召开的全局性会议(如全国性会议、区域性会议)和邀请上级主要领导出席的会议，建立报请审批制度。

(3) 建立候会制度，具体做法是：事先了解会议的议题和议程，估计每项议程开始的大致时间，通知有关单位的人员提前在休息室等候，当会议讨论到该议程时，再通知其进入会场。候会制度既保证与会人员及时参加会议，又消除了不必要的陪会现象，从而提高了会议的效率。

3. 会议时间控制

会议的时间同会议的效率成正比例关系，同样的会议结果，时间越短，效率越高。控制会议时间要做到以下几点。

(1) 会前要做好会期的测算，在确保会议效果的前提下，尽量做到长会短开。

(2) 准时开会，准时散会，制止任意迟到、早退的现象。

(3) 必要时对发言的人数和发言时间进行适当的限制。

(4) 一般性的会议交流，如已分发书面文件，就不必照本宣科。

(二) 会议经费管理

会议经费管理就是通过对会议经费的预算、决算和在使用过程中的严格监管，努力降低会议的成本，以最少的会议成本换取最大的会议效益。

1. 会议成本的构成

会议成本由显性成本和隐性成本两部分组成。

(1) 会议的显性成本。会议的显性成本是指在会议过程中实际支出并消耗的费用，因为可以在账面上反映出来，也称为显性成本，如会议交通费、食宿费、场地费、文件材料费等。

(2) 会议的隐性成本。会议的隐性成本是相对于显性成本而言的，是账面上显示不出来但确实存在的成本。会议隐性成本包括所有与会人员以及会务工作人员在参加会议这段时间内，在其本职岗位上本来可以创造的价值，以及因参加会议中断工作所造成的相关损失的价值。

2. 会议活动经费的筹措

会议的性质、类型不同，经费来源的渠道也不同。一般来说，会议活动经费的筹措有以下几种渠道。

(1) 行政经费划拨。党政机关以及其他事业单位召开的会议，可以从日常行政经费中列支，或者争取财政支持。

(2) 主办者分担。由几个单位共同主办的会议，可通过协商分担经费。举办营利性会议，联合主办的各方可通过协商确定出资比例。

(3) 与会者承担全部费用，如与会者自理交通费、食宿费等个人发生的所有费用；与会者承担部分个人发生的费用，其他费用由主办方资助；向与会者收取会务费、注册费、报名费、讲座费、入场费等。

(4) 社会赞助。通过有效的会议公关，从企业、社会团体及个人获得资金或物资赞助。

(5) 转让无形资产使用权。一些大型的会议活动由于意义重大、影响深远、知名度高，具有多种无形资产，如会议的名称、会徽、会歌、口号、吉祥物形象等，而充分有效地开发和利用会议本身的无形资产，使其转化为合法的有偿转让行为，不仅可以使商家因获得这种无形资产而受益，还可以为会议活动筹得可观的资金，带来丰厚的经济利益。

(6) 开发广告资源。会议活动的广告资源十分丰富，开发得好，可创造十分可观的经济效益，如会议证件广告、会议入场券广告、会刊广告、会场广告、手提袋广告、会议名称冠名赞助等。

(三) 会议保密管理

1. 会议保密管理的含义

秘密是指在一定时间内只限一定范围内的人员知悉的事项。凡涉及国家秘密和商业秘密的会议，应当采取保密措施。会议保密管理就是指会议的组织者为保守会议的秘密所采取的一切手段和措施。

2. 会议保密管理的内容

(1) 会议文件保密。这是会议保密的重点，包括属于秘密范围的各种文件的草案或讨论稿、备选的决策方案、会议记录、不能公开发表的最后文件、涉密会议期间产生和使用的各种程序性和会务管理性的文件(如会议通知、议程、出席名单)、洽谈会上当事人要求保密的商业性文件等。

(2) 场馆保密。场馆保密包括会场保密和住地保密，具体包括以下几个保密内容：场馆地点保密，不公开会场和住地的地址；会场环境保密，应当选择具备保密条件的场馆举行涉密会议；会场设施保密，举行涉密会议的现场必须具有良好的隔音和屏蔽效果，以免声音和信号外泄；会后清场保密，会议结束后，工作人员要对会场和住地进行保密检查，看有无遗失的文件、笔记本等。

(3) 会议器材保密。举行涉密会议时，须对扩音机、录音机、录像机、照相机、电话、传真机、计算机、签到机、复印机等器材采取保密措施，要有专人管理，实行谁管理谁负责；涉密会议中使用的器材要在会前进行防窃密、防泄密检测；传递涉密会议信息时，必须使用具有保密功能的电话、传真机和计算机；录音机、复印机、传真机、数码照相机和摄像机等使用后，要及时删除涉密信息。

3. 会议保密管理的具体举措

(1) 入场检查制度。进入涉密会议的会场，人人都要接受检查。一是检查有无禁止带入会场的物品，如与会者随身携带的微型录音机、移动电话机、手提电脑等，这类物品应主动交给工作人员临时保管；二是检查与会者必须携带的证件，如会议通知、单位介绍信、代表证等，无证件者原则上不得进入会场。

(2) 文件签收制度。涉密的会议文件应当实行严格的签收制度，实行谁签收谁负责。

(3) 文件清退制度。涉密会议文件有的可以带回，有的必须清退，如需清退的，会议结束后要严格清退，不留死角。

(4) 人员注册制度。举行涉密会议时，与会者和工作人员都必须履行报到注册手续。

(5) 离会清场制度。会议结束后，工作人员应立即进行清场，清场范围包括会场和与会者住宿的房间。

(6) 器材专用专管制度。涉密会议使用的器材应当符合保密要求，由可靠的专人使用和管理，使用前必须经过严格的安全检查，使用后要清除所有记录信息。

(7) 报道审查制度。在对外进行宣传报道时，要指定专人对所有的宣传报道文稿进行统一审查把关，统一宣传报道的口径，严防泄密。

(四) 会议突发性事件和危机管理

1. 含义

会议突发性事件是指由自然或人为因素造成的、突如其来的、对会议造成影响的事件或事故，其中对会议造成较大损失和压力的事件或事故称为会议危机事件。由于会议活动涉及面广、参加人员复杂，突发性事件和危机的自然或人为因素事先难以完全预见和克服，任何会议在任何时候都可能出现突发性事件或者面临重大危机。

2. 类型

按突发事件和危机发生的性质，会议突发性事件和危机主要分为以下几种。

(1) 政治性突发性事件和危机，如社会动乱、恐怖袭击等。

(2) 治安性突发性事件和危机，如抢劫、偷盗、纵火、投毒等。

(3) 自然性突发性事件和危机，如地震、水灾、台风、泥石流、病疫等。

(4) 责任性突发性事件和危机，如行车事故、设备损坏、食物中毒、泄密、失火、建筑物坍塌等。

(5) 冲突性突发性事件和危机，这类危机是由于组织方和与会者，或者与会者之间的相互冲突引起的。

为保证会议安全顺利举办，会议管理者要针对不可预见的问题与可能出现的会议危机，准备好解决方案，将最坏的结果罗列出来，然后逐一提出解决方案。

知识检测

扫码做题

实战训练

模拟举办一次会议

会议策划：学生分组完成一次会议的全面策划，包括明确会议主题、目标及预期成果，制定详细的会议日程安排。

场地选择：根据会议规模和需求，调研并选定合适的会议场地，考虑场地容量、设施设备及交通便利性等因素。

预算管理：编制会议预算，涵盖场地租赁、设备租赁、餐饮住宿、宣传资料等各项费用，并确保预算合理分配。

宣传推广：设计会议宣传方案，利用社交媒体、邮件邀请等方式吸引目标参会者，提高会议知名度。

现场管理：制定会议当天的现场管理方案，包括签到、引导、技术支持及应急处理措施，确保会议顺利进行。

总结报告：会议结束后，撰写总结报告，评估会议效果，提出改进建议。

📖 岗课 赛 证融通

全国大学生会展+创意大赛

全国大学生会展+创意大赛暨中国会展教育与科技发展论坛由中国会展经济研究会主办，自2011年第一届到2023年"远华杯"全国大学生会展创意大赛暨中国会展教育与科技发展论坛，已成功举办13届，累计

1 100多所学校、2 300多支队伍、12 000多人、10 000多家企业、200多名评委参与，获得了会展类院校和行业的高度认可和评价，也得到了积极的支持和参与。

1. 赛事背景与目的

全国大学生会展+创意大赛旨在提升会展大赛服务国家和地方经济社会发展的全方位能力，助力我国会展产业链、供应链、服务链、创新链和人才链的一体化和高质量发展。同时，该赛事也为广大学子提供了一个展示才华、交流思想、创新实践的广阔平台，有助于推动会展专业人才培养，为会展业的高质量发展提供新动能。

2. 赛事组织

全国大学生会展+创意大赛通常由多个单位共同主办和承办。例如，第十四届"远华杯"全国大学生会展+创意大赛暨中国会展教育与科技发展论坛总决赛由中国高等教育学会指导，中国会展经济研究会主办，并获得了会展类院校和行业的高度关注。而第五届全国会展策划创意大赛则由全国会展策划创意大赛竞赛委员会、上海大学、浙江外国语学院和国际会展学会主办，中央文化和旅游管理干部学院支持，并由浙江大学艺术与考古学院等八家单位承办。

3. 参赛对象与范围

全国大学生会展+创意大赛的参赛对象主要为全日制高等教育院校在籍在校学生(含应届毕业生)。活动面向全国范围内的高等教育院校开放，无论是艺术类院校还是综合类院校的学生均可参与。这种广泛的参与范围有助于汇聚来自不同背景、不同专业的创意力量，共同推动会展业的发展。

4. 赛事流程与奖项设置

全国大学生会展+创意大赛通常包括初赛和决赛两个阶段。参赛团队需要提交会展策划或设计作品，经过专家评审后选出优秀作品进入决赛。决赛阶段通常包括现场展示、答辩等环节，最终评选出获奖作品。

奖项设置方面，全国大学生会展+创意大赛通常会设立多个奖项，如一等奖、二等奖、三等奖等，以表彰在会展策划和设计方面表现突出的团队和个人。此外，还会设立优秀组织奖和优秀指导教师奖等奖项，以鼓励学校和教师在会展教育方面的贡献。

5. 赛事影响与意义

全国大学生会展+创意大赛的举办对于推动会展业的发展具有重要意义。首先，它有助于提升会展教育的水平，促进会展教育与产业发展的紧密结合。其次，该赛事为广大学子提供了一个展示才华、交流思想、创新实践的广阔平台，有助于培养他们的创新意识和实践能力。最后，全国大学生会展+创意大赛的举办还有助于推动会展业的转型升级和高质量发展，为会展业注入新的活力和动力。

节事活动

知识目标：了解节事活动概念、特点、分类与功能；掌握节事活动策划的原则、内容和流程；熟悉节事活动现场管理运作模式；了解节事活动评估内容。

能力目标：能够独立策划节事活动方案；能够开展节事活动调查。

素质目标：文化自信，文化认同；善于借势造势；敢于创新，勇于实践。

青岛与世界干杯——青岛国际啤酒节打造超级城市IP品牌

青岛——中国啤酒之都。作为青岛市重要节庆活动之一，青岛国际啤酒节已走过三十多年的辉煌历程，精彩的节会内容、丰富的美食美酒得到海内外游客的广泛赞誉。三十多年间，青岛国际啤酒节从欢娱一方的地方节日，到国家级重大节庆活动，再到堪与慕尼黑比肩的亚洲最大啤酒盛会。青岛国际啤酒节不仅声名远播，且已深入人心，成为青岛的超级城市IP。

20世纪80年代，尚无大型旅游节庆活动的青岛，伴随着改革开放的不断深入，开始思考"节庆IP"。在青岛崂山登山节、青岛国际钓鱼活动和青岛国际啤酒节三个方案之中，举办青岛国际啤酒节，成为当时青岛打响旅游节庆品牌的最佳方案。

经过多年的实践探索，青岛国际啤酒节固定由开幕式、啤酒品饮、文艺晚会、艺术巡游、文体娱乐、饮酒大赛、旅游休闲、经贸展览、闭幕式晚会等活动组成，融旅游、文化、体育、经贸于一体的国家级大型节庆活动。

在成长的道路上，青岛国际啤酒节一步一个脚印走向壮大——1991年6月23日，第一届青岛国际啤酒节正式举办；1995年，啤酒节被国家旅游局列为"全国重点旅游节庆对外推销项目"；1996年，啤酒节成为中国度假休闲游专项活动之首；1997年，青岛国际啤酒节正式由地方性节日升级为国家规格，被誉为"亚洲最大的啤酒盛会"；2003年，啤酒节跻身国家旅游局向海外推介的中国著名节庆第三位；2007年，啤酒节列于"中国节庆产业十大影响力节庆""中国节庆产业十大品牌节庆"榜首。

敲黑板 划重点

在人类文明和历史进程中,节事具有重要的现实意义和充分的实践价值。从古代传统的祭祀活动、宗教礼仪、岁时节令、狂欢庆典等慢慢延伸和发展为现代类型多样、内容丰富的节事活动。随着社会的快速发展和生活水平的提高,人们在物质条件得到满足时,在精神需求上有了更高的要求。近年来,节事活动逐渐成为国家、区域、地方满足人们休闲和精神需求的重要方式和手段,是政府和企业吸引游客和创造利润的重要工具,已成为全球性的巨大产业,一些大型节事活动的承办,对国家发展具有重要的作用和影响。

知识精讲

任务一 认识节事活动

一、节事活动的定义

"节事"一词来自英文"event",含有"事件、节庆、活动"等多方面的含义。国外常常把节日(festival)和特殊事件(special event)等合在一起作为一个整体,简称FSE,中文译为"节日和特殊事件",简称"节事"。节事活动影响经济、社会和政治等多个方面,为文化交流提供了良好的机会。大型节事活动能够提高社会凝聚力和公民自豪感,促进文化交流传播。

加拿大的盖茨在1997年提出将"event"定义为"短时间内出现的活动总和,在这段时间里内容包括环境、设施与人员等独特组合"。节事活动包括文化庆典、商贸及会展、体育赛事、政治政府事件、私人事件、文艺娱乐、科学教育事件和休闲事件八大类。

我国对于节事活动的相关研究起步较晚,但随着节事活动的市场体量逐渐扩大,近年来节事活动成为国内学术界研究的热点。在我国关于节事活动的概念界定中,吴国清提出"节事"一词,其含义为"节日和特殊事件",是指事先经由策划,针对广大公众群体,具有明确的主题,在事先提前组织的情况下进行、举办一系列的活动或事件,包括节日、庆典、博览会、会议、展览会、交易会,以及各种文化特征或者体育活动等具有特色的活动或者是非日常发生的特殊事件;李宗诚认为,节事活动能够用来展示城市的风貌,并且可以成为多层次传播城市相关信息的媒介,具有独特的传播效应;李祗辉将英文单词"mega-event"作为大型节事活动的含义,但其认为"mega-event"仅仅翻译成重大事件,不能够直接体现包含的"节事"这部分内容,从范围上来说,奥运会、世博会、世界杯等都属于大型节事活动;余青,吴必虎认为,节事活动是以某一地区的自然、文脉与发展战略等内容为基础,举办的一系列活动或事件,包括节日、庆典、地方特色产品展览会、交易会、博览会、会议,以及各种文化、体育等具有特色的活动。

综上所述,我国对节事活动的概念较为宽泛,目前还没有一个明确的界定,但是从节事活动的范围来看，既可以包括以文化、民俗、节日为特色的节日庆典，也可以包括赛事活动、展览活动等。基于此，可以将节事活动称为"能够对人们产生吸引，经过精心策划、有可能被用来开发成娱乐、休闲、旅游等参与性的消费形式的各种庆典和活动的总和"。总体来看，无论是国内还是国外对节事活动的定义，所涵盖的范围都很广，包括了节日、庆典、交易会、展会，以及各种文化、体育等具有特色的活动。

二、节事活动的特点

(一) 文化性

节事活动本质是文化活动，这些以地域文化、节日文化、体育文化和民族文化等为主导的节事活动一般具有浓厚的文化气息。这些活动通过文化的打造、交流和融合，逐渐形成了各具地方特色的节事传统。节事活动的举办往往受当地特色传统文化的影响，而组织者融合利用当地传统文化，打造独特的节事活动，不仅增强了节事活动的生命力、吸引力和影响力，也增加了举办地独特的魅力。

微课九

(二) 地域性

节事活动一般都是在某一特定空间范围开展的，这些空间范围或大或小，但均具有明显的地域特征，有些特殊的节事活动已经成为地域的文化名片。节事活动带有明显的地方气息，不同地区由于资源条件、气候条件及风俗习惯差别，会形成不同的节事活动。节事活动打造的主题与所依托的文化资源及地区息息相关，只有依托地方特色，节事活动才会具有旺盛的生命力。

(三) 时效性

节事活动通常有时间和季节的限制，应按照预先筹划的或突发的时间规程开展和进行。节事活动大都集中在某一特定的时间段内，具有固定的时间期限，活动安排十分紧凑。这种集中性的特点使得节事活动在短时间内吸引大量游客。这种周期性和时间性，培养了人们对节事活动的文化认同，不断加深对节事活动价值的认可，能够吸引大量游客参与，如山东潍坊国际风筝节、河南洛阳牡丹节、青岛国际啤酒节、哈尔滨冰雪节、大连服装节、蒙古族的"那达慕大会"等都会在特定的时间段举行，受季节性和地域性的限制，举办时间有一定的规律。

节庆掠影(哈尔滨冰雪节)

(四) 体验性

节事活动必须建立在大众参与和体验基础上，任何活动的举办都必须以大众的参与和体验为前提，公众始终是各类节事活动的参与主体。节事活动的体验性与公众的文化消费紧密相连，参与节事活动不仅仅是一种单向的观赏或参与，更是一种深度的、互动性的文化体验。因此吸引公众的主要方式就是组织者在设计活动时，让所有参与者能体验到节事活动的氛围，想方设法拉近与公众的距离，将公众的参与度视为评估节事效果的重要依据。

资料卡

巴西狂欢节

巴西狂欢节是目前世界上最大的全民自发参与的狂欢节，具有"地球上最伟大的表演"之美称，通常在每年二月连续举办三天，狂欢节当天能吸引国内外游客高达数百万人，是至今世界上最著名、最具特色、最令人神往的节日盛会。相传巴西狂欢节始于19世纪中期，最初是一种仅限于贵族之间自娱自乐的室内化装舞会，直到葡萄牙人阿泽维多带领乐队走上街头之后，节奏明快的乐曲让整个城市瞬间欢腾起来，自此狂欢节逐渐发展成为大众参与的节日庆典。巴西狂欢节是在各地市政府统一组织管理下而开展的节日庆典，每逢狂欢节到来之际，各地市政府会提前组织好游行彩车和桑巴舞表演队，并且经过多次严格彩排后才能够正式演出。尽管参加狂欢节彩车游行和桑巴舞表演工作非常辛苦，但在市政府的统一领导下，广大民众参与热情极高，进行彩排和演出的费用支出由市政府承担。巴西狂欢节不仅给巴西人自己带来了欢乐，还给来自世界各国的游客带来了欢乐，是名副其实的公众性节日，也是真正反映和体现巴西传统民族文化与快乐精神的重大节事。

(五) 多样性

节事活动的形式多样，包括文化庆典、文娱事件、商贸会展、体育赛事等多种类型，这些活动相互交融，共同构成了一个丰富多彩的节事活动体系。节事活动的内涵非常广泛，国内外研究者均认可节事活动的开展形式应该多元化，开展内容应该多样化。形式单一、内容单调的节事活动很难达到理想的效果。一次大型节事活动的举办，既能带来直接的经济效益，又能带来间接的隐形的其他方面的效益，给举办地的发展带来多方面的推动。

微案例

美国玫瑰花节是由美国玫瑰花协会组织而开展的一项节事活动，创办于1890年，至今已有百余年历史了，为举办地创造了巨大的经济效益与社会效益，是当今全球知名度较高的节事。玫瑰花节作为全美新年初始的第一项大型节事活动，主要目的是调动广大民众的参与热情，为更多参与者和欣赏者提供体验场所，使其感受到传统文化特色。活动内容主要包括花车巡游与大学生橄榄球联赛两大项目，每年仅"联赛"一项活动就能为加州地区带来15亿美元的经济收益，并以"联赛"名义每年为美国锦标赛出资2 500万美元，为21所大学的运动员提供奖学金，为当地政府提供90万美元的活动举办经费。玫瑰花节不仅向外界展示了美国传统文化内涵，还能为加州地区的商业、旅馆业以及其他行业带来上亿美元的经济效益。美国玫瑰花节之所以能历经百年而魅力不减，最主要的原因是在市场经济条件下，每届玫瑰花节的主题内涵、活动内容、形式和传播方式都在不断地进行创新和改善。2019年美国洛杉矶玫瑰花车游行现场如图5-1所示。

图5-1　2019年美国洛杉矶玫瑰花车游行

做一做

根据以上介绍，思考节事活动是否还有其他特点。

三、节事活动的分类

节事活动种类繁多，按不同分类方法可分为多种类型。

(一) 按节事活动的性质分类

按照节事活动的性质，节事活动可以分为八类，如表5-1所示。这些分类反映了节事活动的多样性和广泛性，从文化传承到商业交流，从体育竞技到个人庆祝，节事活动涵盖了社会生活的各个方面。

表5-1　按照活动性质分类的节事活动

节事活动类型	主要特征	典型节事活动
文化庆典	通常与特定的文化或宗教传统相关，旨在庆祝特定的历史事件或纪念日	节日、狂欢节、宗教事件、大型展演、历史纪念活动等
文化娱乐事件	侧重于提供文化娱乐和艺术欣赏的体验	音乐会、文艺展览、授奖仪式和其他表演等
会展及商贸活动	旨在促进商业交流和经济发展	会议、展览会、博览会、广告促销、募捐/筹资活动等
体育赛事	体育赛事是吸引观众和参与者的重要方式之一	职业比赛、业余竞赛和商业性体育活动等

(续表)

节事活动类型	主要特征	典型节事活动
教育科学活动	专注于知识的传播和学术的交流	研讨班、专题学术会议等
休闲活动	旨在提供休闲和放松的体验	演唱会、娱乐事件等
官方活动	通常与政府相关	就职典礼、授权/授勋仪式、群众集会等
私人事件	主要针对个人或小团体	个人典礼、社交事件等

(二) 按节事活动的规模和影响分类

节事活动按照规模和影响可以分为特大型活动、标志型活动、重要型活动、中小型活动四类，如表5-2所示。

表5-2　按照规模和影响分类的节事活动

节事活动类型	主要特征	典型节事活动
特大型活动	这类活动通常具有极大的规模和广泛的影响力，能够吸引全球范围内的关注和参与	奥林匹克运动会 世界博览会 世界杯足球赛
标志型活动	这类活动不仅规模较大，而且具有鲜明的特色和标志性意义，往往能够成为城市或地区的名片	西班牙斗牛节 爱丁堡艺术节 戛纳国际电影节 博鳌亚洲论坛 意大利威尼斯狂欢节
重要型活动	这类活动虽然规模不如特大型活动那么大，但在特定领域或地区内具有重要影响，能够吸引一定数量的参与者和关注者	F1方程式赛事 世界体操锦标赛 世界女排锦标赛 网球大师杯公开赛
中小型活动	类型众多、主题各异，以各类交际舞会、庆典、颁奖仪式、中小型体育赛事或企业、政府的社交活动为主	五大连池饮水节 北京大兴西瓜节 昭君文化节

(三) 按节事活动的主题类型分类

节事活动按照主题类型可分为宗教类、文化类、商业类、体育类、政治类的节事活动，如表5-3所示。

表5-3　按照主题类型分类的节事活动

节事活动类型	典型节事活动
宗教类	麦加朝圣、西藏晒大佛、伊斯兰教古尔邦节、基督宗教复活节、九华山庙会、五台山国际旅游月

(续表)

节事活动类型	典型节事活动
文化类	巴西嘉年华、哥伦布航海500年历史纪念日、柏林国际电影节、西班牙斗牛节、彝族火把节、云南泼水节、上海文化艺术节、曲阜国际孔子文化节、平遥古城文化节
商业类	中国宁夏枸杞节、菏泽国际牡丹花会、大连国际服装节、青岛国际啤酒节、山东栖霞苹果艺术节、广州春节花市
体育类	奥林匹克运动会、世界杯足球赛、F1方程式大赛、网球大师杯赛
政治类	两国建交互访周年庆典、六方会谈、维也纳会议

(四) 按节事活动的内容分类

节事活动按照内容可分为体育活动，娱乐、艺术和文化活动，商场市场营销和促销活动，节日庆祝活动，家庭活动，筹集活动六类，如表5-4所示。

表5-4　按照内容分类的节事活动

节事活动类型	主要特征	典型节事活动
体育活动	体育运动不仅能超越所有社会、种族、语言的界限，成为世界人们沟通的桥梁，也提供了大量的具有吸引力、竞争性的就业机会	富豪精英杯业余高尔夫球赛 世界杯足球赛 美国职业棒球大联盟明星赛
娱乐、艺术和文化活动	各种娱乐、艺术和文化丰富了人们日常生活和精神需要，艺术节体现来自地方的艺术魅力，文化节彰显了不同国度、不同地域的特色文化，娱乐性活动丰富了景区的活动形式，充实了人们的业余生活	爱丁堡艺术节 北京国际音乐节 《宋城千古情》 《四季周庄》
商业市场营销和促销活动	这类活动主要由商业机构举办，旨在推广产品或服务，提高品牌知名度和销售额	大湾区购物节 双十一购物节 618购物节
节日庆祝活动	为了庆祝特定的节日或纪念日而举办的活动	凉山彝族火把节 傣族泼水节 岳阳国际龙舟节
家庭活动	以家庭为单位举办的活动，这类活动通常具有公益性质，能够引发社会关注和支持	家庭舞会 家庭宴会 婚礼 蜜月旅行
筹集活动	将志愿者和非营利性机构的支持者聚集到社交场合，以轻松愉快的方式向来宾介绍筹集活动的目的，并最终筹集到足够的资金	招待会 拍卖会 募捐活动

(五) 按节事活动的组织者分类

按照组织者分类，节事活动可分为政府主导型、民间自发型和企业商业型，如表5-5所示。

表5-5　按照组织者分类的节事活动

节事活动类型	主要特征	典型节事活动
政府主导型	这类活动主要由政府或政府相关部门负责组织策划和实施	五四青年节 春节或中秋节的联谊活动 五一和国庆的联欢活动 贸易洽谈会 旅游节 艺术节
民间自发型	这类活动由民间组织、社区团体或个人自发组织举办	中国彝族的火把节 云南傣族的泼水节 意大利狂欢节 伦敦诺丁山狂欢节
企业商业型	这类活动主要由企业组织举办，旨在推广品牌、提升企业形象、促进产品销售等	大连服装节 北京国际汽车展 超市周年活动 网页设计大赛

做一做

收集你所在的城市今年举办的节事活动，填写表5-6。

表5-6　本市节事活动类型

时间	节事活动名称	类型

四、节事活动的功能

节事活动不仅能给城市带来场租费、搭建费、广告费、运输费等直接的收入，还能创造住宿、餐饮、通信、购物、贸易等相关的收入。更重要的是，节事活动能汇聚更大的客源流、信息流、技术流、商品流和人才流，对一个城市或地区的国民经济和社会进步产生促进作用。节事活动具有以下功能。

(一) 增加旅游目的地的经济收益

节事活动不仅是一种文化现象，更是一种经济载体。国内许多旅游目的地结合地方特色及产业优势，发挥当地会展协会、商贸协会、旅游局、文体局等政府部门及非营利组织的统筹协调作用，支持特色化、市场化、产业化节事活动的创办，促进了旅游目的地经济文化的繁荣。节事活动的举办也为旅游目的地吸引了大批活动体验者、短期观光客和商务参与人员，他们参与到节事活动中，不仅可以形成活动本身经济收益的高峰，还会刺激目的地食宿、餐饮、交通、娱乐以及购物等相关领域的快速消费，从而促进了整个旅游目的地的经济发展。同时，可观的经济收益又会反作用于当地的节事产业，促进活动举办机制的改良，进一步形成经济与活动的良性循环。

微案例

潍坊国际风筝会是集文化、民俗、旅游于一体的综合性盛会，也是潍坊市招商引资与经贸洽谈的一个重要平台。自1984年首届国际风筝会开幕至今，潍坊国际风筝会已成功举办了40余届。伴随着风筝会带来的各项收益，潍坊也实现了经济的迅速腾飞。全市部分风筝制作企业已具备相关产品的自主出口权，产品可销往欧盟、美国、韩国、澳大利亚等40多个国家和地区，已和世界上160多个国家、地区建立了经济、文化等方面的联系，每届风筝会期间都有一大批重点招商项目谈成签约，签约合同额都在300亿元以上。伴随着风筝盛会的日益兴旺，单纯的风筝生产已经无法满足多元的市场需求。因此，盛会所带来的广泛影响得到了潍坊市相关部门的重视。在总结历届风筝会参办经验的前提下，政府提出了"风筝牵线、文化搭台、经贸唱戏"的办会宗旨，潍坊风筝行业也逐渐形成了多元素组合的规模化产业链生产，对当地经济、文化和社会各项事业的发展都产生了极大的促进作用。

(二)塑造旅游目的地的良好形象

旅游目的地形象是一个综合的评价指标，它不仅包括目的地的自然与人文环境，也涵盖了目的地的政治经济、社会文化、基础设施、环境氛围等其他要素。旅游目的地形象是对一个目的地的信任、想法及印象的总和，节事活动对旅游目的地的形象塑造具有重要的作用。节事活动的举办不仅在一定程度上展示了旅游目的地的人文环境和风土人情，也为活动参与者了解该地提供了一个有效渠道。节事活动能够突出目的地的鲜活形象，使活动参与者深入了解当地的自然资源与人文环境特色，提高外界对旅游目的地形象的认知度与美誉度，从而增强旅游目的地的竞争力。节事活动通常具有较大的规模和影响力，能够吸引媒体和游客的广泛关注。通过电视、网络、社交媒体等渠道的传播，节事活动能够迅速提升目的地的知名度和曝光率，使其在众多旅游目的地中脱颖而出。

微案例

上海旅游节前身是由黄浦区政府于1990年创办的上海黄浦旅游节。和其他地方性节事活动的举办动机一样，上海黄浦旅游节最初也是为了提升黄浦区知名度、提高黄浦区南京路步行街的领先商业地位而举办的，举办时间大约为一周。随着其影响力的扩大以及上海旅游业发展的需要，于1996年黄浦旅游节交由当时的上海市旅游事业管理局接手举办，改名为上海旅游节，活动范围扩大为上海全市，同年加入国际节庆活动协会。上海旅游节从举办至今已有34届,是国内最早以"旅游节"命名的节事活动。发展至今,上海旅游节已不仅仅是一个展示上海都市文化、商业的大型节事活动,更为上海展现其现代化建设成就提供了一个面向全球的广阔平台。

上海旅游节的各个主题内容涉及范围广,涵盖了观光、休闲、娱乐、文体、会展、美食、购物等七大领域,具体分为文化艺术节、民俗风情节、国际烟花节、花车巡游大赛、都市森林狂欢节、电影节、音乐节、时装节、美食节以及购物节等近四十多个项目,是目前国内旅游节事中极具特色的大型节事活动之一。上海旅游节在"开发资源、拓展市场、打出品牌、留下精品"的办节宗旨下,在传承精品的基础上不断坚持创新推出新品,通过深度挖掘上海城市资源,利用其推动上海都市旅游产品开发,对提升上海城市形象、推动城市精神文明建设、进一步提升上海城市品牌竞争力等方面都起到了积极作用。2023年第34届上海旅游节开幕式现场如图5-2所示。

图5-2 2023年第34届上海旅游节开幕式现场

做一做

收集能够为城市代言的节事活动,填写表5-7。

表5-7 知名节事活动

节事活动名称	城市名称

(三) 促进旅游目的地产业转型

随着各类节事的日益发展,节事活动作为一个新兴领域对其他相关产业的影响也逐渐得到各地政府的关注。从宏观角度看,节事活动是促进目的地产业转型的一个良好机遇。首先,政府利用节事活动带动了旅游目的地的环境治理和基础设施建设。在很多地区,会展中心和商务酒店的建设、街道绿化与城市交通更新等都是目的地需要举办重大节事活动直接促成的结果。其次，节事活动对其他行业产业具有良好的带动作用。由于节事活动涉及多个领域，需要许多部门参与运作，政府通过举办节事活动不仅能够带动目的地传统第三产业的发展，还对旅游、策划、广告、传媒、创意等新兴行业也有不可估量的推动效应。同时，这些影响最终会增加旅游目的地服务业在国民经济中的比重，调整产业结构，实现旅游目的地的产业转型。最后，节事活动可以增加旅游目的地的市场吸引力，创新地区经济发展模式。

(四) 丰富人们的休闲娱乐活动

节事活动通常是社区或地区性的，内容丰富多样，能够吸引大量居民参与。人们通过参与，能够更深入地了解当地的文化特色和历史背景，也能够丰富自己的精神生活。节事活动以其多样化的内容、丰富的文化内涵、强大的社交功能及对经济和社会的积极影响，极大地丰富了人们的休闲娱乐活动。

做一做

我国节事活动走过了大约30年的历程，已经步入相对成熟的阶段。首先，表现在主题上，节事活动的主题已经越来越丰富，比如说有以"文化"为主题的、以"宗教"为主题的、以"风景特色"为主题的、以"特色农业、民俗"为主题的，呈现主题、功能综合化的发展趋势。其次，节事活动的规模和影响也越来越大，特别是2008年北京奥运会、2010年上海世博会、2022年北京冬奥会的成功举办，把节事活动的规模和影响推向了一个顶峰。最后，节事活动"以节招商，文化搭台、经济唱戏"的操作模式，推介了具有地方特色的旅游资源和产品，塑造了城市整体形象，促进了经济和社会事业的加速发展。因此，举办节事活动在全国形成了热潮，有时甚至成为一种政绩指标，打造"节会之城"上升为一些城市的发展战略。

请扫码阅读"学界洞见"，并结合我国对节事活动开展最新政策(如《节庆活动管理办法(试行)》《节庆活动管理办法实施细则》等)，以"节会与城市"为题，围绕意义、定位、条件、策略等方面开展讨论。

学界洞见

任务二　掌握节事活动策划流程

节事活动策划是一项立足现实、面向未来的非常复杂的创造性活动。节事活动策划与其他类型策划一样，都是策划者为达到一定的目标，经过调查、分析与研究，依据现实的各种信息和形势，判断事物变化和趋势，识别并创造需求，运用科学、系统的方法、手段和技术，对节事活动的主题、内容、举办形式进行整体战略和策略统筹谋划的过程。

一、节事活动策划原则

(一) 主题性原则

主题是节事活动的主旋律，如果主题模糊，就会使节事活动显得内容杂乱无章、平淡无奇，进而导致节事活动缺乏活力，前景暗淡。而鲜明的主题则指引着节事活动各个项目的策划设计和执行，确保所有项目都紧密围绕主题展开，避免偏离主线。例如，青岛国际啤酒节的"青岛与世界干杯"这一主题贯穿于每一届啤酒节的始终，成为啤酒节的标志性元素之一，传承了青岛国际啤酒节的经典文化和精神内涵。

微课十

(二) 特色化原则

节事要办好，关键在于有特色。找准特色，就是破解了节事经济的密码；抓住特色，就是抓住了节事经济的命门。节事活动的特色主要表现在民族特色、地域特色、文化特色和时代特色上。这些特色尤其是文化特色，在一些举办得比较好的旅游节事中得到了充分体现。如哈尔滨冰雪节在内容策划上突出了哈尔滨地区富有浓郁特色的地方文化，设计出了一系列观赏性强的活动内容，充满了狂欢气氛，极大地吸引了游客和市民，取得了很好的效果。

(三) 参与性原则

节事是一种大型的群众性活动，是"市民节""狂欢节"，吸引最广泛的民众参与是旅游节事永葆品牌生命力的灵魂。旅游节事办成群众踊跃参与、国内外游客热烈推崇的活动，才能成为长久的旅游吸引物，促进旅游节事的持续发展。因此，一定要在群众参与上大做文章，要明确旅游者在节事活动中扮演的角色，才能把活动搞得生动活泼、有声有色，产生良好的影响，达到举办目的。

(四) 国际化原则

在信息化时代和经济全球一体化的大背景下，旅游节事国际化是一种必然的趋势。同时，旅游节事的国际化是节事活动档次的表现，也是节事活动效益的需要。旅游节事要尽可能办成国际性的盛会，不断提升国际影响力。例如，2004年第15届上海国际旅游节提出了"世界的节日"这个主题，加快了上海国际旅游节跻身世界著名节事行列的步伐。

(五) 市场化原则

节事活动的市场化原则是指在节事活动的策划、组织、执行和推广过程中，遵循市场经济规律，以市场需求为导向，通过有效的市场营销手段，实现节事活动的经济效益和社会效益最大化。从目前全国情况看，旅游节事在市场化运作方面主要通过门票、广告、赞助、交易会、冠名权、摊位出租、委托承办、买断举办权、媒体和企业投资或入股参与、拍卖活动等方法进行。

做一做

扫码阅读专题资料中的两篇文章并查阅其他相关资料，分析政府展会(节事)市场化转型的背景、政策要求、代表案例和关键策略。

政府展会的
市场化

(六) 创新性原则

节事活动的创新性原则是指在策划、组织、执行和推广节事活动的过程中，注重创新思维和新颖构思，以创造出独特的活动体验，提升活动的吸引力和影响力。旅游节事活动策划要做到求新、求异、求变，可以是节事概念、节事主题、节事理念、活动内容、活动形式、举办体制的创新，找到或创造与众不同的新内容。

(七) 效益性原则

举行任何活动都要注重效益，举行旅游节事活动也一样。对于节事活动的策划应做到"三个结合"，即社会效益和经济效益相结合、短期效益和长期效益相结合、单项效益和综合效益相结合，三者缺一不可。只有遵循了效益性原则，旅游节事活动才可能发展成连续的或周期性的系列活动。

(八) 可行性原则

旅游节事活动策划是一个综合性的活动，涉及的范围非常广，因此在研究制定方案时，必须考虑可行性。在旅游节事活动策划的最初阶段，可以大胆想象，但在策划成型的阶段，却需要小心求证，对策划能否实施这一问题进行详尽的分析。遵循可行性原则，需要从实际情况出发，如具体活动、举办时间、范围规模等内容的确定都要符合当地实际，在确保活动的内容和形式具有前瞻性和吸引力的同时，充分考虑举办当地的实力与承受能力。

微案例

包头荣获"中国节事卓越品牌"二星奖和三星奖

2023年11月，2023第十四届中国节事文化与旅游大会在安徽合肥召开。在这次大会上，包头秦长城文化旅游节、包头"骐骥"城市音乐节(鹿城文化艺术节)分别荣获"中国节事卓越品牌"二星奖和三星奖。2023年举办的第二十届秦长城文化旅游节共有"长城脚下话非遗""寻找中国好物发现之旅·走进固阳"等系列活动20多场次，线下受众达10余万人次，线上点击量达1 389余万次。

坐落于包头市东河区北梁核心区域的包头金街是国家级旅游休闲街区并入选"万里茶道"(中国段)文化街区品牌。近年来，这里举办了第十五届"西口文化"艺术节、不夜九江口行进式演绎、"东河做东回家过年"等系列活动500多场次，月月有主题、周周有演出，再现了"财源滚滚九江口、牛桥马市牙行旺"的西口重镇的商贸盛景。作为西北第一沉浸式国潮文旅体验商街，包头金街自2023年8月开街以来，累计客流量达344.7万人次，营业收入达618.48万元。秦汉九原·横竖街被认定为自治区级文化旅游休闲街区后，积极招商引资，截至2024年4月横街美食街已投放标准特色餐车75辆，引入各类小吃160多种、商户300余家；2023年全年人流量突破400万人次，全街销售额达1 265万元。

包头秦长城文化旅游节、包头"骐骥"城市音乐节获得"中国节事卓越品牌"和两条商业街的车水马龙，诠释着包头市创新文旅业态的"破题"之举，也给未来的文旅发展带来更多期待。

资料来源：阿勒得尔图，王慧.三座城，三部内蒙古文旅融合交响曲[N].北京：中国文化报，2024-04-26.

二、节事活动策划方法

(一) 头脑风暴法

头脑风暴法又称集体思考法或智力激励法，是由纽约广告公司创始人奥斯本于1939年提出的。头脑风暴法是一种通过集合众人的智慧和创意，针对特定问题或主题，激发大量新想法、新观点或解决方案的创造性思考方法。

在使用这种策划方法时，策划者要明确策划的主题，提供必要的相关信息，创造一个自由的空间，让参与者充分表达自己的想法。参与人数不宜过多，一般5～12人为宜，人数过多，策划成本相应增大。再者，会议的时间也应适中，时间过长，容易偏离策划方案的主题；时间太短，策划者很难获取充分的信息。这种策划方法要求策划者具备很强的组织能力、民主作风与指导艺术，能够抓住策划的主题，调节讨论气氛，调动参与者的兴奋点，从而更好地挖掘参与者的潜在智慧。

(二) 德尔菲法

德尔菲法是20世纪60年代由美国兰德公司首创和使用的一种特殊的策划方法。德尔菲法又名专家意见法。它采用函询调查的形式，依据系统的程序，采用匿名发表意见的方式(即团队成员之间不得互相讨论，不发生横向联系，只能与调查人员进行联系)，通过多轮次调查专家关于问卷有关问题的看法，经过反复征询、归纳、修改和技术处理，最后汇总成基本一致的看法，作为预测结果。运用这种策划方法时，要求专家具备与策划主题相关的专业知识，熟悉市场的情况，精通策划的业务操作。这种方法的优点在于专家们互不见面，不会产生权威压力，可以充分自由地发表自己的意见，从而得出比较客观的策划方案。德尔菲法虽有一定的优点，但也有一定的缺点，如过程比较复杂，花费时间较长；仅根据各专家的主观判断，缺乏客观标准。

(三) 拍脑瓜法

拍脑瓜法又称创意法，是指策划人收集有关产品、市场、消费群体的信息，进而对材料进行综合分析与思考，然后打开想象的大门，形成设想，运用这种设想对具体项目进行包装。但拍脑瓜法的本质并非简单地依赖于瞬间的灵感或直觉，而是会有相当长的准备过程，在大脑积累达到一定程度的时候，才会不经意间从头脑中突然产生策划方案。它需要策划人具备一定的策划功底和渊博的专业知识。策划人像蜜蜂采蜜一样，从各种鲜花中一点一滴地采集最有效的成分。此外，拍脑瓜法要求策划人有超凡的创造力，这是专业知识无法代替的。

(四) 逆向策划法

逆向策划法是一种从现有事实或传统理论的对立面出发，探求新事物、新理论的策划方法。从事物或事情的另一面或利用逆向思维去观察分析，通常能突破传统思维框架束缚，找到利用正向思维所不能发现的、全新地解决事情的方案。逆向思考可以使策划者突破自我，从更新、更广的角度、全方位思考项目未来的发展，进一步提高节事活动策划的客观性、科学性、全面性。

(五) 类比策划法

类比策划法是指将两个思考对象或两类思考对象进行比较，根据它们的某些相似特征，推断出它们可能具有的其他相似特征的策划方法。类比策划法可以巧妙地将不同事物内在特征的某种相似性加以利用、引申，使不同的、无关的事物有机地结合在一起，创造出新事物、新形象、新感觉。

三、节事活动策划关键

合理的活动策划是成功节事活动的必要条件。它影响着整个节事活动的科学运作，涉及活动中的每一个环节。节事活动的前期活动策划要考虑到六大关键点，即选择活动内容、控制活动规模、布置活动场所、安排活动时间、体现文化内涵、拓宽活动范围。

(一) 选择活动内容

内容是活动的基础，节事活动的组织者在选择活动内容时，应坚持主题第一原则，开展与主题相关的活动。现在很多城市为了让活动看起来热热闹闹，开设很多与主题不相干的活动项目。这些相关性不大的活动虽然丰富了整体节事活动，但是很难烘托出主题，很难给公众留下深刻印象。因此，节事活动的内容一定要与主题相一致，在表现形式上做到雅俗共赏、多样创新，适应不同群体的要求，最大限度地满足大众喜好，吸引更多公众积极参与。

就如青岛国际啤酒节的传统项目饮酒大赛一样，无论性别、年龄如何，只要你能喝啤酒，就可以参与到饮酒大赛当中，直观地体验活动。

(二) 控制活动规模

节事活动策划人员在进行策划时需要对活动有一个基本的认识雏形，了解举办活动的规模、辐射的范围。从实际运作来看，活动的规模对于活动的节奏与空间都有着要求，超出承载量极容易出现安全事故。在大型节事活动中，活动期间外来游客较多，活动规模越大，城市人员容量越大，危机出现的频率也越高。同时，活动规模与活动效益、参与人数也有关联。如果活动规模过大，但是参与人数很少，那么最终效益一定不理想，甚至会造成城市资源的浪费；反之，如果规模小但参与人数多，那么将导致场地拥挤、秩序混乱，甚至可能引发安全问题。

就像长春消暑节所进行的花车巡游这一环节，这项活动虽小但是能够体现出主办方对活动规模的掌控：在人流量大的时候，花车和演出方队就不宜过多，避免巡回表演过程中出现问题；反之，人流量少的时候，可以适当多安排一些花车和演出方队，营造良好的活动氛围，带动周边更多的人参与活动。

(三) 布置活动场所

活动场所的布置工作有两个内容：一个是确定节事活动举办地点，选择适宜的城市空间；二是在活动地点确定下来后对活动场所的摆件与布置。一般来说，现场的布局要体现活动特色，与活动主题、内容相称，要最大限度地体现活动，体现城市文化理念；活动场所的不同区域要做到和而不同，各个区域需要在整体风格和主题保持一致性的同时，又能够展现出各自独特的风格和功能，以满足不同参与者的需求和期望。

(四) 安排活动时间

在节事活动策划中，时间是个重要因素。时间安排有宏观与微观两个层面：宏观上是活动的举办时间；微观上是整个节事活动中的各个子项目的时间安排。一般来说，时间安排要考虑三个因素：一是单个活动与整体活动配合和谐，满足整个节事活动的需要；二是便于控制客流量，各项活动能够衔接紧密，既不会造成会场秩序混乱，也不会造成活动松散，影响整体氛围；三是能够最大限度地便民、利民，更好地汇聚人气，营造出更大的声势。活动时间一旦确定下来，一般来说是不可轻易更改的。但是主办方也要将意外因素考虑其中，留足空余的预备时间，一旦出现意外，及时调整安排。

(五) 体现文化内涵

节事活动的内涵是文化，文化是城市的灵魂，也是节事活动的灵魂，体现着城市的档次与活动的质量。因此，在活动策划过程中，城市文化特色是绕不开的关键因素。节事活动为公众构建了一个文化空间，让大家可以尽情地进行文化交流，形成文化认同。城市文化特色的凸显要考虑与整个活动相和谐，同主题相一致，同游客观念相吻合。就像广州亚运会在突出竞技体育拼搏向上的精神同时，融入了岭南的包容、开放、务实、进取的文化内涵，也以亚运会吉祥物凸显了广州的城市特色。

做一做

2023年杭州亚运会，体育与中国文化、杭州城市文化交相辉映，赛会办得令世人瞩目，请结合最近举办的大型体育赛会，列举其给你留下深刻印象的文化印记。

_____

_____

_____

_____

(六) 拓宽活动范围

节事活动除了主办方也要考虑到其他利益相关者，尽量满足他们的更多需求。考虑到节事活动的公益性属性，我国目前的节事活动运作模式尚无法实现完全的市场化运作。然而，组织者正努力使其向市场化靠拢，通过为企业提供更多的参与机会，如赞助、冠名等方式，来筹集活动所需的资金和设备。在活动内容的设计和场地布置上，组织者也积极寻求与企业的合作，将企业的产品融入其中。

节事活动的策划是个极为烦琐复杂的工程，需要经过多次的论证与调查才能确定出一份最优的设计方案。在活动策划中出现的这六大关键要素并不是相互独立的，而是相互影响、有机融合的，根据节事活动与城市条件而动态变化。

资料卡

节庆活动的"五性""三好"

节庆活动应具有欢愉性、独特性、群众性、仪式性和包容性。欢愉性，指活动应是欢乐和愉快的，而非严肃、沉重和乏味的；独特性，指活动应个性鲜明、独具特色，而非随大溜、互抄作业，或平淡无奇；群众性，指活动应可吸引广大群众参与其中，而非特定的少数人参加；仪式性，指活动应通过内容设计而具有仪式感和场景化；包容性，指活动应可纳入多种形式与内容(配套活动)，以利主题外延扩大、内涵丰富。

在传统节庆中，"五性"多有体现。如中国的春节，其内涵是辞旧迎新、阖家团聚，体现了欢愉性、独特性、群众性；春节的仪式包括祭拜家庙、吃团圆饭、守岁、拜年、发红包，以及放鞭炮、玩龙灯、观灯等，体现了仪式性和包容性。

而新型节庆对"五性"的体现略有不足。

在仪式性方面，新型节庆活动多以文艺演出充任，缺乏独特性。例如，德国慕尼黑啤酒节的开幕式都由慕尼黑市长主持。中午12时，在12响礼炮声和音乐声中，在广场上众人的欢呼中，市长拧开一个啤酒桶的龙头，让啤酒流入特制的酒杯中，并一饮而尽，啤酒节便正式开始了。在群众性方面，不少由政府主办的节庆活动，往往通过行政方式来组织参与者，而自发参加的群众不多。欢愉性和包容性可以相辅相成，而因内容设计的包容性不够或不能创新，导致许多节庆的欢愉性不足。

同时，"好玩、好看、好吃"也是节庆活动的必备元素。"好吃"，指与节庆关联的吃食。如春节的饺子、元宵节的汤圆、端午节的粽子、中秋节的月饼。新型节庆应推展与自身主题关联的特色食品。2024年哈尔滨冰雪节之所以大火，贯穿其中的"三好"功不可没。东北铁锅炖、哈尔滨红肠、冻梨、冻柿子、马迭尔冰棍、冰糖葫芦等，成为冰雪节"好吃"的代表。

传统节庆成为民俗文化，经过了千百年的沉淀。新型节庆成为新民俗，同样需要长期沉淀。主办方要从文化建设的角度，科学谋划节庆的"五性""三好"。

资料来源：张凡.公众号"张凡的会展洞察"。

四、节事活动策划流程

(一) 策划需求调查

收集有关活动的各种资料，包括文字、图片以及录像等活动资料，对收集的资料进行分类编排，结集归档，进行调查和可行性研究。国家关于节事活动方面的政策和法规、公众关注的热点、历史上同类个案的资讯、场地状况和时间的选择性等，都是调查的内容。调查是策划的基础，为策划提供客观可靠的依据。需要注意的是，千万不要盲目相信调研数据，一定要把数据和经验结合起来。

(二) 确立策划目标

目标就是策划所希望达到的预期效果，是策划的起点。节事活动策划要确立明确的目标，一是通过市场分析，选择目标市场；二是通过对组织者与参加者进行分析，确定活动定位。

(三) 收集策划信息

信息是策划的基础和素材。策划是创造性思维的过程，是策划者在头脑中把多种有效信息组合成创意、灵感的过程。有效收集策划信息是实现活动策划的关键步骤。每一项成功的策划都包含有策划者对特定信息的思维组合，为拟定初步策划方案提供材料。

(四) 激发策划创意

创意是策划的核心，是创造性的意念。当产生了一个绝无仅有而又切实可行的创意时，一连串的相关灵感就会相继产生，策划很快形成，成功也随之一步一步接近。

如何激发策划创意

(五) 拟定初步方案

(1) 选定主题。主题是对活动内容的高度概括，是整个策划的灵魂。它不仅是对活动内容的高度概括，也是吸引公众参与、传达活动核心价值的关键。主题的选择切忌重复化和大众化。

(2) 选定日期。除了固定的纪念日，日期的选择较为灵活，但策划时首先要将日期确定下来，以便做具体的时间安排，并将其列入组织计划中。

(3) 选择地点。选择地点时，必须考虑公众分布情况、活动性质、活动经费以及活动的可行性等诸多因素。

(4) 估计规模，即估计参与者的人数。

(5) 预算费用，即计算好活动成本和各项费用支出，使有限的资金发挥最大的作用。

(6) 筛选策划方案。筛选节事活动策划方案时，要明确节事活动的目的与意义，要明确筛选标准，要综合考虑多个维度。第一，明确活动目标，确保方案与主题紧密相关，能有效传达核心信息。第二，评估方案的创意性和新颖度，优选能吸引目标受众注意、留下深刻印象的创意。第三，考虑方案的可行性和实施难度，包括预算、资源、时间等因素，确保方案可落地执行。第四，分析方案的市场潜力，预测其能否吸引赞助、媒体关注及公众参与。第五，注重方案的可持续性，考虑其对环境、社会的影响，倡导绿色、环保理念。第六，通过团队讨论、专家评审等方式，综合各方意见，选出最优方案。整个过程需保持客观、公正，确保筛选出的方案既符合活动需求，又能实现最佳效果。

(7) 策划方案调整与修正。在选定策划方案后，还要根据节事活动策划的动态性原则对策划方案进行调整和修正，以满足节事活动举办的需求。

(8) 根据策划方案进行具体实施。

(9) 对活动进行评估，做好节事活动后期服务工作。

节事活动策划不仅是一项十分复杂的系统工程，还具有很强的创造性，在策划过程中，要求不断推陈出新，通过新颖别致的设计、周密的计划、精心的安排，来达到出奇制胜的效果。

近年来，节事活动呈现国际化合作、综合性和多样性、品牌化和专业化、文化创新和文化旅游融合的发展趋势。下面，以义乌于2024年十一前后推出的"打造'购物+美食'文旅金名片活动"为例一窥节事活动策划的变化趋势，请扫码获取活动方案。

义乌打造"购物+美食"
文旅金名片活动策划

做一做

策划一个校园节事活动或城市节事活动，用200～300字阐述创意思路(包括主题、活动目标、活动内容等)。初步筛选出年级前十创意，发起问卷投票，选出最佳创意前三名。

下面的策划方案，供大家学习。

节事活动策划方案

一、活动背景

随着社会经济的发展和人们生活水平的提高，节事活动已成为推动地方经济、增进文化交流和社区凝聚力的重要手段。针对某地(可以替换为具体城市或地区)，计划举办一场以"文化传承与创新"为主题的节事活动，旨在展示地方特色文化，促进旅游发展，提升城市形象。

二、活动目标

(1) 展示地方文化：通过活动展示该地区的历史文化、民俗风情和传统手工艺。

(2) 促进经济发展：吸引游客，带动当地餐饮、住宿、交通等相关产业的发展。

(3) 增进社区凝聚力：鼓励居民参与活动，增强社区意识和归属感。

(4) 提升城市形象：通过活动宣传，提高该地区的知名度和美誉度。

三、活动时间与地点

时间：20××年5月1日—5月3日

地点：某地文化广场及周边主要街道

四、活动内容

1. 开幕式

时间：5月1日上午10：00

内容：领导致辞、文艺表演(地方特色舞蹈、音乐演出)、点亮活动主题灯光。

2. 文化展览

时间：5月1日—5月3日

内容：设立展位，展示该地区的历史文物、民俗文化、传统手工艺(如陶艺、刺绣等)，并安排专业讲解员进行解说。

3. 手工艺体验区

时间：5月1日—5月3日

内容：邀请当地手工艺人现场教学，游客可以亲自体验制作(如陶艺、传统纸艺等)，并设置小型比赛，激励参与者。

4. 美食节

时间：5月1日—5月3日

内容：邀请当地餐饮商家参与，设置美食摊位，提供地方特色小吃和饮品。同时，举办美食评选活动，评选出"最受欢迎美食"等奖项。

5. 文化演出

时间：5月1日—5月3日，19：00—21：00

内容：组织地方艺术团和民间艺人进行文艺表演，包括民间音乐、舞蹈、戏曲等，营造浓厚的节日氛围。

6. 游园活动

时间：5月1日—5月3日

内容：在文化广场设置游乐设施、互动游戏，举办亲子活动，吸引家庭游客参与。同时，设置摄影区，鼓励游客拍照留念，分享活动体验。

五、宣传推广

1. 宣传渠道

(1) 线上：通过社交媒体(微信、微博、抖音等)、地方门户网站、旅游平台发布活动信息，制作宣传海报和视频进行推广。

(2) 线下：在主要交通枢纽、商圈、学校等地设置宣传展板，发放宣传单页，吸引市民和游客关注。

2. 媒体合作

邀请地方媒体、旅游杂志、网络自媒体等进行报道，扩大活动的影响力。

3. 社区参与

通过社区公告、居民会议等形式，鼓励居民参与活动，吸引志愿者共同参与活动的组织与服务。

六、预算

项目	费用/元
场地租赁	10 000
宣传费用	5 000
物料制作	8 000
演出费用	15 000
手工艺体验材料费	3 000
美食节摊位费用	5 000
安保及秩序维护费	4 000
其他杂费	2 000
总计	52 000

七、风险评估与应对措施

1. 风险评估

(1) 天气风险：活动期间可能出现恶劣天气，影响到户外活动的进行。

(2) 安全风险：人流密集可能导致意外事故或其他安全隐患。

(3) 参与度不足：可能因宣传不到位或活动内容不吸引，导致参与人数少于预期。

2. 应对措施

(1) 天气应对：提前关注天气预报，并做好应急预案。如出现恶劣天气，及时调整活动安排，如转为室内进行，或顺延活动时间。

(2) 安全管理：在活动现场设置明显的安全指示标志，安排足够的安保人员进行现场巡逻和秩序维护；设置急救点，配备医疗人员和必要的急救设备，确保能够及时处理突发情况。

(3) 提高参与度：在宣传中突出活动的亮点和特色，利用社交媒体的影响力进行多渠道宣传，吸引更多游客和市民参与；设立提前报名通道，鼓励市民和游客提前注册，提供小礼品以吸引参与者。

八、活动效果评估

1. 数据收集

(1) 参与人数：在活动结束后，统计参与人数，包括游客和当地居民。

(2) 满意度调查：通过问卷调查的方式收集参与者对活动的满意度和反馈，了解他们对活动的意见和建议。

(3) 经济效益评估：统计活动期间的消费情况，包括餐饮、购物等方面的收入，评估活动对地方经济的推动作用。

2. 总结与反馈

组织活动总结会，分析活动的各个环节，评估成功之处和需要改进的地方；根据参与者的反馈和意见，制定后续活动的改进方案，为未来的节事活动积累经验。

九、后续推广与联动

(1) 后续活动：根据本次活动的反馈情况，考虑在未来定期举办文化节事活动，形成地方品牌。

(2) 合作联动：与地方商家、文化机构、旅游公司建立长期合作关系，共同策划更多丰富多彩的活动，以促进地方经济和文化的双重发展。

十、结语

此次以"文化传承与创新"为主题的节事活动，不仅是对地方文化的展示与弘扬，更是促进经济发展和增强社区凝聚力的重要举措。通过合理的策划与实施，期待这次活动能够取得圆满成功，为某地的文化与经济发展助力。

五、节事活动评估

节事活动评估是对特定节日、庆典、展览、会议、体育赛事等节事活动的效果、效率、影响和意义进行系统性分析和评价的过程。

(一) 事前评估

事前评估，是指根据国家的相关方针政策、法律法规，从经济角度、社会角度和环境角度等方面对活动进行评估，对拟开展活动的市场进行调研分析，预测成功的可能性和未来的发展前景。

1. 基本原则

(1) 必要性原则：项目运行是否符合国民经济和社会发展需要，是否符合国家产业政策和地区、部门发展规划，是否满足市场需求，是否有社会效益、经济效益和生态效益。

(2) 可行性原则：是否适应社会环境和市场环境，在技术上是否先进，构思上是否科学合理。

(3) 合理性原则：是否具有财务上的营利性和经济上的合理性，这是事前评估中的核心问题。

(4) 创新性原则：是否充满创意与活力，是否推陈出新。

2. 评估内容

事前评估内容包括节事活动的主题是否雷同，区域分布是否合理，目标是否过于理想化，操作是否可行等方面。具体包括以下内容：活动内容设计；活动的场地选择和时间进度安排；组织机构和人力资源管理；财务分析；活动的营销推广与赞助；活动品牌与活动商品；现场预案；法律与风险等。

(二) 过程评估

过程评估是对活动的进展情况进行监督和控制。这种评估目的是检验活动营销、进度等方面的质量，评估在实施过程中的重大变更及其活动效益的作用和影响。在该项评估中，经常会邀请不同参与者主体参与。

过程评估主要包括以下内容。

(1) 时间管理评估，包括对节事活动的招商、宣传推广、服务及整体时间进度安排等进行评价。

(2) 财务实施评估，包括对节事活动的预算制定与执行情况等财务管理问题进行评价，及对大项开支进行随时评估和跟踪审计。

(3) 现场管理工作评估，包括场地选择、舞台音响、后勤管理、物流配送、清洁保安、志愿者管理、现场工作人员管理、突发事件应急措施和各环节的服务，及对这些服务的质量、提供方式等进行评估。

(4) 亲民性评估。众所周知，亲民性会直接影响到受众对节事活动的参与度，进而反映为活动的广泛影响力，并且会在节事活动的经济效益和社会效应中体现出来。因此，提高亲民性程度，增加受众对节事活动的感性体验和理性认知，需要更专业和更有针对性的过程评估来帮助达成。

(三) 事后评估

1. 评估内容

事后评估包括项目实施效果和项目影响评估两种，主要针对已经完成的项目目的、执行过程、效益、作用和影响所进行系统的、客观的分析；通过定性和定量相结合的总结，评价活动项目的策划、筹备、实施、收尾和运作的情况，衡量和分析活动的实际情况与预测情况的差距。

2. 评估意义

在科学的评估体系中，事后评估不仅要包括以上这些传统的评估内容，更要考虑到节事活动的可持续发展，研究节事活动可能带来的负面影响，帮助城市解决节事活动结束后遗留下来的诸多问题，如节事纪念品和衍生品开发等品牌保护、会展场馆闲置等问题。

任务三 熟悉节事活动现场管理工作

节事活动的现场管理(venue management)，是指在节事活动现场执行节事项目计划、实施节事活动方案、确保节事活动顺利进行直至圆满结束的各环节的管理工作。经过很长时间的策划、筹备工作，节事活动进入关键的实施阶段——现场管理，这是关键一步，因为管理不善，可能功亏一篑。

一、节事活动场地布置与装饰

(一) 节事活动场地类型

1. 室内场地

室内场地指固定的建筑物，如各类会议中心、大小会议室、展览中心或展览馆、体育中心或体育馆、音乐厅、剧院、电影院、宴会厅、活动室等。这类场地经过装饰和布置一般可以适合举办不同的活动。

2. 临时搭建的凉棚式场地

用来举办节事活动的临时搭建的凉棚式场地，往往选择具有一定范围的广场、草坪或其他较为平坦的开阔区域。例如上海第一届中国国际鼓手节就在上海新国际展览中心的600平方米的室外展厅举办。

3. 露天场地

有些节事活动由于受活动性质的限制，需要在草坪、广场等露天场所或有规定路线的街道上举行，如草坪婚礼、广场音乐会、花车大巡游等。

(二) 节事活动现场布置区域

1. 舞台或表演区域

不管节事活动是在固定建筑物内举行，还是在临时搭建的凉棚内或露天场地上举行，都必须划分出舞台或表演区域(以下统称为主席台)，以区分表演者和观众的界线。在舞台的设置上既要满足所有出现在舞台上的表演者，包括演讲者、花车大游行等游行队伍中的各类演员、颁奖嘉宾或场上的运动员、裁判等人员的需要，又要便于观众观赏和参与。另外，音乐的选择和音量的高低等音响效果、灯光的变换和强度也至关重要。

2. 观众区域

观众区域分为站立和座席两种类型，相比较而言座席更便于管理，尤其是凭票的对号入座。在观众区域，入口和出口的管理相当重要。

3. 设施设备管理区域

一般会议中心需具备以下设施设备，如同传系统、会议系统和主席发言机、A/V传送现场电视信号通道音频、信号合成系统和多媒体演示控制系统、影像/电脑强光投影机、实物投影机、幻影机、幻灯机、幻灯视频转换器、彩色多频系统电视机、多频系统放映机、镭射笔等。

4. 服务区域

服务区域包括储存区、演员休息室、化妆室等。

在活动开始之前，工作人员必须对现场进行再次检查，检查场地与活动项目的要求是否一致，减少意外事件发生的概率。

(三) 节事活动现场装饰

节事活动现场装饰包括对舞美设计、布景、灯光、音乐和音响、特技效果、节目和主持人、供电设施等具体内容的管理。

1. 舞美设计

舞美设计也叫舞台美术设计。舞美设计具有时间艺术和空间艺术的性质，是四维时空交错的艺术，具有很强的技术性及对物质条件的依赖性。通过舞台设计、人物造型和景物造型设计、灯光及特效设计等，可以创造节事活动所需的气氛，突出节事活动主题。

舞美设计不仅仅是提供演出的环境，更重要的是体现设计者力图描绘的意境。舞美设计首先需要进行舞美构思，之后是选择制作材料，确保设计完美呈现。

舞美设计还要体现时代的需求，注重对艺术思维的广度、深度和高度的挖掘，要以艺术形式的现代化作为有效载体，呈现舞美艺术。如以同名动画电影改编的美国音乐剧《狮子王》就把舞台、剧场及剧场周边地带设计成一个庞大的"动物世界"，令人耳目一新，极具震撼力，真正做到了"舞台小天地，天地大舞台"。

2. 布景

布景是节事活动的重要组成部分，如何巧妙布景营造节事氛围、烘托节事活动主题，需要布景师在充分了解活动的主题基础上，考虑面向的观众，运用气球、鲜花、彩布等设计元素来表现节事活动的主旨。随着时代的发展，布景越来越富有动感和时代性，但是在布景设计时切忌"贪大求全"，因为只有切合节事活动主题的设计，才能深入人心，达到效果。

背景板和横幅是节事活动的标志物。背景板一般设置在主席台和活动入口显眼处，设计简洁、色彩明快、主色调和活动主题相协调。背景板一般呈现节事活动的标志、相关组织的徽章、活动的(中英文)名称及缩写、活动时间、举办地点、主办单位、承办单位等信息内容。横幅是较常见的一种宣传形式，通常由红布做成，一般挂在主席台上方、大门上或活动举办场地周边。如果横幅采用中英文两种文字，中文横幅在上，英文横幅在下。充气拱门、气球和彩旗也是常用的布景要素，在这些要素上印有活动的标志和预祝成功的祝词，能够有效地营造出活动的喜庆气氛，烘托活动效果。

3. 灯光

节事活动中的灯光设计不仅具有基础的照明功能，更是通过其艺术性的运用，极大地增强活动的整体效果和观众的体验感。灯光设计师需要充分了解活动的主题、风格和目标受众，结合现场环境、表演内容和观众需求，进行精心设计和布局，以实现最佳的灯光效果。

4. 音乐和音响

音乐和音响可以营造一种良好的氛围，为参与者提供舒适的活动环境。在节事活动中，要根据活动主题选择适当的音乐，综合考虑多个因素，包括活动类型和目的、受众群体喜好、活动主题和场景契合度、音乐的音量和音质以及音乐的切换和过渡等。

在节事活动现场，特别是对于室外活动来说，考虑音乐和音响的音量大小对周围环境造成的影响是十分必要的。尽量减少对外界的干扰是活动举办方应该奉行的宗旨，以免引起当地居民的不满或者其他投诉，从而影响整个活动的美誉度。

5. 特技效果

节事活动运用高科技的声、光、电、烟火、气球、干冰等特技效果，不仅可以丰富节事活动内容，还可以吸引观众的注意力，营造完美的视觉、听觉、触觉效果，调动现场观众的情绪，为活动现场带来与众不同的感觉。

6. 节目和主持人

除了专门的演唱会或者类似的娱乐性节事活动，一般的节事活动只是穿插一定量的娱乐性节目。因此，节事活动对主持人的要求比较高，必须确保主持人有足够的现场操控能力和与观众的互动能力。

并不是所有的节事活动都需要娱乐性节目作支持。节事活动的娱乐性节目要与活动的主题或目的相呼应，烘托整个活动的气氛。如果加入的节目与节事活动主题不符，反而会有不利影响。

7. 供电设施

任何节事活动的现场都需要充足、安全的电力供应。所以，确保节事活动的顺利进行，对现场的电力设备进行全面的检查和维护是非常重要的。一般要考虑供电的电源类型、现场需要的电量、电源插座的位置和数量、外接电线的布置、各种设备所需的电源要求等，确保安全用电。

微案例

2019年中国国际进口博览会现场布置

一、场地布置

1. 主题设定

本次博览会的主题为"开放、创新、共赢"，因此在场地布置上采用了现代科技与传统文化相结合的设计理念。展区通过不同的色彩和形状来传达主题，营造出开放与合作的氛围。

2. 展区规划

整个展区被划分为多个不同的区域，包括主展区、配套活动区、休息区等。每个区域的布置都围绕主题进行设计。例如，主展区采用大面积的开放式布局，方便观众流动，同时在中央设置了大型互动装置，吸引观众的注意。

3. 装饰元素

在装饰方面，运用了大量的LED屏幕和植物景观等元素。LED屏幕不仅展示了活动相关信息，还播放了与主题相关的短视频，增强了视觉冲击力。植物景观则为展区增添了生机与活力。

二、装饰设计

1. 色彩运用

在色彩的选择上，以蓝色和绿色为主色调，象征着开放与合作，同时辅以亮丽的橙色和黄色，增强了活力感。

2. 风格搭配

装饰风格上，结合了现代简约与传统文化元素。例如，在展区的一侧布置了具有中国特色的水墨画背景，与现代科技展品形成鲜明对比，充分展示了中国的文化自信。

3. 细节处理

在细节方面，注重每一个小环节的设计。例如，签到台使用了环保材料，且设计简洁大方，给到访的嘉宾留下良好的第一印象。同时，现场的互动体验区也设置了丰富的奖品，吸引了大量观众参与。

二、节事活动现场接待服务

节事活动的现场接待能力和服务质量是衡量活动成功与否的重要标志之一。现场接待不仅要体现程序化和规范化，还要体现个性化，满足各方人士的服务需求，提高服务满意度，增强节事活动的生命力。节事活动前需要对工作人员和志愿者进行接待培训，除了培训服务技能外，尤其要注重服务意识的培训，强调礼貌、耐心、周到地提供优质服务。

(一) 接待服务礼仪原则

礼仪是文化的载体。由于不同国家、不同地区、不同民族文化背景的差异，礼仪的形式也大不相同。节事活动的主办方和承办方应在深刻了解活动参与者的基础上，做好接待礼仪工作，尤其是要做好影响面比较大的开幕式、闭幕式和颁奖仪式的服务礼仪工作，遵循以下原则。

1. 开幕式、闭幕式与具体活动相结合的原则

开幕式和闭幕式是节事活动正式开始和结束具有象征性和标志性的仪式，其种类繁多，形式繁简不一。承办单位应根据节事活动的具体内容和性质来策划安排相关接待礼仪工作。一个大型节事活动的开幕式、闭幕式或其他活动涉及的层面很多，包括主办单位及上级领导机关，承办单位、协办单位、赞助单位的领导和代表，东道主以及活动有关的机关、企事业单位的领导和代表，有关新闻单位和群众代表等，邀请的名人和嘉宾也很多，并伴有一些表演活动，需要周密部署和仔细筹划各项工作及接待服务礼仪。

2. 国际惯例与民族风俗相结合的原则

"十里不同风，百里不同俗"，由于习俗不同、文化不同，各国、各民族礼仪存在较大的差异。随着节事活动的蓬勃发展，在礼仪的策划中更要重视民俗风俗和国际交往的通则，掌握相应的礼仪规范。

3. 平等的原则

在节事活动举办过程中要认真贯彻平等原则，热情友好，彼此尊重，一视同仁，礼貌待人，不论是个人、企事业单位代表还是国家代表，不分大小、强弱、贫富，一律平等。工作人员要树立良好的礼宾意识，自觉主动地、自始至终地奉行宾客至上的理念，既尊重国外的风俗习惯，又要自尊、自重、自爱和自信，根据具体情况、具体情境使用相应的服务礼仪。

4. 诚实守信的原则

在节事活动接待服务中，要讲究信用、严守诺言、诚信无欺、表里如一。如有关时间和具体事宜方面的正式约定，一定要恪守承诺，如果由于不可抗的因素致使自己单方面失约或有约难行，要及时向有关各方进行情况通报，向对方致以歉意，按照规定和惯例主动承担责任，进行相关赔偿。

(二) 观众接待服务管理

节事活动期间会有大量的观众慕名而来，做好观众的接待服务管理工作显得尤为重要，具体可以从以下几方面开展：加强节事活动的宣传，营造节日气氛，做好观众的引导工作；加强公共交通和导览解说的规划与建设，建立高效的出行系统；设计丰富多彩的节事活动吸引观众参与体验，展示举办地魅力；在传统休闲、购物地区提供更多的美食、茶肆等餐饮服务，主办方适当地提供饮料和点心，为观众营造宾至如归的感觉；向观众赠送有保留价值的纪念品；加强环境优化，增加便利的停车场地，设置舒适的休息区域。

微案例

2024年4月22日，湖州市长兴仙草音乐节落幕，全国各地的乐迷相聚于此，共赴这场视听盛宴。为全力做好音乐节服务保障工作，湖州市长兴县开通免费乐迷公交接驳专线，准备"宠粉"伴手礼等举措，收获乐迷们频频点赞，实现这场"双向奔赴"的约定。从高铁长兴站出口处寻觅，最显眼的是乐迷们人手一个的写着"长兴"两个大字的手提伴手礼。手提袋里特别放置了手绘地图、长兴特产小零食、矿泉水及两张宠粉券。

据了解，此次音乐节预计每日接待客流量在28 000人次左右。为了进一步加强现场安全保障和监管，长兴县抽调警力730余名，主要针对现场的后台舞台区域、外围交通、内场秩序等，让大家感受到长兴县的热情。同时，长兴县在这两天开通了从高铁长兴站和高铁湖州站直达现场的两条免费的乐迷公交接驳专线，以及120辆公交车稳稳地将一批又一批的乐迷送达音乐节现场。每天活动结束前一个多小时，所有车辆整齐划一排列，等待乐迷离场，并安全送达目的地。

资料来源：中共长兴县委宣传部公众号。

(三) 演员、媒体记者、VIP客人接待服务管理

首先，在节事活动入口处(或停车场入口处)安排接待人员，在接待宾馆前厅设置问询台，为宾客提供咨询服务，并提供节事活动日程、城市地图。

其次，主办方要为演员、媒体记者、VIP客人提供接送服务，事先应规划缜密的交通方案，选派合适的车辆，保证交通服务的迅捷高效。对于VIP客人的接送，主办方可以根据实际需要向旅游汽车公司租用旅游巴士或轿车，配备事先培训过的驾驶员和优秀导游员。导游在途中向VIP客人介绍节事活动举办地的发展概况、风土人情、旅游景区及其他信息。主办方要对交通车辆进行协调和监控，提供专门的停车区域和办公、休息地点，保障服务质量，提升节事活动的知名度和美誉度。

(四) 特殊人士接待服务管理

在活动举行前要对宾客进行调查，掌握特殊人士的基本情况，以确定采用何种接待方式。一般情况下，应为特殊人士设置专用的坡道、盲道、洗手间等，划定专用的停车区域和观看区域，并以醒目的标志标明；安排志愿者帮助特殊人士适应陌生的环境，如帮助使用轮椅者上下陡坡、为听障人士配置手语翻译等。

三、节事活动工作实施管理

1. 准备工作管理

节事活动现场管理的最大特点就是灵活性、即时性和专业性。

(1) 灵活性。节事活动现场管理需要应对各种不可预测的情况，如天气变化、设备故障、人员变动等。因此，管理者必须具备高度的灵活性，能够迅速调整计划，确保活动的顺利进行。灵活性还体现在对活动流程、场地布置、人员调度等方面的实时调整上。管理者需要根据现场情况，灵活调整策略，以应对突发状况。

(2) 即时性。在节事活动现场，问题的发生具有瞬时性，面对瞬息万变的现场情况，管理者要第一时间发现问题，并立即采取措施予以解决。管理者还要密切关注活动的进展情况，确保各个环节按时完成，以保证整个活动的顺利进行。

(3) 专业性。活动现场管理是一项需要专业技能和经验的工作，"专业问题专门解决"，比如音响效果，视频效果等。一个节事活动的策划需要专业背景不同的团队完成，其间的准备工作更是繁杂庞大。

2. 实施步骤管理

(1) 节事活动开始之前，确定所有音响、视频设备以及供电设施的正常运行。

(2) 确保主持人掌握现场实时信息，如哪一位重要嘉宾临时无法出席，哪一个节目无法上台等突发性事件。

(3) 确保可以解决活动现场的干扰声音，如麦克风的杂音、小孩子的哭闹、现场的喧哗或者起哄声音等。

(4) 节事活动现场可能出现因故无法正常开始、现场过于喧哗、有人受伤或者突发疾病、发生火灾或其他突发事件，一定要制订必要的防范措施及紧急应对计划，保持冷静，并及时上报，遵守指令，实施有效的处理方法，确保安全。

(5) 不管举办何种有大量人流的活动，一定要提前做好大型活动的安全检查工作，加大对公众聚集场所的安全检查力度。还要把预防工作做在前面，把各种可能发生的问题预想在前面，把应采取的措施制定在前面。

做一做

设想至少三个节事活动现场可能出现的问题，并提出相应预案。

知识检测

扫码做题

实战训练

选题1：

2018年7月，习近平总书记对上合组织青岛峰会成功举办作出重要指示，他指出举办上合峰会，为青岛、为山东的发展带来了新的机遇，希望认真总结"办好一次会，搞活一座城"的有益经验，推广好的做法，弘扬好的作风，放大办会效应，开拓创新、苦干实干，推动各项工作再上新台阶。

请组建团队围绕"会"和"城"的关系开展主题调研，全面阐释习近平总书记关于会展和城市的有关论述。鼓励围绕国家级、省部级高能级会展平台开展调研，鼓励政产学研联合开展调研。

成果形式：调研报告、论文、案例研究。

选题2：

分组收集明星演唱会筹办相关资料，分析筹办明星演唱会流程和注意事项。

成果形式：调研报告、案例研究。

选题3：

分组收集世界上有趣的节事活动，利用AI工具并选择合适的方法创意策划一项节事活动。

成果形式：策划案。

📖 岗课 **赛** 证融通

浙江省会展策划创意大赛

为了贯彻落实浙江省委、省政府关于"十二五"期间促进浙江省会展业健康、有序、可持续性发展的指示精神，加速浙江省会展人才的培养，营造会展业创新、提升的环境，推动浙江省会展行业的转型升级，由浙江省国际会议展览业协会与浙江省会展学会联合发起"浙江省会展策划创意大赛"。

大赛是基于我国会展业与产业转型升级的基础上进一步倡导创新与发展。大赛的内容要求更切合浙江省会展业发展的实际需求、贴近理论与实践、知识与技能相结合、符合企业对专业人才的需求，从而激发大专院校学生的创新与创意激情，彰显会展企业从业人士的专业能力，以期达到大赛的主要目的：学以致用。大赛是一项社会、院校、企业多赢的学企互动项目。

2011年4月9日，首届浙江省会展策划创意大赛由浙江省国际会议展览业协会主办，2021年起，浙江省大学生科技竞赛委员会主办，截至2024年，已经举办了十四届，多在下半年10月至12月进行，具体日期随每年大赛设计变化。

竞赛分为初赛、复赛和决赛三个阶段，全部在线上进行。其中初赛即校赛，校赛由各参赛单位自行组织安排，校赛负责人需在大赛平台开通校赛官网，校赛阶段报名信息都需登录进校赛平台。复赛和决赛评审采取专家组集体评分制度。评审专家将在浙江省会展策划创意大赛专家库中抽取。决赛展示鼓励各团队采取创新表现形式。

大赛共分会展创意赛道、会展设计赛道以及每年的特色赛道，每年赛道数量不统一，有6~10个，此外，每年的赛题迎合当时的社会热点与前沿科技设计，譬如2024年的赛题包括"一带一路""龙游文旅""AIGC创作"等，成果形式包括策划案、论文、调研报告、视频等。

参赛对象为浙江省高校全日制在校大学生(含高职高专生、本科生、研究生)。为促进中高职贯通培养、中本贯通培养创新改革，其他类型院校在校生也可组队参加。院校参赛选手采取团队比赛方式，每队3~5人，每队可安排一两名指导教师，院校可邀请企业专家担任联合指导教师。鼓励跨学科、跨专业组队。

全国会展策划创意大赛

2024年10月至11月拟在全国大学生会展大赛和浙江省会展策划创意大赛基础上举办第

五届全国会展策划创意大赛。

主办单位：全国会展策划创意大赛竞赛委员会、上海大学、浙江外国语学院、国际会展学会。

支持单位：中央文化和旅游管理干部学院。

承办单位：上海会展研究院、上海大学新闻传播学院、浙江大学艺术与考古学院、浙江大学中国古代书画研究中心、南开大学旅游与服务学院、浙江外国语学院文化和旅游学院、浙江传媒学院播音主持艺术学院、杭州科技职业技术学院旅游管理学院。

合作单位：东浩兰生会展集团、云上会展有限公司、浙江阿里巴巴云计算有限公司。

参赛对象主要为国内外全日制高校在校大学生和毕业五年内的高校毕业生。要求以团队为单位参加比赛，每队3~5人、可安排1~2名指导教师。院校可邀请企业专家担任指导教师。鼓励跨学科、跨专业、跨地区组队。

大赛包含会展创意赛道、会展设计赛道、上海国际会展之都赛道、"中国历代绘画大系"特展暨书画中国多语种讲解礼仪赛道(含会展翻译)、国际文明互鉴暨"一带一路"建设赛道、会展礼仪赛道、参展创意赛道、"跟着短视频去旅行"赛道、AIGC公益赛道等九大赛道。

竞赛分为校赛、省赛和国赛三个主要阶段。三个阶段全部采取线上比赛为主的形式。国赛总决赛形式另行安排。有省级A类或者B类会展竞赛的省份，在各自省赛报名；暂时没有省赛的省份，直接在国赛官网报名。企事业可直接在国赛官网报名参赛。

学习目标

知识目标：了解奖励旅游概念、特点、功能与分类；掌握奖励旅游策划的原则和流程。

能力目标：能够策划小型奖励旅游活动；能够开展商务奖励旅游情况调查。

素质目标：激励自我，卓越成长；亲近行业，敢于实践。

引导案例

一份见证，四次升华——WXJ公司的奖励旅游之路

近年来，奖励旅游在我国直销行业变得越来越风行，深受直销企业的青睐，逐渐成为企业管理机制中一项流行、健康、极具人性化的举措。在直销企业的奖励旅游发展历程中，规模宏大的海外出游是较为常见，也是较具影响力的方式。知名健康产品企业WXJ(中国)有限公司多年来一直致力于奖励旅游形式与内容的革新与发展，形成了一套完善的海外培训机制。如今，该公司已成为我国直销行业开展会奖旅游的一个典型代表，从会奖旅游目的地的选择、出行方案的创意化制定以及会奖旅游制度的完善方面都为直销企业开展奖励旅游提供了一个有益的借鉴。

自1996年以来，该公司海外培训每年都有过万人参与，现已累计到访超过40个国家及地区。目前，推出了希望之旅、风光之旅、华彩之旅、激扬之旅等四大海外培训项目，每个项目都极具特色，各有内涵，能够满足参与者的不同期待。

1. 希望之旅

"希望之旅"创立于2004年，是一项面向创业合伙人及员工的特别活动，旨在通过一系列精心设计的旅程和体验，提升参与者的视野和格局，激发他们的创业热情和梦想。这项活动已经持续多年，并成为公司文化的重要组成部分。以2024年的"希望之旅"泰国行为例，该活动于5月11日至20日举行，来自全国各地的近3000位创业合伙人分两批汇聚泰国，开启了7天6晚的爽活旅程。在旅途中，他们不仅饱览了泰国的热带风光和历史文化遗

址,还参与了越野车驾驶、丛林飞跃等户外体验活动,以及专题分享、盛装晚会等丰富多彩的文化交流活动。这些活动不仅提升了参与者的视野和格局,还激发了他们的创业热情和梦想。

2. 风光之旅

"风光之旅"创立于2010年,专为市场高阶人士而设计,是一场用心感悟人生之美的美好旅程。自2010年踏上埃及、瑞士的旅程开始,公司员工走过了南非、澳大利亚悉尼、德国慕尼黑、西班牙马德里、捷克布拉格、阿联酋迪拜以及新西兰等海外名城。风光之旅的目的地选择横跨亚非欧等多个大洲,其意在通过旅游来拓宽参与者的视野,激励不断追求成长,为自主、富足、美好的人生而不懈奋斗。

3. 华彩之旅

2011年,公司首次针对业务总监级及以上的伙伴设立了"华彩之旅",作为一场专为市场高级精英代表打造的定制化旅程,旅行中文化氛围、知识韵味的营造是华彩之旅的主要特色,首批华彩之旅目的地为挪威和丹麦。后来华彩之旅的目的地通常选在世界学府名校的聚集地,如英国伦敦的剑桥大学、纽约波士顿的哈佛大学。公司组织精英人员参观全球顶级院校,安排世界著名的学者、教授来为公司员工开展讲座,让业务伙伴在华彩之旅中不仅体验了旅行的乐趣,还收获了知识与眼界。此外,公司相继组织业务伙伴走进世界名城迪拜、枫叶之国加拿大以及欧洲文化之都——挪威的卑尔根松恩峡湾。

4. 激扬之旅

2018年5月份,"激扬之旅"启航,约7 000位业务精英代表分四批先后来到这一著名的澳大利亚海滨旅游胜地,开展为期14天的海外培训。"激扬之旅"将会议研讨、文化交流与观光旅行紧密结合,使经销商们在轻松愉快的氛围中学习新知识、提升自我。培训内容涵盖产品知识、市场策略、团队合作等多个方面,旨在提升经销商的专业技能和团队协作能力。

希望之旅、风光之旅、华彩之旅、激扬之旅等四大奖励旅游项目不仅具有极高的奖励价值,还通过不同的主题和体验方式,为参与者提供了实现梦想、拓宽视野、提升知识和能力、增强团队凝聚力等多重意义。这些旅游项目已经成为公司文化的重要组成部分,并激励着越来越多的业务伙伴为实现自我价值和企业发展而努力奋斗。

敲黑板 划重点

奖励旅游是会展旅游产业的重要组成部分之一,起源于1920年到1930年的美国,此后作为一种奖励员工的手段流传到欧洲。历经一百多年的发展,奖励旅游已成为有效的管理激励工具。奖励旅游是基于工作绩效而对优秀员工及利益相关者进行奖励的管理方法,是一种特殊的旅游形式,是由企业或社会团体提供费用,以奖励为目的的一种商务旅游活动。奖励旅游带有福利和长效激励性质,是精神和物质奖励的统一,是凝聚企业向心力、提高企业生产率、增强员工对企业的认同感、塑造企业文化的新型管理手段。

任务一 　认识奖励旅游

一、奖励旅游概念与认识误区

(一) 奖励旅游的概念

奖励旅游(incentive travel)自产生以来，不同机构对其进行了不同的解释，其中比较典型的定义包括《美国传统英语词典》(1969)、《香港大词典》(1994)、《中国旅游百科全书》(1999)、新加坡旅游局、国际奖励旅游精英协会(Society for Incentive Travel Excellence, SITE)。

《美国传统英语词典》(1969)指出，奖励旅游是指为具备资格的员工或销售人员安排的，具有激励作用的休假旅行。

《香港大词典》(1994)将奖励旅游界定为工商企业及其他行业为刺激工作人员的积极性，增加归属感以及搞好与有关部门、团体和个人的公共关系而组织的免费旅游。

《中国旅游百科全书》(1999)指出，奖励旅游是一些组织单位为调动员工的积极性，增强凝聚力，举办的免费旅游。

新加坡旅游局指出，奖励旅游是针对达成甚至超越公司个别或总体业绩的特定对象，如员工、经理人、代理商等，由企业主提供一定的经费规划假期，委托专业旅游业者精心设计"非比寻常"的旅游活动，以嘉奖创造营运佳绩的有功人员，让他们体验一场难以忘怀之旅，并借此增强参与者对企业的向心力。

SITE将奖励旅游定义为：一种现代化的管理工具，目的在于协助企业达到特定的目标，并对于达到该目标的参与人员给予一个非比寻常的旅游假期作为奖励；同时也是各大公司安排的以旅游为诱因，以开发市场为最终目的的客户邀请团。

综合以上各种界定，编者认为SITE的阐述较为精准。SITE的定义包含奖励旅游的两个"精髓"：其一，奖励旅游是一种现代化的管理手段；其二，奖励旅游是一种特殊的旅游活动项目。

资|料|卡

　　国际奖励旅游精英协会(Society for Incentive Travel Excellence，SITE)成立于1973年，是全球唯一一家专门从事奖励旅游的商务活动协会。半个世纪以来，SITE一直在与全球商业界分享其行业经验的量化成果，在企业、代理机构、航空公司、游轮公司以及整个目的地供应链中开展工作。

　　全球会议是SITE的标志性活动，也是奖励旅游行业的盛会。SITE在87个国家拥有2 600多名会员，全球会议的与会者来自世界各地。

　　SITE的目标是最大限度地发挥奖励旅游的影响力，并通过汇集和发展其细分市场的最佳解决方案以及与会员和专业人士的全球联系，为该行业的发展做出贡献。该组织通过联网工作、在线资源、培训和认证，在国际和地方分支机构层面为其会员创造价值。

(二) 奖励旅游的认识误区

与观光、度假等常规旅游相比较，奖励旅游因其行程安排、费用、目的和预期效果的不同而彰显自身的独特性。在我国，由于奖励旅游发展较晚，奖励旅游几乎是以"新生事物"的形象展现在人们面前，人们对奖励旅游的认识并不全面，存在一些误解，认识并辨析这些误区对我国的奖励旅游发展将起到促进作用。

微课十一

误区一：将奖励旅游等同为一般的团队旅游

必须承认的是，奖励旅游99%是以团队的形式出现的，但奖励旅游并不等同于一般的团队旅游。两者的区别大致如表6-1所示。

表6-1　奖励旅游与一般团队游区别对比

项目	奖励旅游	一般团队旅游
本质	管理工具	游玩
目的	多样性	相对单一
费用	免费	大多自费
参与人员	经过一定程序审核	多为自愿报名
活动安排	独一无二	旅游线路化、模式化
服务规格	VIP礼遇	一般礼貌服务
效果	实现企业管理的多种目标	获得精神满足

我国奖励旅游市场潜力巨大，但要想真正启动这块市场，还面临诸多困难，需要我们进一步努力，正如新加坡旅游局提出来的一样，独一无二的行程安排是奖励旅游的最高指导原则。在这一指导原则下，奖励旅游有着区别于一般团队旅游的独特内涵，奖励旅游绝对不等于一般的团队旅游。

误区二：将奖励旅游等同于公费旅游

据调查，现在奖励旅游市场多面向外资或合资企业，国有企业很少看好奖励旅游这种方式，其中最主要的原因就在于"多数人觉得奖励旅游就是公费旅游，是不正当的"。事实上，奖励旅游与公费旅游有着密切的联系，但奖励旅游并不等于公费旅游。

就免费、带薪方面，奖励旅游与公务旅游和其他的福利旅游具有一致性，但从奖励旅游的本质作用、行程安排、目的和形式来看，奖励旅游与公费旅游有很大的差别。奖励旅游的核心是突出奖励，精神在于"量身打造""无限惊喜""备感尊容""回味无穷"，是用金钱买不到的感受和荣誉；奖励旅游除了奖励和慰劳的目的以外还有多重附加功能，如凝聚员工向心力、树立企业形象、强化企业文化、持续鼓励员工提升工作绩效，甚至是为企业市场开拓做准备等，但最终目标是实现企业的持续、稳定和健康发展；奖励旅游的形式更是多种多样，主要是通过各种活动把企业文化融会其中，如颁奖典礼、主题晚会或晚宴、公司首脑出面作陪并与受奖者共商公司发展大计等。

误区三：将奖励旅游等同于贵族旅游

为了达到最佳的激励效果，奖励旅游非常强调"非比寻常"。需要强调的是，这里所说的"非比寻常"并不完全指奖励旅游的高消费性，而是指在整个旅游行程安排方面，奖励旅游很独特，力图给参与者留下难忘的经历。比如在VIP礼遇方面，主要突出的是温馨的服务，诸多的惊喜，如航班上的菜单、客房的信纸(或信封)上印有客人的名字等；在难忘经历塑造方面，主要方式是构思巧妙的欢迎晚宴、主题宴会、研讨会、惜别晚宴等。

二、奖励旅游特点

奖励旅游在本质上是一种激励方式，是一种激励员工或经销商积极努力工作并能挑战自我的现代化的管理工具，具有以下特点。

(一) 福利性

奖励旅游被视为一种企业提供给员工的福利性待遇。这种带薪的、休闲的、免费的旅行游览活动不仅能让员工享受到旅游的乐趣，还能增强员工对企业的归属感和忠诚度。

(二) 高端性

首先，这种高端性表现在参与人群上。奖励旅游的参加者通常是企业的优秀员工、业务骨干、贡献大的经销商或忠实客户等高素质人群，因此奖励旅游体现了参与群体的高要求。其次，这种高端性表现在消费上。开展奖励旅游的企业(外企、银行、保险等)都比较有经济实力，相比大众旅游对交通、住宿、餐饮、旅游，在活动内容、组织安排及接待服务上都有针对性的要求。奖励旅游在旅游产品的设计、组织安排以及接待服务上都要求高标准、高规格。

(三) 利润高

奖励旅游的费用往往由公司或其他机构支付，这使得旅游者对旅游产品的价格不太敏感。他们更看重的是旅游服务的品质和体验，愿意为高品质的旅游产品和服务支付更高的费用，因此对于旅游企业来说利润也比较高。

(四) 定制性

奖励旅游不同于大众旅游的组合产品，它要求专业奖励旅游公司为企业量身定做旅游产品，包括旅游目的地、行程安排、活动内容等方面。尽可能地与企业的企业文化和经营目标相融合。

(五) 团队规模大

奖励旅游通常是以团队形式进行的，团队规模较大。这种大规模的团队消费能够带来显著的规模效应，降低企业的单位成本，同时所带来的社会效益就越高。为了激励更多的人员，扩大公司的影响力，奖励旅游的团队通常比普通团队规模要大。在一些大型企业，奖励旅游甚至可能覆盖整个销售团队或关键部门，团队规模达到数百人甚至上千人。

微案例

4 500人的荷兰奖励旅游

2015年5月23日至6月5日，WM（中国）有限公司用14天的行程游览荷兰。这次4 500人超大旅行团在荷兰的人文之旅，预计将给荷兰带来700万至800万欧元的收入。

荷兰政府及相关部门为迎接这4 500人超大旅行团所做的准备也是史无前例的。硬件上，总共动用了130多部专用大巴，全程预订了16 460间夜五星级酒店和47家餐厅，共有200余名工作人员参与服务。软件上，从如何让签证办理更通畅，到如何将荷兰最有特色的地方展现给中国客人，再到如何做好体贴入微的服务，都精心进行了有针对性的规划。

5月29日，荷兰外经贸大臣专门在荷兰收藏珍贵画作的海牙莫里茨皇家美术馆接待了旅行团，并与公司老板在珍贵的画作《戴珍珠耳环的少女》前握手合影。4 500人的荷兰之旅，让东方的含蓄与西方的激情进行了一次完美的邂逅，中荷两国大型会奖旅游的交流也迎来了一个新开始。

作为本次行程中的重要环节之一，2015年5月30日，WM(中国)有限公司的4 500人齐聚荷兰乌特勒支Jaarbeurs国际会展中心召开了主题为"规范发展、自律共赢"的WM欧洲研讨会，公司董事长、马来西亚丹斯里皇室拿督古润金太平绅士，副董事长许国伟，总裁拿督胡瑞连等出席了活动。公司有关人员以及经销商齐聚一堂，共同商讨企业发展战略规划，实现个人梦、企业梦与中国梦的完美融合。

在此次研讨会上，古润金董事长也重点就国家"一带一路"倡议做了解读。他认为，中国提出的"一带一路"倡议是利国利民的，是一次难得的历史发展机遇。海外的华人华侨对此深受鼓舞，更期盼祖国能在"一带一路"倡议布局下，超越历史上的丝绸之路的繁华。同时，这一倡议会为中国及沿途国家的企业带来更多商机，有助于企业进一步开拓国际市场，促进中外民间交流与合作。此外，公司隆重推出了以保加利亚前总统斯托扬诺夫先生名字命名的总统佳酿。

荷兰经济部长Henk Kamp先生也表达了对两国发展的憧憬，他希望更多的中国民众能来感受荷兰的热情和激情，也希望更多的中国企业到荷兰交流发展，共同推动双边经贸合作，为两国人民带来更多实实在在的利益。同时，他还祝愿中国的"一带一路"能成为21世纪的"丝绸之路"，再创历史传奇！

在晚餐中，荷兰国家旅游局局长的讲话将气氛推向了高潮，一句中文说出的"'荷'你在一起，太完美"为这次盛大的荷兰之行拉开帷幕。

此次荷兰旅游史上迎来的最大规模奖励旅游将为荷兰旅游业带来良好的推动作用，促进中荷的经贸与文化交流。在荷兰报纸Asian News的报道中，荷兰经济部长Henk Kamp先生表达了对两国发展的憧憬，他希望更多的中国民众能来感受荷兰的热情和激情，也希望更多的中国企业到荷兰交流发展，共同推动双边经贸合作，为两国人民带来更多实实在在的利益。

据荷兰中央统计局(荷兰文：Centraal Bureau voor de Statistiek, CBS；英文：Statistics Netherlands)的数据，2013年荷兰旅游业对GDP的贡献率由2010年的3.2%提升至3.6%，主要原因有两个：一是来荷旅游的外国游客增多；二是通过荷兰公司订购旅游产品的国外订单增加。荷兰政府对旅游业的发展十分重视，尤其对中国市场的开发保持了高度的关注。

此次完美公司组团到访荷兰，除了带来更多的游客和经济效益外，还将荷兰文化、荷兰品牌等传递到了东方古国，让中荷两国的文化、经贸合作得到进一步发展。这对发展放缓的荷兰经济来讲，加快了本地旅游经济发展，提升了社会就业率，提高了生活质量以及保障社会福利。

在蝴蝶效应影响下，其影响和意义远不止这些，中荷两国更紧密的发展关系或许在这种积极因素的影响下得以实现。

案例来源：商务奖励旅游网.

做一做

分组收集一个奖励旅游案例，并做出分析与评价。

三、奖励旅游类型

奖励旅游在现阶段还是以企业为主体的，其目的一般包括激励员工努力工作，以提高企业在产品与服务市场上的占有率；促进员工之间，员工与企业、客户的感情交流；疏解紧张的工作压力；建设企业文化，增强企业的凝聚力，建立经销商的忠诚度；等等。下面按照不同划分标准对奖励旅游进行分类。

(一) 按活动模式划分

1. 传统型奖励旅游

传统型奖励旅游，顾名思义，是指按照较为传统的方式组织和实施的奖励旅游活动。它通常包括会议、旅游、颁奖典礼、主题晚宴或晚会及赠送赋予有含义的礼物等活动。这种旅游形式的特点在于其规范性和稳定性，能够确保活动的顺利进行和参与者的满意度。传统型奖励旅游以美国为代表，因此世界上最大的奖励旅游市场在美国。

2. 参与型奖励旅游

参与型奖励旅游是传统形式的拓展，它更多地在内容安排上有了不同以往的变化，如徒步、爬山、划船、生态旅游或氢气球旅游等。由于这类活动富有冒险情景，在欧洲市场上更受欢迎。欧洲大部分奖励旅游的参加者要求在他们的日程安排中加入这类参与性活动。参与型奖励旅游注重通过与自然界的接触，感受人与自然的和谐境界，有助于唤起人们保护环境的责任感。

(二) 按活动目的划分

1. 慰劳型奖励旅游

作为一种纯粹的奖励,慰劳型奖励旅游的目的主要是慰劳和感谢对公司业绩提升有功的人员,缓解其紧张的工作压力。此类旅游以高档次的休闲、娱乐等消遣性活动项目为主。

2. 团队建设型奖励旅游

团队建设型奖励旅游的目的主要是促进企业与员工之间,企业与供应商、经销商、客户等之间的感情交流,增强团队氛围和协作能力,提高员工和相关利益人员对企业的认同度和忠诚度。此类旅游注重安排参与性强的集体活动项目。

3. 商务型奖励旅游

商务型奖励旅游的目的与实现企业特定的业务或管理目标紧密联系,如推介新产品、增加产品销售量、支持经销商促销、改善服务质量、增强士气、提高员工工作效率等。此类奖励旅游活动几乎与企业业务融为一体,其中公司会议、展销会、业务考察等项目在商务型奖励旅游过程中占据主导地位。

4. 培训型奖励旅游

培训型奖励旅游的目的是对员工、经销商、客户等进行培训,如销售培训。此类旅游活动与培训相结合,可以"寓教于乐",更好地实现培训功效。

(三) 按活动对象划分

1. 员工奖励旅游

员工奖励旅游是企业为了表彰优秀员工而组织的旅游活动。这种类型的奖励旅游主要针对公司内部员工,可以是团队或个人表现优异者。

2. 客户奖励旅游

客户奖励旅游是企业为了回馈客户而组织的旅游活动。这种类型的奖励旅游主要面向公司合作伙伴、重要客户或高端消费者等。

3. 渠道商奖励旅游

渠道商奖励旅游是企业为了激发经销商或代理商等渠道商销售积极性而组织的旅游活动。

做一做

收集上一年国内进行的奖励旅游活动,完成表6-2。

表6-2 国内奖励旅游活动类型

时间	奖励旅游名称	类型

四、奖励旅游功能

(一) 有利于创建团队精神

企业(单位)中的员工平常有各自的岗位，上班时间各人干各自的工作，下班后各人有各自的业余生活，很少有在一起谈心与交流的机会。企业(单位)组织奖励旅游的目的之一就是为员工提供在一起交流的机会和场所，让员工在旅游活动中住在一起、吃在一起、玩在一起，有困难大家帮、有欢乐大家享，增进彼此间了解，加深相互间友谊，从而增强企业(单位)凝聚力，培养团队精神。

(二) 有利于增强管理者和企业的亲和力

日常工作中，员工与管理者的接触比员工之间的接触更少。奖励旅游给员工和管理者创造了一个比较特殊的接触机会，让大家可以在较为随意、放松的情境中做一种朋友式的交流。在这种交流中，员工能够感受到管理者的情谊、管理者的心愿、管理者的期盼，从而增强管理者和员工的亲和力。这种亲和力有助于提升员工对企业的认同感和归属感，进一步激发员工的工作积极性和创造力。

(三) 有利于延长奖励的时效性

奖励方式多种多样，既有物质奖励，也有精神奖励。发奖金、送奖品是一种最为普遍的奖励形式，但对受奖者来说，其激励的时效较为短暂。一些研究管理问题的心理学家在经过大量调查和分析后发现，把旅游作为奖励时，其所产生的积极作用远比金钱和物质奖励的作用要强、要好得多。这是因为在旅游活动过程中营造的"荣誉感、成就感"氛围，使受奖者的记忆更持久，这种长期的激励效果有助于提升员工的工作满意度和忠诚度，降低员工流失率。

(四) 有利于旅游产品的多元化发展

随着社会经济的快速发展，人们对旅游的要求也日益提升，传统的旅游产品已满足不了人们的需求，这就要求旅游业界积极拓展旅游产品，改善旅游产品结构，逐渐从由单一的观光旅游向多元化发展。奖励旅游在诸多旅游产品中，效益高、前景好，已成为国际旅游市场的热点项目。推进奖励旅游产品的开发，有助于丰富旅游产品结构，促进旅游产品的升级换代和多元化发展。同时，奖励旅游还能够带动相关产业的发展，如酒店、餐饮、交通等，进一步推动旅游业的繁荣。

了解国内外奖励旅游发展

任务二　掌握奖励旅游策划内容

奖励旅游并非一般的员工旅游，而是企业提供一定的经费，委托专业旅游公司精心设计的"非比寻常"的旅游活动。奖励旅游策划对于企业的发展非常重要，它不仅能够激励员工的工作热情，还能够增强团队凝聚力和员工的归属感。

一、奖励旅游策划原则

在现代企业管理中，奖励旅游已经成为一种越来越受欢迎的激励方式。因为通过给予员工或合作伙伴一次充满乐趣和奖励的旅行，可以激发他们的积极性，增强团队凝聚力，提高员工的工作满意度。然而，要确保奖励旅游策划的成功，需要遵循一些原则。

(一) 目标明确

在制定奖励旅游策划时，首先要明确目标。确定旅游策划的目的是什么，是为了激励员工的工作表现，还是为了庆祝团队的成就？明确目标可以帮助策划者更好地选择旅游目的地、活动内容和奖励方式，并确保奖励旅游与企业的整体战略和价值观相一致。

(二) 个性化设计

每个人对于旅游的喜好和需求不尽相同，因此在奖励旅游策划中要注重个性化设计。了解参与者的兴趣爱好和需求，选择适合他们的旅游目的地和活动，可以让参与者更加享受旅行的过程，提高他们的参与度和满意度。

(三) 活动多样性

为了确保奖励旅游的吸引力和趣味性，活动的多样性是非常重要的。安排参观名胜古迹、参加户外运动、举办团队合作挑战等多种活动，可以让参与者在旅行中获得不同的体验和收获，增加他们的参与度和兴奋感。

(四) 团队合作

奖励旅游策划是为了增强团队凝聚力和合作精神，因此团队合作是不可或缺的。通过组织团队合作挑战、团队建设活动等，可以帮助参与者提升沟通、合作和协作能力，增强团队的凝聚力和战斗力。

(五) 奖励公平公正

在奖励旅游策划中，奖励的公平公正性是非常重要的。确保奖励的选择和分配公平合理，避免产生不满和不公平的情绪。可以通过设立明确的评选标准和奖励规则，以及由专业机构或第三方进行评选，来保证奖励的公平公正性。

(六) 长期规划

奖励旅游策划不仅仅是一次性的活动，更应该是企业长期规划的一部分。通过定期进行奖励旅游活动，可以帮助企业建立起良好的激励机制，提高员工的工作动力和忠诚度。此外，长期规划还可以让员工有更多的时间和机会去实现自己的目标和梦想，进一步增强工作满意度和幸福感。

二、奖励旅游策划流程

(一) 建立策划小组

无论是专门的策划公司还是活动的组织者(活动主办方或承办方等具体组织奖励旅游活动开展的机构或单位主体),在进行奖励旅游策划活动之前必须组建一支强有力的策划工作小组。这个小组成员必须能够清楚组织者内部各个部门职能分工,并能依次统筹策划出各个部门在本次奖励旅游活动中的分工与协作——因为他们策划出来的方案将是整个活动在实施阶段的依据。一般情况下,策划小组由活动组织者高层领导人直接领导或者监督,由各个部门派出一两个了解本部门工作的人共同组成。

(二) 确立策划目标

确立策划目标,即明确策划所希望达到的预期效果。目标是策划的起点核心,也是策划要通过行动达到的终点,要根据企业的需求和目标,制定奖励旅游的具体目标。

概括起来,企业实施奖励旅游的目的主要包括以下几个:让员工放松身心,缓解工作压力;对员工、经销商等进行培训;激励员工、经销商等,增强其对企业的忠诚度;进行团队建设,促进情感交流,增强团队凝聚力;宣传企业文化、塑造企业形象;提高服务质量、提高生产效率和工作效益、提高销售总量等,以实现企业发展目标。在制定奖励旅游的具体目标时,企业既要充分考虑自身的实际情况,也要考虑员工的需求,确保目标既符合公司的战略方向,又能满足员工的期望。

(三) 制定活动方案

1. 选择旅游时间

奖励旅游活动的时间安排不应影响客户的正常经营活动,既要考虑价格因素,又要充分考虑奖励旅游者的意愿。这些因素有时会有冲突,需要综合考量,平衡取舍。

2. 选择目的地

奖励旅游对目的地的选择总体要求很高,目的地要具备一流的商务

微课十二

环境、有独具魅力的游览胜地、有高水准的娱乐休闲项目、有方便的交通条件和高档的旅游接待设施、有上乘的服务水准。在选择奖励旅游目的地时,应该综合考虑距离远近、可抵达性,当地是否拥有相对稳定的社会政治经济环境,当地物价消费水平,是否拥有好的奖励旅游发展历史和会议奖励旅游设施,当地公司在专业性及服务质量方面如何等,并结合员工需求和预算,选择一个既能满足大多数人兴趣又符合公司预算的旅游目的地。

3. 设计活动内容

奖励旅游与一般旅游最大的区别在于它是为企业量身定做的,策划者要通过各种主

题活动的巧妙策划和各项活动的精心安排，给奖励旅游参与者留下惊喜和难忘的经历，同时将企业文化有机地融入旅游活动中，让参与者感受到奖励旅游活动是企业的一种以人为本、荣誉至上的集体活动。

4. 制定行程安排

在确定活动内容的基础上，奖励旅游服务机构要根据企业的特点和要求，结合旅游资源和接待服务的实际情况，制定详细的行程安排，包括游览景点、参与活动、交通、食宿等，设计周密的活动日程表，对整个活动做出预算。此外，奖励旅游活动进行过程中会发生很多预料不到的突发事件，对这些突发事件处理得是否及时、正确与否和妥善程度会影响到客户对整个奖励旅游产品的满意度，因此，活动开始之前策划人员必须制定一份完整的突发事件处理方案。

5. 企业确认活动方案

虽然奖励旅游方案是在对企业进行了评估与分析、了解了企业奖励旅游目的的基础上进行的，但是，当奖励旅游方案完成后，还应充分地与企业相关人员沟通协商，按企业要求进行适当的修改，并最后在双方满意、达成共识的基础上定稿确认。

方案展示

微案例

美国企业奖励旅游经典案例

企业：美国Harris Teeter公司

时间：2007年4月13日—4月23日

奖励旅游内容：意大利北部和中部葡萄酒乡旅游

奖励人数：30人

委托旅游公司：梦幻意大利旅游公司

简介：美国Harris Teeter公司(简称HT公司)是一家拥有155家大型零售商店、18 000名员工的、美国东部最大的高端食品连锁集团。公司每年的葡萄酒业务都超过了16亿美元。为褒奖葡萄酒部门最优秀的雇员，HT公司安排了一次特殊的奖励旅游——意大利葡萄酒之旅，同时也为葡萄酒部门寻找新的合作伙伴。

分析：HT公司原本准备的奖励旅行是500人，但如此大规模的团队很难真正体验葡萄酒之旅的美妙，难以针对受奖励员工做到量身设计的特殊旅行，不能让每一位团员的体验终生难忘。酒庄体验、城堡入住和私人晚宴等活动的安排，都必须要求是小规模团体，才能让参与者感到尊贵感。

解决：梦幻意大利旅游公司在接到客户意向后，进行商议后，拒绝了大团队订单，劝说HT老板从原有500人的团队中精选出30名最优秀者，参加这次深度的酒乡之旅。此次活动的整个行程，是旅游公司在对HT公司的了解下，根据HT公司性质和奖励旅游目的而设计的，真正做到了量身定制。

10天的行程中，旅游公司为团员精心挑选了城堡酒庄，每个酒庄都以不同的葡萄酒、酿造工艺和建筑特色闻名，还安排了两晚市中心的酒店之旅穿插其中。每餐的菜式与葡萄酒都是精心搭配的。除了大型酒庄，还安排了小村庄里的特色餐厅，提供自家酿造的葡萄酒，别有风味。

为了给所有团员一次铭记一生的旅游体验，旅游公司安排了一场属于HT的私人城堡酒会，并用直升飞机将所有的团员运送至酒会举办地：Castello Banfi(班菲城堡)。

一、行程安排

奖励团成员从美国费城出发到达米兰国际机场，令所有人吃惊的是，在机场迎接他们的不是导游，而是旅游公司的CEO——Giorgio Dell'Artino。作为葡萄酒领域的资深专家，他一路为成员解释意大利的葡萄酒文化。豪华奔驰大巴车在所有人的注视中开往维罗纳——罗密欧与朱丽叶的故乡、及意大利最重要规模最大的联合酒展览会(Vinitaly)的举办地。

成员受到萨托利酒庄庄园主的热情拥抱，帕尔马工厂主人的热情款待，还见识了班菲城堡、列奥纳多·达·芬奇酒窖、Fonterutoli酒庄……

组织方为团员安排了浪漫的维罗纳之旅，在朱丽叶驻足的窗下品尝葡萄酒；安排了充满艺术气息的佛罗伦萨之旅，在米开朗琪罗的大卫雕像前驻足惊叹；安排了感受历史沉淀的罗马之旅，欣赏卡拉卡拉浴场、古罗马竞技场等数之不尽的古迹，做客美国大使馆；邂逅了托斯卡纳静谧安详的美丽小镇，尝试了最传统的托斯卡纳美食，品尝家酿的葡萄酒。

二、团员体验

意大利这个国家，从北到南，从丘陵到山区，甚至在那些特别小的海岛上，葡萄树就是特有的一道风景，葡萄酒是意大利每处阳光和土壤赐予他们的琼浆，让我们艳美不已。

在整个行程中，组织者的安排无可挑剔。出发前我们每人收到来自梦幻意大利的CEO——Giorgio Dell'Artino的邮件，告诉我们应该准备的衣服，并注明男士带上一套西服，女士需要一套晚礼服，告知我们每个住宿城堡和酒店的设施。邮件里还附上一份无比精美详尽的10天行程，里面甚至有所有地点的联系方式。在米兰机场，一个高大英俊的意大利男人展开双臂迎接我们，诧异半天，才知道是Giorgio本人。

10天的葡萄酒文旅，让所有人都沉浸在醉人的气息中，而最让我们难忘的便是班菲城堡的特殊安排。清晨，我们在托斯卡纳醉人的空气中醒来，一杯卡布奇诺和美味的牛角面包后我们开往Montalcino镇。在专业品酒师的陪同下，我们步行参观了班菲独特的酒杯、酒瓶博物馆、酒窖、品酒屋；然后，私人直升机将我们送上天空，以最为完美的方式俯瞰班菲近3 000公顷的葡萄庄园。灰品乐(Pinot Grigio)、霞多丽(Chardonnay)、常相思(Sauvighon Blanc)、赤霞珠(Cabernet Sauvignon)、美乐(Merlot)、西拉(Syrah)，这些国际知名的葡萄品种在这儿应有尽有。傍晚，我们沿着红地毯走向班菲城堡，私人晚宴正式开始。历史古堡，微微清风，美酒醇香，音乐奏响，所有人都沉醉在这场迷人的晚宴中，忘乎了自我。

三、评价

HT公司HR经理评价说："此次行程设计非常独特，每位团员都有着深切的体验，而且整个过程没有任何担忧和劳累，组织方已经为我们做好了所有详尽的安排。从行程结束的那天，我们就开始期待着下次旅行。"

梦幻意大利旅游公司的CEO Giorgio也说道："我们都经过深思熟虑了行程的每个细节，力求带给客人最完美的尊贵感。当客人告诉我这是他们此生体验过的最难忘的旅行，尤其是古堡晚宴和直升机酒庄体验，我们觉得一切努力都是值得的。"

知识检测

扫码做题

实战训练

1. 为实习单位或熟悉的企业做一份奖励旅游的策划书。

2. 就某一城市或地区做调研，给出你的奖励旅游发展建议。

岗课 赛 证融通

大学生绿色会展创新创意挑战赛

为贯彻落实《国务院关于进一步促进展览业改革发展的若干意见》〔2015〕5号，《江西省会展业"十四五"发展规划》等文件精神，增强创新人才服务会展业的意识，搭建"政、校、企、协"合作资源平台，储备优秀青年会展人才，江西省商务厅、江西省教育厅决定联合举办大学生绿色会展创新创意挑战赛。从2018年起，截至2024年，大赛已经举办了六届。

大赛以"坚持绿色发展，打造双循环下人与自然和谐共生的江西"为主题，围绕谱写江西"十四五"发展新篇章，努力把江西打造成为全国构建新发展格局的重要战略支点，发挥会展业在扩大开放、带动产业、促进消费等方面重要作用的目标进行创意竞赛，推动江西进一步融入以国内大循环为主体、国内国际双循环相互促进的新发展格局。

江西省高等院校各相关专业的在校学生，大赛分为高职高专组和本科(研究生)组两个参赛组别。大赛分为初赛与决赛。初赛中每个组别的每个赛道分别按70%比例选拔总数不超过20支参赛队伍进入决赛。队伍参赛总成绩由初赛成绩和决赛成绩两部分组成，其中初赛成绩占总成绩的50%，决赛成绩占总成绩的50%。大赛每年的赛道设置不同，但考察方向大概为会展策划能力、讲解能力与设计能力等，赛道一般在3个左右，比如2023年第六届大赛共设会展项目创意、会展设计、国际会展讲解(英语)类三个主要赛道。

项目七
会展场馆设计与管理服务

学习目标

知识目标：了解会展场馆概念、类型与功能；了解并熟悉我国知名会展场馆；了解场馆的经营目标，熟悉场馆服务的内容；掌握场馆设计的原则与要求。

能力目标：能够辨识国内知名的会展场馆；能够对场馆的服务水平与质量开展评价。

素质目标：服务意识，安全意识。

引导案例

中国进出口商品交易会展馆

1. 展馆介绍

中国进出口商品交易会(简称广交会)展馆(见图7-1和图7-2)是亚洲设施最先进、功能最齐全的现代化展览馆之一，总建筑面积为162万平方米，展览面积达66万平方米，是世界上单体展馆面积第一的会展中心，也是亚洲最大的现代化展览中心。自2008年全面启用以来，广交会展馆凭借先进的软硬件设施、一流的展会综合配套服务，成为众多国内外品牌展览活动的发轫之地，更是大型专业展会首选举办地。展馆综合体集场馆、会议、酒店、餐饮、工程搭建、物业、广告、旅游等综合服务功能于一体，将人性化理念、绿色生态与高科技、智能化完美结合，如同璀璨的明珠闪亮于世界。

图7-1 广交会展馆外景

2. 展馆设计

中国进出口商品交易会展馆建筑方案构思以"珠江来风"为主体，凸显建筑物"飘"的个性，象征珠江的暖风吹过大地，使会展中心这个高科技和现代文化的载体飘然落在广州珠江南岸，赋予了静态建筑"飘"的形式美感，暗示了商品科技的动态发展与流变。

3. 展馆设施

(1) 珠江散步道。连接展馆A、B区的珠江散步道是展会的综合服务区域，设有商务中心、银行、海关、邮局、旅游、餐饮、票务等配套服务点。

(2) 餐饮。展馆内餐饮区共约3万平方米，有73个经营点，各类餐饮——中餐、西餐、快餐等一应俱全。

(3) 停车场。可提供近7 000个停车位，其中小车停车位4 893个。

(4) 酒店。广交会威斯汀酒店是唯一一个可通过空中连廊直接到达广交会展馆的五星级酒店。酒店拥有325间宽敞舒适的客房与套房，4间餐厅及酒吧，10个会议场所，共计3 000平方米的会议空间。

4. 区位优势

广交会展馆位于广州市海珠区琶洲岛，地理位置优越，交通便利，与珠江新城、琶洲电商区、广州科学城、广州大学城等城市重要发展区相邻。

5. 交通信息

展馆周边交通完善，华南快速干线、东环高速、新港东路环绕；地铁八号线新港东路站直达展馆A区，琶洲站直达展馆B、C区；多路公交车在展馆范围设立站点。

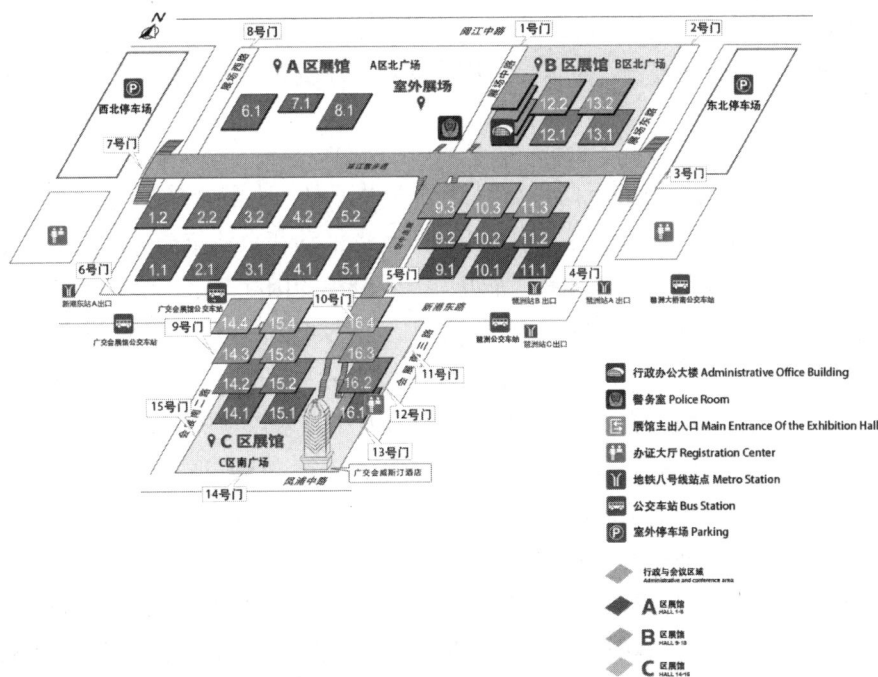

图7-2　广交会展馆平面图

会展场馆与城市会展业有着密切的联系，会展业的发展速度和水平决定着会展场馆的建设步伐和建设层次，并为会展场馆建设提供更加广阔的市场空间；反过来，会展场馆的建设规模、层次和建设时机又会对会展业的发展速度和综合效益产生深远影响。随着时代的发展与科技的进步，会展场馆朝着绿色化、科技化、智能化的方向发展。未来，会展场馆将进一步提升其服务水平，当好会展经济发展的火车头。

知识精讲

任务一 认识会展场馆

一、会展场馆概念及其类型

(一) 概念

会展场馆是指从事会议、展览以及节事活动的主体建筑和附属建筑，以及相配套的设施设备和服务，它由硬件和软件两部分组成，是会议中心、展览中心、展厅、文化馆、体育馆、博物馆、美术馆、剧院等各种大型活动场所的统称。会展场馆是会展业发展的基础，被誉为会展经济发展的火车头，其重要性不言而喻。如重庆国际博览中心作为我国中西部的代表性展馆，自2013年投入使用以来推动了重庆会展业进入了一个"新世纪"，加快了重庆会展之都的建设进程，可谓是重庆会展业高速发展的重要标志和推动力量。

(二) 类型

根据会展场馆展览规模的不同，可以划分为大、中、小型会展场馆。小型会展场馆主要指展览面积在10万平方米以下，举办小规模会展活动和企业年会等的场馆；中型会展场馆指展览面积在10万到15万平方米，举办有一定规模的国际会议、展览活动以及一些行业协会年会等的场馆；大型会展场馆指展览面积在15万平方米以上，举办大型国际性会议及综合型展览活动等的场馆。根据中国会展经济研究会发布的《2023年中国展览数据统计报告》，全国单个展览场馆室内可供展览面积在1万平方米以上的有286个，其中面积在1万至10万平方米的展馆243个，10万平方米以上展馆43个，15万平方米以上的展馆17个，排名前三的展馆分别为济南黄河国际会展中心(51万平方米)、中国进出口商品交易会展馆(50.4万平方米)、深圳国际会展中心(50万平方米)。

根据会展场馆的使用功能，可将会展场馆分为会议型、综合型、展览型以及其他类型。通常用于举办各种规模及内容的会议场地一般归为会议型会展场馆；既可以召开会议，也可以进行展览等其他会展活动的场馆一般归为综合型会展场馆；主要用于展示和产品交易的场馆一般归为展览型会展场馆；除了上述三种类型外，还有一些其他类型的会展场馆，如举办艺术品展、书法字画展等作品展的场馆，以及举办公益性活动的场馆等。

根据会展场馆的性质，可以分为项目型、综合型和单一型会展场馆。项目型会展场馆即非专业的展览展厅；综合型会展场馆指可以容纳各种各样的贸易展览以及举办会议的场馆；单一型会展场馆指专门举办某行业或某类产品展览的场馆。

做一做

你所在城市有哪些知名的会展场馆？查找资料并分析其类型与承办展会情况。

根据会展中心的建筑面积、展览面积、承办展会、所获荣誉、场馆利用率、知名度等因素，并综合参考互联网相关排行榜/榜单进行综合排序，得出我国十大展馆排名(见图7-3)。

排名	展馆	综合指数
01	北京国家会议中心	综合指数：92.0
02	上海国家会展中心	综合指数：90.2
03	中国进出口商品交易会展馆（广交会展馆）	综合指数：88.6
04	深圳国际会展中心	综合指数：87.0
05	中国国际展览中心老馆	综合指数：85.6
06	深圳会展中心	综合指数：84.2
07	广州保利世贸博览馆	综合指数：83.0
08	天津国家会展中心	综合指数：81.3
09	上海新国际博览中心	综合指数：79.9
10	中国国际展览中心新馆	综合指数：78.4

图7-3 我国十大展馆排名

二、会展场馆的功能

会展场馆是会展发展的硬件基础，是整个会展业发展的载体。会展场馆主要的功能如下所述。

1. 会展场馆可以推进会展业的发展

会展场馆早期的核心功能就是举办各类展览和会议，为会展活动提供专业的场地以及仓储、安保等服务。随着会展业的发展，场馆朝着大型展览建筑体发展，会展场馆的配套服务功能日渐凸显并成为场馆核心

微课十三

竞争力的重要组成部分，作为当今的主流会展场馆类型，大型展览建筑体包含展览、会议、办公、餐饮、休憩等多种功能。会展场馆服务水平不断提升且朝着智能化、科技化方向发展，这大大提高了办展办会的效率。此外，会展场馆的建设规模、层次和建设时机又

会对会展业的发展速度和综合效益产生深远影响，众多国内外的案例均表明，会展场馆的合理布局与建设亦能推进会展业的发展。

2. 会展场馆调控着会展业的市场

会展场馆的市场化运作模式对会展业市场发展有着重要影响，如果会展场馆不能实现真正的市场化运作，不对市场开放，垄断经营所有与会展业发展相关的服务，那么将不利于市场的正常发展。相反，会展场馆的市场化运作可以盘活会展市场活力，礼仪服务、物流服务、餐饮服务和搭建公司等相关的服务公司就能得到公平的竞争机会，有利于提高展馆的综合服务水平，同时促进会展业的健康发展。

3. 能够加强城市的公共服务职能

会展场馆占地面积大，对城市配套资源的需求高，往往耗资巨大且维护成本高，以往关起门来搞活动的模式使会展场馆在无展期间成为"城市孤岛"，周边餐饮、商业也难以维持经营，导致其所辐射的区域逐渐丧失人流与活力。因此，会展场馆作为大型公共建筑，在保障会议和展览专业功能的同时，还应该承担起城市公共空间的某些职能，将城市的部分公共服务功能融合进场馆中，同时将场馆建设融合进城市整体规划里，实现"展城融合"。例如，将办公、体育、娱乐等城市功能融入会展场馆中，在无展期间开放给大众，不仅发挥了会展场馆的公共性，又能提升场馆利用率，提高场馆效益的同时也改善了市民生活质量。

微案例

"展城融合"运营典范

阿姆斯特丹RAI国际会展中心发布的《2030空间发展规划》中提到，其未来发展战略主要在于改善会展建筑与城市的联系，同时提高会展中心辐射区域的生活质量。该会展中心计划在区域内的公共空间增加城市功能，打造餐饮、体育、文化等多功能体验场所，为市民提供可利用的公共活动空间。阿姆斯特丹会展中心非常重视展城关系的融合，表示会将更多的公共空间归还给市民；将娱乐设施引进会展区域，给会展中心创造补充性活动，使其能在非展期和夜晚等利用不足的时期得到使用，这一策略也为会展中心提供了接触不同经济周期行业和受众的机会。

> **做一做**
>
> 我国"展城融合"的典型代表有哪些？其会展发展策略是什么？

4. 能够助推城市会展品牌的建设

会展场馆的经营策略还关系到城市展览品牌的培育。按照国际惯例，展馆存在着六个月内不承接相同题材展会的行业惯例，承接何种展会，对城市展览品牌的成长甚至生存至关重要。因此，会展场馆应在办展主题上下功夫，做好顶层设计与合理规划，积极承担共同培育展览品牌的功能与责任。

5. 能够带动相关人才的培养

会展活动作为短期内开展的大型综合性活动，涉及主办、承办单位、参展商、观众等多方人员以及物流、餐饮、住宿等经营主体，展览服务和场馆管理等均对人才有较高的要求，这些人才需要具有专业知识与技能，能面向广大客户提供周到细致的服务以及具备处理应急情况的能力。因此，会展场馆的用人需求能带动相关人才的培养。

三、会展场馆的经营服务指标

从总体上来说，会展场馆的经营服务目标主要是为各种会展活动提供一个合适的场地和舒适安全的环境，并在此基础上提供高效的服务，满足会展活动的组织者、参加者、会展场馆工作人员以及租用场馆办公的物业使用者等各方面的需要，实现一定经济效益和社会效益。场馆经营还要做好合理的规划，搞好会展场馆建筑本体以及场馆内部设施设备的建设和维护工作，做好场馆的环境绿化、保护、清洁、安全、消防等基本工作，最大限度地发挥场馆的物业使用价值，提高场馆的保值增值。

从根本上来说，会展场馆的最大目标是为客户举办会展活动提供最优的软硬件服务。可以用以下经营服务指标来衡量目标的达成度。

1. 会展活动项目的数量和质量情况

举办会展活动项目的数量和质量情况可以说是评价会展场馆经营水平的重要指标。一个会展场馆举办多少数量、多大规模、多高层次的会展活动体现着展会的主办单位对会展场馆的认可程度。根据中国国际贸易促进委员会发布的《中国展览经济发展报告2023》，其调研到的194个展览馆(室内可租用面积大于等于5 000平方米，且2023年举办2场以上经贸类展会的专业展览馆)中，共有40个展览馆举办30场及以上展会，占比20.62%，12个展览馆举办展会数量在20~29场之间，30个展览馆举办展会数量在10~19场之间；105个展览馆全年仅举办2~9场展会，占比54.12%。除了数量，会展场馆举办活动的质量也是评价其经营水平的关键。例如，德国汉诺威国际展览中心拥有世界上两个最大的博览会"汉诺威工业博览会"和"信息及通信技术博览会"，这两个展会奠定了汉诺威全球会展名城的基础；以展会名称命名的中国进出口商品交易会展馆也因高质量展会享誉全球，成为国内外众多客户争相合作的目标。

综合来看，我国以北京、上海、广州为中心的会展业发达地区，会展场馆的使用率与展会质量较高，而内陆省份有些会展场馆的使用率则较低。提升展会数量与质量不是一蹴而就的，场馆方应联合政府部门在会展城市营销以及场馆营销上下功夫，塑造品牌，提升城市以及场馆知名度，吸引更多尤其是外地企业参展；与此同时，有针对性地完善场馆功能，通过提高服务水平、提升业内口碑，获取更多机会。

2. 客户满意度

客户满意度是一个综合指标，一般根据客户类别可分为主办单位满意度、参展商满意度、采购商(专业观众)满意度、非专业观众满意度等几大类；按照服务的类别可分为软硬件设施满意度、安保及餐饮等服务满意度、环境卫生满意度等。客户满意度的调查可以通过访谈、问卷等形式开展。在线问卷调研效率高，但往往难以深入了解客户真实想法，而访谈正好弥补了这一缺点，因此，可以综合两种方式开展客户满意度调查。开展调研的主体可以是场馆方本身，也可以是第三方机构。以往场馆方通常采取随机抽样的方式进行调查，以获得客户满意度的结果，随着展会评估第三方市场的逐步成熟，越来越多的客户满意度数据由展会评估的第三方提供。客户满意度调研结果可以反映场馆服务水平与质量，从而为场馆改造与服务提升提供依据。

3. 回头客比率

回头客比率是指会展场馆的使用者有无再次使用的意愿，并将这种意愿转化为实际行动的比率。场馆的回头客包括组展商、参展商、客商、参会者、搭建商和观众等。回头客的比率高低直接反映出会展场馆的经营效果。

4. 客户投诉率

客户投诉率的高低也反映了会展场馆的经营状况。对客户投诉率进行评价时，不能只停留在数量上，要注重对投诉内容进行分析。在实际操作中，一般是将客户投诉分为不同的等级，如严重问题、一般问题和轻微问题等，并在评价客户投诉率时，对不同层次的问题赋予不同的权重，这样评价才科学合理。

任务二　了解场馆设计的原则与要求

一、设计原则

我国当前会展场馆数量多，大型会展场馆也居于世界前列。不同类型展馆定位不同，其建设思路会有所区别，但基本遵循科学合理、可持续发展等原则。

(一) 遵循科学合理原则，做好会展场馆的顶层设计与布局规划

会展业对于城市发展的拉动效应是巨大的，辐射城市经济、文化等方方面面，因此，各地区纷纷建设会展场馆，以期提高城市办展能力，

微课十四

吸引更多的展会入驻。从20世纪90年代开始，我国会展业快速稳步发展，行业经济效益节节攀升，其行业年平均增长率更是达到了20%。在整个会展业蓬勃发展势头的带动下，各地大建会展场馆的势头一浪高过一浪。近年来，在扩大内需和积极的财政政策支持下，中国场馆建设始终热度不减，不但北上广等核心展览城市的大型场馆正在加快扩建步伐，一些二、三线城市更是纷纷将建设场馆作为推动城市经济发展的重要途径。根据《2023年中国展览数据统计报告》，截至2022年12月31日，全国在用的展馆总数为366座，已立项待建的展馆数分别为13座和6座。从展览面积来看，全国有53个城市展览场馆室内可供展

览总面积超过10万平方米。其中，深圳市以105.51万平方米位居榜首，上海市以90.88万平方米位居第二，济南市以85.51万平方米位居第三。国际展览联盟(Union of international Fairs，UFI)发布的《2023年全球展览场馆地图》(World Map of Exhibition Venues 2023)显示，世界五大场馆中，中国占据前三席，中国所持室内展览场馆总面积占全球总量的29.3%，位居世界首位。

对于展览馆的经营状况，通常用展览馆"出租率"衡量，计算方式为：(∑展会面积×实际租用天数)/(展览馆可租用面积×365天)。中国会展经济研究会发布的《2023中国展览数据统计报告》显示，在调研的276个专业展览馆中，仅有13%的展览馆出租率高出20%，21%的展览馆出租率处于10%~20%之间，场馆出租率低于10%的占比高达59%。从各省市对比结果来看，除了浙江省、广东省、辽宁省、北京市、上海市、广州市、重庆市等会展发达的省市会展场馆供不应求，其它地方的展馆出租率低，承接展览项目少，面临"吃不饱"的困境，部分场馆在2023年的出租率都没有超过30%，还有相当一部分场馆年出租率在5%以下。

场馆建设和使用率的极大反差普遍存在于我国大部分地区，究其根源在于会展场馆在规划设计阶段未进行充分论证，顶层设计过于理想化，往往只看到会展带来的积极效益，未考虑到城市会展业的实际发展水平与前景。

做一做

请结合前期调研的情况，计算出你所在城市会展场馆在不同月份、季度以及年度的出租率。

(二) 遵循可持续发展原则，推动绿色会展与绿色城市的发展

可持续发展是人类永恒不变的主题，会展业想要持续获得经济、社会效益，必须注重生态环保，发展绿色会展。会展场馆的可持续发展可以从以下几方面出发。

(1) 提高会展场馆的利用率，以实现节约资源的目标。场馆的利用率不高意味着资产闲置和资源浪费，不符合可持续发展的理念。因此，应开阔思路，积极寻求会展场馆的跨界融合发展，提高会展场馆的利用率。

(2) 合理规划会展场馆，建设与完善会展场馆的配套设施，以实现可持续发展的目标。如果会展场馆建设与当地会展业发展态势不协调，配套设施不完善，就会导致会展场馆利用率不高，造成了资源闲置和浪费。此外，缺乏合理规划与布局的场馆势必难以避免后期的反复更新与升级，也会带来资源浪费。因此，合理规划会展场馆并完善配套设施有利于实现场馆的可持续发展。

(3) 会展场馆的使用遵循3R原则，以实现低碳、节约的目标。3R原则指的是减量化(reduce)、再利用(reuse)和再循环(recycle)。会展场馆要实现可持续发展，会展的主办方、组展商、参展商、观众和各类会展服务商都应具备生态文明意识。比如在展台设计与搭建时，考虑成本以及个性化需求的同时要重点考虑展台的环保性，尽量使用环保材料，避免

使用低质廉价的复合材料、劣质的喷绘材料以及各种粘合剂，减少对场馆空气质量以及展会现场人员的不良影响。

(三) 遵循文化性原则，体现会展场馆设计的特色化与人文关怀

会展活动商贾云集，观众众多，会展场馆一般占地巨大，又大多是当地的景观建筑甚至是城市的地标性建筑，展馆设计除了考虑专业功能性之外，也要展现当地的文化特色，尽量营造一种绿色、人文、舒适的环境，给组展商、参展商、观众等展馆使用者以人文关怀。近年来，全国各地把会展场馆建设纳入城市总体规划范围，将会展场馆作为城市形象来抓，如上海国家会展中心，主体建筑以伸展柔美的四叶幸运草为造型(见图7-4)，采用轴线对称设计理念，设计中体现了诸多中国元素，是上海市的标志性建筑之一。文化氛围的营造有助于体现会展场馆设计的特色与创意性，提升会展场馆的档次与知名度。

图7-4　国家会展中心(上海)外景

二、设计要求

会展场馆在设计时主要分为两大部分，外部布局与内部设计。在外部布局上，重点涉及场馆的区位选址以及外部交通组织，内部设计上则考虑内部空间结构与功能等。

(一) 外部布局

会展场馆选址不是一概而论的，不同类型的会展场馆在选址时往往有不同的要求。如小型会议中心或展览中心因占地面积较小，多处于城市中心，能更好地共享城市基础设施；稍大型会展场馆多处于城市边缘，有相对宽敞的扩展用地，既能满足因城市会展经济发展而扩建的需求，又距市中心较近，能满足交通便利的需要；而超大型的会展中心乃至会展城则远离城市中心，往往自成一体、相对独立，能为场馆扩展储备充足的用地，同时也能带动周边发展。

在外部交通组织上，会展活动具备短期人流、物流量巨大的特点，配备高效率、便利的交通是保障会展活动顺利开展的必要条件，在会展场馆设计之初就应将外部交通组织纳入考量的范畴，通常包含公路交通、轨道交通及城市公交、航空运输、河流运输等。例如，处于市中心和城市近郊的场馆应设置在距离高速公路、高铁等入口不远的位置，同时应注重场馆与高铁站、公共汽车站的距离；处于城市远郊的场馆，虽然难以共享城市的基础设施与交通，但是经过布局规划，应能有效利用机场、轨道交通等资源，具备服务于展会的发达的交通网络。对于有条件的城市，应考虑与航空港、航运码头之间的交通网络，依靠航空港与航运码头的运输能力，为展会运输保驾护航。

(二) 内部设计

在会展场馆的内部设计上，既要具备完善的功能，又要注重环境的优化。会展场馆的公共属性注定了其不仅仅是会展活动的空间场所，也是城市内重要的经济活动空间。在设计会展场馆时，除了聚焦会展服务型设施外，还应努力拓展其他类型的功能空间，为会展场馆的一馆多用打下基础。

环境是会展场馆理念与形象的表征，能给人以直观的感受，与客户满意度息息相关。会展场馆体量大、功能性强的特点，往往给人以疏远、缺乏生气的印象，因此在设计会展场馆时，可以通过适宜的标识、休闲场所、绿化带等来营造人性化的空间。

微案例

西安国际会展中心

西安国际会展中心总占地面积875亩，建筑面积83万平方米，分两期建设，一期已完成室内室外总展览面积超过130 000平方米，其中2个16 000平方米超大展厅，4个10 000平方米标准展厅，是国际公认的布展效率最高的平面布局展厅。室内净展览面积共计72 000平方米，可容纳国际标准展位3 344个，室外展览区四片，总面积50 000平方米。会展中心可提供159个地上车位以及5 926个地下车位。

设计动画

西安国际会展中心展览馆(见图7-5)建筑立面造型设计与西安城市肌理相呼应，展厅外立面采用天然石材，隐喻西安古城墙的形式语言。屋顶设计取义于古丝绸之路沙丘，轻盈、动感，犹如延绵起伏的沙丘覆盖展厅。入口登录大厅采用全通透玻璃幕墙设计，层叠的屋面贯穿室内外，由16根巨型十字柱支撑，气势恢宏。

图7-5 西安国际会展中心展览馆

西安国际会展中心会议楼(见图7-6)建筑面积约200 000平方米，地上三层，共有37

间85平方米—4 300平方米面积不等的多功能厅。会议楼与展览馆设有地上连廊和地下通道,与16 000平方米的1号展厅相连,可举办万人平面大会。会议楼可提供地上车位共计79个(均为充电车位),地下车位894个。会议楼以比肩国际的专业会议设备,提供一站式专业会议会展服务,打造生态化、智能化、国际化的大型会议综合体。

图7-6　西安国际会展中心会议楼

不同于中国传统建筑严肃、厚重的风格,会议楼保留了中国建筑平直方正的特点,采用简明抽象的手笔,从西安历史地标建筑——钟楼提取造型元素,并以现代"双月牙"造型和180根钢立柱诠释大屋檐空间造型。建筑立面通过上下白色"双月牙"和月牙间的大玻璃幕墙形成有致的虚实对比,在创造出建筑特有漂浮感的同时,形成开放友好的入口空间。

做一做

中国传统文化源远流长、博大精深,在现代化背景下推动中华优秀传统文化创造性转化、创新性发展成为重要课题,而会展场馆正是现代化的产物。请结合实例分析会展场馆设计如何从中国传统文化中汲取养分。

任务三　掌握场馆服务与管理的内容

■ 一、场馆服务

(一) 展览、会议商业服务

展览、会议商业服务是会展场馆的主导功能与服务,包含了信息交流、交易、商贸洽谈、大型活动组织等服务功能。因此,会展场馆除了配备必要的基础设施外,营造安全、舒适的环境也是十分必要的。近年来,随着智慧场馆的兴起,信息交流与交易方式越来数字化与智能化，这也大大提高了会展活动的效率，为组展商、参展商、观众提供了极大的便利。未来，应继续探寻新技术在场馆中的应用，进一步提高会展场馆的现代化与智慧化水平。

(二) 商业租赁服务

会展场馆利用其主场优势，往往会向参展商或与会者提供租赁服务。可租赁的物品通常是常规化的而非定制的，如举办会议与展览活动所用到的台签、衣架、桌椅、电脑、电视、展台照明灯具、插排等配件，也有部分场馆提供标准展台搭建材料。在展会通用设施的提供上，大部分场馆推出了场地扫码即能下单的服务，会议组织方或参展商根据自己的需求扫码下单，场馆工作人员就能将其所需要的台签、接待桌椅、玻璃展示柜等运送到相应的场地。

(三) 物流、仓储服务

会展场馆的物流与仓储服务是确保展览和会议顺利进行的重要环节。这一服务涵盖了展品从进馆到出馆的整个运输流程，包括展品的接收、入库、存储、保管、出库以及现场搬运等。会展场馆一般不具备物流经营与管理功能，通常与专业的物流公司合作来满足展会相关物资的运输需求。在选择合作物流企业时，首先应着重对其智能化程度与服务水平进行考量。其次，衡量其国际化物流服务能力。

在仓储方面，会展场馆会提供足够的仓储空间，根据展品特性进行分区管理，如设立温控区、防潮区等，确保展品在存储期间的安全与完好。同时，利用条形码、射频识别等现代技术实现库存的实时追踪与管理，减少人为错误，提升仓储管理的效率与准确性。

(四) 展台搭建服务

展台搭建主要分为标准展台搭建与特装展台搭建两大类。特装展台的搭建通常是参展商根据自身需求，自行指定专业的展台搭建公司来完成，以充分展现企业特色与品牌形象。而标准展台则由展览馆统一规划并搭建，旨在为广大参展商提供便捷、高效的参展体验，同时也为场馆带来额外的收益。

资料卡

国外十大展会搭建公司

1. 欧马腾会展科技有限公司
2. 法兰克福展览公司
3. GES展会公司
4. 英国梅森会展管理有限公司
5. 法国高美爱博国际展览集团
6. JTB株式会社
7. KEC(Korea Exhibition Co.,Ltd.)

8. Freeman

9. 波兹南国际展览公司

10. 迪拜世界贸易中心展览有限公司

做一做

以上国外搭建公司是否在我国开展业务？我国知名的展会搭建公司有哪些？

部分搭建公司不仅提供标准展台的搭建服务，还涵盖设计咨询、材料供应等一站式全方位服务。这些专业的展台搭建团队深谙参展商需求，能够精准把握企业品牌形象与展会主题，设计出既契合主题又具有强大吸引力的展台方案。

值得一提的是，在现代展台搭建中，绿色搭建理念日益受到重视。专业的搭建团队会积极采用环保材料与先进施工技术，确保展台结构稳固、美观大方的同时符合绿色环保的要求，为参展商提供一个既优质又环保的展示平台。这样的服务不仅提升了参展效果，也彰显了企业的社会责任感。

资料卡

《绿色展台评价指南》

《绿色展台评价指南》(GB/T 41129—2021)是中华人民共和国国家标准，于2022年7月1日起实施。该标准由全国会展业标准化技术委员会归口，主管部门为国家标准化管理委员会。《绿色展台评价指南》提供了绿色展台评价的原则、指标和程序，明确了绿色展台的评价标准，包括环境空气质量标准、室内空气质量标准等。该标准的起草单位包括中国对外贸易中心集团有限公司、中国邮电器材集团有限公司等。制定该标准的目的是推动展览业的绿色发展，减少资源浪费和环境污染。

《绿色展台评价指南》

(五) 广告服务

会展场馆作为人流和信息流的聚集地，是广告宣传的理想平台。广告服务包括场馆内外的各类广告位租赁，如LED大屏、横幅、海报、展板、展位内部广告位等，以及线上平台的广告推广。通过精心设计的广告布局和创新的广告形式，能够有效提升品牌曝光度，帮助参展商和赞助商扩大市场影响力。不同广告根据展会活动与展馆档次、广告位置、版面大小的不同，价格有较大差异。广告服务也是会展场馆增加非票务收入的重要途径之一。

(六) 安保与应急服务

安保与应急服务是会展场馆不可或缺的公共服务功能，直接关系到展会活动的顺利进行和参会人员的安全。安保与应急服务包括入场安检、场馆巡逻、监控系统维护、突发事件应急处理预案制定及执行等。随着科技的进步，许多会展场馆开始引入智能安防系统，如人脸识别、行为识别等技术，以提高安保效率和准确性。同时，会展场馆应建立健全的应急响应机制，确保在紧急情况下做出迅速、有效的处理。

资料卡

《展览场馆安全管理基本要求》

《展览场馆安全管理基本要求》(GB/T 41130—2021)由国家市场监督管理总局(国家标准化管理委员会)批准发布。该标准在国内均属首创，有效填补了展览场馆安全管理国家标准领域的空白。标准规定了展览场馆在展会期间的基本原则、人员、基础设施、安全保卫、消防、医疗卫生、食品、施工、交通、运输仓储、安全标志、网络信息、舆情应对、安全保险、应急预案、监督评价等方面的要求，适用于所有展览场馆的安全管理，大型群众性活动场所可参照使用。该标准从预防的角度出发，使展览场馆在展会期间的安全管理有抓手、有依据，有助于夯实办展环境的安全保障基础能力，提高行业影响力和竞争力，是对安全领域相关法律法规在会展业的细化和落地。

《展览场馆安全管理基本要求》

(七) 秘书礼仪服务

秘书礼仪服务是会展场馆提供的一项高端增值服务，旨在为参展商、观众及嘉宾提供专业、周到的接待和辅助服务。这包括会议议程安排、资料整理与分发、翻译服务、礼宾接待、商务秘书服务等。通过提供专业的秘书礼仪服务，能够提升参展商和观众的参会体验，提高他们对展会活动的满意度和忠诚度。同时，这也有助于提升会展场馆的整体形象和品牌价值。

(八) 配套服务(餐饮、导航、停车等)

除以上服务外，会展场馆还提供餐饮、停车、导航等配套服务。其中，大多以外包的形式提供服务餐饮，部分大型和超大型场馆配备餐厅甚至大型酒店；通过提供充足停车位、设置指示牌、便捷支付等方式保证停车服务；通过设置指示牌、提供电子地图、安装导航App等方式实现导航服务。

对于不同的会展场馆，由于市场定位的不同，其所提供的服务也会有所差异。对于以国际性的会展活动为目标市场的场馆，所提供的服务项目及形式将更加全面化和国际化；而立足于本土会展活动的会展场馆则在服务上更倾向于亲切和务实。提供服务的主体也可以是多样的，既可以是场馆自身提供服务，也可以聘请专业公司提供相关的服务，或者采用特许经营的形式向参展商或活动的其他参与者提供相关的服务。无论是特许还是聘请，会展场馆都要对这些专业公司进行资格评估或认定，以保证他们能够为客户提供优质周到的服务。

二、现场管理

随着会展场馆体量以及会展活动规模的不断扩大，安全问题对于场馆管理的考验也在持续升级。传统会展场馆只扮演着租赁方的角色，对于安全风险的管控主要落在主办方以及搭建商等服务供应商身上，但一旦发生安全事故，场馆方往往也难辞其咎。

从场馆活动工作流程来看，现场管理中安全防控工作的重要性不言而喻，具体工作大致可围绕前期报馆、搭建巡查以及活动现场巡查三方面展开。

(一) 报馆环节

场馆方在报馆环节要严格把控各项流程，将安全风险控制在最小范围。会展场馆一般都会在公众平台上传报馆手册供主办方进行施工相关资料准备。会展活动主办单位所需要提交的报馆资料通常包括营业执照、法人身份证复印件、施工人员名单、施工图纸等。施工图纸则是关系到施工安全的重要内容，在报馆环节需要提供施工图纸至场馆方的现场管理部门进行审图，审核不通过的图纸需返回修改后重新提交直到审核通过为止，以降低施工不规范所导致的安全事故发生概率。此外，智慧会展建设正当时，在智慧化系统的支持下，服务流程将变得更流畅便捷，如上传报馆资料、制作证件等步骤已可以在线上完成。

(二) 搭建期间

搭建期间，场馆方需要重点检查施工人员、施工操作等是否符合预先提交材料，以及实际施工过程中是否存在危险行为等。具体工作主要包括以下几项：需要加强施工人员证件管理，核实人员与证件信息是否一致；现场查看结构施工与图纸是否一致，防止不规范操作出现；施工人员在从事高空作业等工作时相应的安全措施是否落实到位，专业人员如电工等是否持证上岗；核查现场用电是否符合安全要求，具体操作是否与申报内容一致；检查现场物资使用、堆放等是否符合消防安全。为规范服务商管理，在确保安全第一的同时提升服务品质，场馆方可以审核圈定以往合作的品质优良的搭建服务商、广告服务商以及物流服务商等第三方服务商，并推荐给主办方进行选择。

(三) 现场巡查

活动正式开始期间，现场安全巡检工作不容忽视。这期间现场管理的重点工作主要有三项：一是用电检查，对活动现场的用电安全进行检查，包括电流检测以及违规用电等；二是消防安全检查，检查内容包括易燃物品的清理、疏散门是否畅通、消防设施是否正常有效等；三是对现场设备设施以及搭建结构是否安全等进行检查。巡查过程中发现不符合规范要求的操作，应及时加以制止整改。除基础的安全检查外，还需要进行现场服务确认，如实际发生的服务确认、临时增加的服务确认，并对服务质量进行控制、对突发事件进行处理。

在活动结束后的撤场期间，工作人员依旧不能放松警惕，要将现场管理工作进行到底。

知识检测

扫码做题

实战训练

组建3~5人的调研小组，用两周时间对你所在城市的会展场馆开展初步调研，了解其近三年举办展会的数量、规模等情况，同时分析其采用的营销策略及其成效。

📖 岗课赛 证 融通

1+X证书

1+X证书制度是中国职业教育改革的重要举措，"1"是指1张学历证书，"X"是指若干张职业技能等级证书。该制度旨在提升学生的实践技能和就业竞争力。"书证融合，课证融通"的方式是提升职业院校各专业复合型技能技术人才培养质量的起点。其中"书"是高等教育学历证书，"课"是指课程标准、课程内容及课程教学，"证"是指职业技能等级证书。"书证融合，课证融通"是  指证书与文凭学历相融相通，专业课程与职业技能相融合，将社会急需产业和技术人才紧缺领域中的职业技能等级标准贯穿于各大院校的人才培养方案中去，真正实现专业人才培养目标与职业岗位要求相统一，使教学内容与职业考证内容、职业岗位要求相融合，真正实现学生同时拥有毕业学历证书+若干职业技能等级证书，构建一种新的赋能应用型人才培养模式。

为贯彻落实《国家职业教育改革实施方案》(国发〔2019〕4号)和《关于在院校实施"学历证书+若干职业技能等级证书"制度试点方案》(教职成〔2019〕6号)文件精神，根据《关于授权发布参与1+X证书制度试点的第四批职业教育培训评价组织及职业技能等级证书名单的通知》(教职所〔2020〕257号)文件要求，会展管理、婚礼策划成为第四批1+X职业技能等级证书。

1. 会展管理

会展管理等级证书分为初级、中级和高级三个等级，涵盖了会展策划、营销、运营和信息管理等多个领域。

(1) 初级证书适合刚学习会展专业的在校生，考核内容主要包括会展基础知识和基本操作技能。

(2) 中级证书适合高年级学生或者有一定工作经验的应届生，考核内容更加深入，包括会展项目管理、市场营销策略等。

(3) 高级证书适合具有丰富会展管理经验的专业人士，考核内容涵盖高级会展策划、国际会展管理等。

考核内容与标准：

考试分为理论考试和实操考试两部分。理论考试为上机考试，学生进入系统题库中作答，理论考试试卷从会展职业基础和会展策划、会展营销、会展运营、会展信息管理四个工作领域中，随机抽取80道题目在规定时间内进行作答。实践操作考试从会展策划、会展营销、会展运营、会展信息管理四个工作领域随机抽取情景案例题或会展管理信息系统操作题，学生按照任务要求进行实操考试，必须在规定的时限内完成，考评老师根据考试情况，按照统一标准对学生的操作进行赋分。

考试通常每年举行多次，具体时间由教育行政主管部门和培训评价组织确定。

2. 婚礼策划

婚礼策划等级证书包括初级、中级、高级三个等级。

(1) 婚礼策划(初级)：主要面向婚介、婚庆服务机构的婚姻介绍员、婚礼策划员、婚礼营销员(婚礼销售顾问)等职业岗位，主要完成小型婚礼活动的婚姻介绍及顾问支持、策划项目营销与预算、婚礼现场布置方案设计、婚礼策划书制作、婚礼执行团队组建、婚礼礼前指导与彩排统筹、婚礼庆典调度执行、婚礼策划服务评估等工作，从事婚姻服务、婚礼策划等工作。

(2) 婚礼策划(中级)：主要面向婚介、婚庆服务机构的婚姻介绍员(婚恋顾问)、婚礼策划员、婚礼营销员(婚礼销售顾问)、婚礼策划师、婚礼设计师、婚礼督导师等职业岗位，主要完成中型和个性化婚礼活动的婚姻介绍及顾问支持、策划项目营销与预算、婚礼现场布置方案设计、婚礼策划书制作、婚礼执行团队组建、婚礼礼前指导与彩排统筹、婚礼庆典调度执行、婚礼策划服务评估等工作，从事婚姻服务、婚礼策划等相关工作。

(3) 婚礼策划(高级)：主要面向婚介、婚庆服务机构的婚姻介绍员(婚恋顾问)、婚礼营销员(婚礼销售顾问)、婚礼策划师、婚礼设计师、婚礼督导师等职业岗位，主要完成大中型和特色婚礼活动的婚姻介绍及顾问支持、策划项目营销与预算、婚礼现场布置方案设计、婚礼策划书制作、婚礼执行团队组建、婚礼礼前指导与彩排统筹、婚礼庆典调度执行、婚礼策划服务评估、婚礼策划的管理和培训等工作，从事婚姻服务、婚礼策划等相关工作。

申报婚礼策划初级证书的考生须满足下列条件之一：

院校考生：相关专业的在校生。

社会考生：累计从事本职业或相关职业工作2年(含)以上；在历次地市级(行业、院校)相关的职业技能大赛中的选手；获得地市级以上最美婚姻工作者等称号者。

申报婚礼策划中级证书的考生须满足下列条件之一：

院校考生：相关专业的在校生。

社会考生：累计从事本职业或相关职业工作2年(含)以上；取得本职业或相关、中级《国家职业资格证书》(国家职业资格五级)(国家职业资格四级)的；累计从事婚庆职业或相关工作4年(含)以上；在历次全国(行业，院校)相关的职业技能大赛、世界技能大赛的选手；获得地市级以上五一劳动奖章、青年五四奖章、三八红旗手、巾帼文明岗等称号者。

会展行业管理

知识目标：了解会展行业管理的定义、目标和内容；熟悉国内外会展行业管理组织；掌握会展相关政策、法规、标准。

能力目标：能够分辨国际、国内会展行业管理组织；能够根据不同的会展政策进行行业趋势分析，并用于会展项目的策划。

素质目标：培养行业认同、责任意识、秩序思维。

中国贸促会助力中国会展

中国贸促会，全称中国国际贸易促进委员会(China Council for the Promotion of International Trade，CCPIT)，是一个成立于1952年的全国性对外贸易投资促进机构。中国贸促会与世界上多个国家和地区设有驻外代表处，建立了广泛的经贸联系，与众多对口组织签订了合作协议，推动了中国与世界各国的经贸交流与合作。

1.代表国家出国办展

代表国家出国举办展览是中国贸促会的重要职责。2023年，中国贸促会恢复组织企业线下出国展览，把出国展览工作同高质量共建"一带一路"、稳外贸稳外资、开拓多元化市场等有机结合，重点在发展中国家、新兴市场国家和战略性新兴领域参展办展，多措并举助力企业出海拓商机。2023年，中国贸促会共举办5项出国展览项目，其中4项线下展，1项线上展，包括西班牙国际未来交通大会及展览会、澜湄合作经济技术展览会、中国(印尼)智慧能源及交通产业展览会、中非(尼日利亚)产能合作品牌展览会、中国——大洋洲及南太地区国际贸易数字展览会。

2.与会展国际组织合作

2024年1月10日，第十九届中国会展经济国际合作论坛在南昌开幕。论坛上，中国贸促会与国际展览业协会(UFI)、国际展览与项目协会(IAEE)、独立组展商协会(SISO)和国际大会及会议协会(ICCA)共同发布了《关于会展业开放、合作、共赢发展倡议》。《倡议》提出推动经济复苏、拥抱数字创新、坚持绿色发展和深化互利合作四项内容。

3.发布行业发展报告

《中国展览经济发展报告》是中国贸促会定期发布的重要行业报告，旨在分析展览行业年度发展趋势与特点，为展览行业发展提供参考与指引。

自2005年以来，中国贸促会已连续多年发布该报告，在国内外形成了广泛的影响力。报告内容包括发展环境分析、总体特点与发展趋势、国内展览发展分析、出国展览发展分析、展览馆市场分析、国家级展会分析。《中国展览经济发展报告》为政府决策、企业参展、行业研究等提供了重要参考依据。

4.打造会展服务平台

中国贸促会展览公共服务网(简称服务网)由中国国际贸易促进委员会主办，由中国贸促会信息中心(中贸促信息技术有限责任公司)负责服务网运行管理的平台。服务网向用户提供出国展览项目审批(含文件验真)、出国展览项目管理等服务。同时，用户可使用服务网提供的展览项目查询、行业资讯、在线咨询等公共服务。该平台旨在为中国参展组展企业、贸促系统单位、社会公众提供便捷的"一站式"服务，更好推动中国展览行业高质量发展，充分发挥展览促进贸易、拉动投资的功能。

敲黑板 划重点

会展业，作为一个融合了经济、文化与社会活动的综合性产业，扮演着推动城市经济发展、促进国际交流与合作的重要角色。它涵盖了会议、展览、节庆、赛事等各类大型活动的策划、组织与实施，通过集聚人流、物流、信息流，为参展商、观众及合作伙伴创造商业机会，推动产业升级与创新。由于会展业的综合性和带动性，政府及相关机构对会展行业进行的整体规划、政策引导、市场监管与服务支持尤为重要，如制定会展业发展战略，优化产业布局，提升会展设施与服务水平，以及营造良好的营商环境。

知识精讲

任务一 认识会展行业管理

一、会展行业管理的概念

会展行业管理是指政府会展主管部门以及各类会展行业组织，通过全面的规划和对会展业的总量控制，制定出一系列旨在促进会展事业发展的方针、政策和标准。这些方针、政策和标准作为管理手段，被用来对各种类型的会展企业进行宏观的、间接的管理。会展业的生存和发展依赖于市场经济体制。因此，我国会展业的管理体制和管理方式应与市场经济的普遍原则相符合，遵循会展业自身的发展规律，并且要适应我国国情。

　　在市场经济的背景下，会展行业管理实际上是一种公共行政行为。管理的主体主要包括两个方面：一方面是政府及其职能部门，它们是政府公共行政的执行者，负责制定和实施相关政策；另一方面是行业协会，它们是非政府的公共服务的实施者和提供者，通过行业自律和协调，为会展企业提供服务和支持。这种双主体的管理模式，既保证了政府对会展业的宏观调控，又充分发挥了行业协会在行业内部的自我管理和自我服务功能，从而形成了一个既高效又灵活的会展行业管理体系。

二、会展行业管理的目标和内容

(一) 会展行业管理的目标

1. 促进经济社会发展

　　政府作为会展行业发展的主要推动者，力图通过会展活动促进经济社会的发展。会展业作为现代服务业的重要组成部分，具有强大的产业关联效应，能够直接或间接带动交通、旅游、住宿、餐饮、广告、物流等多个行业的发展。政府通过制定和实施会展业发展政策，旨在扩大会展规模，提升会展品质，进而促进经济增长、增加就业机会、提高居民收入水平。

2. 提升城市形象与国际影响力

　　会展活动往往是一个城市对外展示自身形象、吸引国际关注的重要窗口。政府通过主办或支持重大国际会展活动，可以显著提升城市的知名度和国际影响力，促进城市与国际社会的交流与合作。同时，会展活动也是城市文化、旅游、科技等多方面实力的集中展现，有助于塑造城市品牌形象，提升城市综合竞争力。

3. 优化资源配置，促进行业协调发展

　　会展行业涉及众多领域和环节，需要政府从宏观层面进行统筹规划和协调管理。政府通过制定会展业发展规划，明确行业发展方向和目标，引导资源合理配置，避免重复建设和恶性竞争。同时，政府还应加强对会展市场的监管，确保会展活动的公平、公正、公开，促进行业内部的协调发展和整体提升。

4. 保护消费者权益，维护市场秩序

　　在会展活动中，消费者权益的保护是行业管理的重要内容之一。政府通过制定和完善相关法律法规，规范会展活动的组织和运营行为，打击虚假宣传、欺诈销售等违法行为，保护参展商和消费者的合法权益。同时，政府还应建立健全的投诉处理机制，及时受理和处理消费者投诉，维护市场秩序和公平竞争环境。

(二) 会展行业管理的内容

1. 政策支持与引导

　　政府在会展行业管理中发挥着重要的政策支持和引导作用。第一，政府应制定和实施会展业发展政策，包括财政补贴、税收优惠、土地使用优惠等政策措施，为会展企业和

项目提供必要的支持;第二,政府应通过举办重大国际会展活动、建设会展基础设施等方式,为会展业的发展创造良好的外部环境和条件;第三,政府还应加强对会展业发展的研究和规划工作,为行业发展提供科学的指导和建议。

2. 行业规划与监管

行业协会作为政府与企业之间的桥梁和纽带,在会展行业管理中发挥着重要作用。行业协会应积极参与会展业的规划工作,根据市场需求和行业发展趋势制定科学合理的会展业发展规划。同时,行业协会还应加大对会展市场的监管力度,建立健全的市场准入和退出机制,规范会展活动的组织和运营行为,通过行业自律和监管相结合的方式,维护市场秩序和公平竞争环境。

3. 信息服务与交流合作

会展行业是一个信息密集型的行业,信息的获取和交流对于行业的发展至关重要。一方面,行业协会应充分利用自身优势资源,为会员企业提供全面的信息服务,包括国内外会展市场动态、政策法规信息、行业研究报告等;另一方面,行业协会应组织各种形式的交流活动,包括研讨会、论坛、培训班等,为会员企业提供学习、交流和合作的机会和平台,通过信息服务和交流合作相结合的方式,促进行业内部的资源共享和协同发展。

4. 人才培养与引进

人才是会展业发展的关键因素之一。政府和行业协会应共同关注会展人才的培养和引进工作。第一,政府应加大对会展教育的支持力度,鼓励高校开设会展相关专业和课程,培养具有专业知识和实践能力的会展人才;第二,行业协会应加大与企业的合作力度,共同开展会展人才的培训和实践工作,提高人才的综合素质和实战能力;第三,政府和行业协会应积极引进国内外优秀的会展人才和团队,为会展业的发展注入新的活力和动力。

5. 推动行业创新与发展

在快速变化的市场环境下,创新是会展业持续发展的关键所在。政府和行业协会应积极推动会展行业的创新与发展工作。一方面,政府应制定和实施鼓励创新的政策措施,为会展企业和项目提供必要的支持和保障;另一方面,行业协会应加强行业内部的创新氛围营造和交流合作力度,推动新技术、新模式、新业态在会展业的应用和发展,通过推动行业创新与发展相结合的方式,提升会展业的竞争力和影响力。

三、会展行业管理的模式与手段

(一) 会展行业管理模式

1. 政府主导型

在政府主导型管理模式下,政府是会展活动的主要推动者和管理者,政府通过制定政策、规划布局、提供资金支持和基础设施建设等方式,引导和促进会展行业的发展。这种模式在会展行业发展的初期阶段

他山之石(国外经验)

较为常见，有助于快速推动会展行业的规模扩张和品质提升。然而，随着会展市场的逐步成熟，政府主导型管理模式可能面临效率低下、资源浪费等问题。

2. 行业协会主导型

行业协会在会展行业管理中发挥着重要作用，负责制定行业标准、规范市场秩序、提供信息咨询和培训服务等工作。在行业协会主导型管理模式下，行业协会作为行业自律组织，对会展活动进行监督和指导，有助于维护行业利益和提高行业整体水平。然而，行业协会的权威性和执行力可能受到限制，需要政府和其他利益相关方的支持和配合。

3. 企业自主型

随着市场经济的深入发展和会展行业的不断成熟，企业自主型管理模式逐渐成为会展行业管理的主流。在这种模式下，会展企业作为市场主体，自主策划、组织和管理会展活动。企业根据市场需求和自身条件，制定会展策略、选择合作伙伴、进行宣传推广和现场管理等工作。企业自主型管理模式有助于激发市场活力，提高会展活动的针对性和实效性，但需要加强行业自律和监管，防止恶意竞争和资源浪费。

4. 综合管理模式

综合管理模式是结合政府、行业协会和企业等多方面力量，共同推动会展行业发展的模式。在这种模式下，政府提供政策支持和引导，行业协会负责行业自律和协调，企业作为市场主体自主经营和管理。综合管理模式有助于充分发挥各方面的优势，形成合力推动会展行业的持续发展，但需要明确各方的职责和权限，确保管理的高效和有序。

(二) 会展行业管理的手段

根据市场经济发展的需求和趋势，政府在会展业的管理中主要采取法律手段、经济手段以及公共财政政策来进行宏观调控。政府通过制定相关法律法规，确保会展业的健康发展，同时利用经济杠杆，如税收优惠、财政补贴等手段，引导会展业的有序发展。此外，政府还可以通过公共财政的支持，为会展业提供必要的基础设施和公共服务，以促进整个行业的繁荣。与此同时，会展行业协会在行业管理中扮演着至关重要的角色。行业协会主要通过协调各方利益、加强行业自律、提供专业服务以及积极参与市场竞争等手段，来推动会展业的健康发展。行业协会通过制定行业规范和标准，引导会员单位遵守行业规则，促进公平竞争。同时，行业协会还通过组织培训、提供信息咨询等服务，帮助会员单位提升专业水平和市场竞争力。近年来，我国政府部门和行业协会推出了一系列法规、政策和标准，具体内容扫描二维码可见。

微课十五

国家层面会展业制度　近年来国家层面的会展行业政策　近年来省(市)层面的会展行业政策

这些措施基本体现了以下三组手段。

1. 指导与监督

指导是一种通过协商和渐进的方式，明确指出发展的总体趋势和基本方向的管理方法。这种方式强调了管理过程中的开诚布公，使得决策过程更加透明和民主。在我国的会展行业管理活动中，指导这种管理方式得到了广泛应用。它在行业管理中体现了经济民主的政策导向，使得会展行业能够在更加开放和包容的环境中发展。

这种非发号施令式的管理方式不仅行之有效，也有助于企业实现利益最大化。通过指导，企业可以在更加宽松和自由的环境中发展，充分发挥自身的潜力和优势。同时，通过指导，企业可以更好地应对市场变化和竞争压力，提高竞争力和市场地位。指导作为一种管理方式，不仅在会展行业有着广泛的应用，也在其他行业和领域中具有重要的借鉴意义。

微 案 例

以敦煌市为例，政府依托"敦煌文博会"的品牌影响力和知名度，全面整合会展资源，优化会展环境，制定并印发了多项政策文件，如《敦煌市"两都"建设2024年工作要点》《关于加强冬春季招展引会工作的通知》等，明确将敦煌市打造成为"文创之都"和"会展之都"的目标。政府不仅提供政策支持，还通过举办各类展演推介活动，如《千手千眼》巡演、敦煌文化艺术展等，提高文博场馆利用率，吸引国内外参展商和观众，从而推动会展业的蓬勃发展。这一系列举措充分展示了政府在指导会展行业发展中的积极作用和成效。

监督作为一种重要的手段，对于实行行业管理和进行宏观调控具有不可或缺的作用，特别是在会展行业，实施全面而严格的监督措施，对确保会展产业能够有计划地协调发展具有至关重要的意义。通过这种监督，可以有效地提高会展企业的经济效益，确保会展行业的各企业、各部门能够贯彻执行党的方针政策，严格遵守国家的法律法规。这样一来，会展活动就能够在一个健康、有序的环境中顺利进行，从而为举办地带来良好的声誉。

监督还能够维护市场经济中的公平竞争秩序，促进会展企业不断改进经营，提高管理水平。当前，监督工作的重点之一是坚决制止并严厉查处会展知识产权的侵权和假冒行为。这不仅有助于保护知识产权所有者的合法权益，还能够为会展行业营造一个更加公正和诚信的市场环境。通过这些措施，会展行业将能够更好地服务于经济发展的大局，为社会创造更多的价值。

微 案 例

以上海市为例，政府通过推出会展业公共信息服务平台，有效加强了对会展活动的监督与管理。该平台引入了工商、公安、知识产权等多个部门的审核结果和诚信评估模块，对展会进行全面监管。对于需整改和不合格的展会，政府要求及时整改或叫停，并加大对这些展会及主办方在后续办展时的监管频次。这种创新的监管手段，不仅提高了会展活动的规范性和安全性，也为参展商和观众营造了更加公平、透明的市场环境，有力推动了会展行业的健康发展。

2. 协调与规范

所谓协调，就是通过协商而调整，争取达到认识的一致、政策的认同、操作的支持和实施的有效。会展业的协调活动是多层次和多部门的，核心则是部门协调。由于各个部门的侧重点和既定目标不尽相同，部门协调经常表现为利益上的妥协和力争。这种协调作为多方面、多部门的复合式协调，往往需要协调人从推动和发展会展业的战略目标出发，做出符合大局利益的决策。

微案例

四川省在会展业发展过程中，建立了促进会展业发展协调机制。这一机制旨在统筹协调会展业发展中的重大问题，促进各相关部门的协调配合和资源整合。通过这一机制，四川省成功推动了多个重大会展项目的实施和运营。例如，在某一年度举办的四川国际旅游博览会上，四川省政府协调了商务、公安、交通、旅游等多个部门共同参与会展活动的筹备和组织工作。各部门根据各自职责分工合作，确保了会展活动的顺利进行。同时，政府还积极引导社会资本投资兴办专业会展公司，鼓励新建、组建会展集团公司，进一步推动了当地会展业的发展。

规范工作的出发点是促进会展业的健康发展，落脚点是市场秩序，重点则是调整企业间、行政管理部门与企业间、市场主体与消费主体(即企业与消费者)间的关系。我国会展方面的法律和法规并不健全，虽然我国已经加快了会展立法的进程，但是法律制定程序的复杂性决定了一些重要的会展法律法规难以在短期内出台。因此，规范工作仍然是会展行业管理的一项十分重要的内容，政策规范手段仍然十分重要。运用法律、政策以及技术标准等手段进行会展市场的规范则是大势所趋。

微案例

为了进一步规范会展行业的秩序，确保会展市场的公平竞争和健康发展，宁波市政府根据《宁波市展览业管理暂行办法》的相关规定，特别设立了一套会展"黑名单"制度。这一制度将对那些在会展活动中存在违规操作和不正当竞争行为的办展企业进行严厉惩处。具体来说，一旦企业被发现有违反会展规定的行为，比如虚假宣传、欺诈参展商或观众、扰乱市场秩序等，相关部门将毫不犹豫地将其列入"黑名单"。被列入"黑名单"的企业将面临一系列严重的后果，包括但不限于被禁止参与未来一段时间内的所有会展活动，甚至可能被逐出会展市场。通过实施会展"黑名单"制度，宁波市政府不仅维护了会展市场的公平和公正，还确保了会展活动的有序进行。这不仅为参展商和观众提供了一个更加安全和可靠的会展环境，还为整个会展行业树立了良好的形象，促进了会展业的长期健康发展。

3. 审批与认定

审批过程是最能彰显政府行为特征的一种手段。在当前阶段，我国政府对会展业采取了分类管理和分级管理的双重管理策略。具体来说，国家对外经济贸易部、中国贸促会、国家科学技术委员会等相关部门拥有审批各自职责范围内展览活动的权力，同时各省市也具备了对当地展览会进行审批的权限。为了进一步规范在中国境内举办的会展活动，我国政府对举办涉及外商投资、技术交流以及文化艺术交流展览会的境内主办单位资格进行了更为严格的审核和认定程序。

　　根据我国行政审批管理体制改革的总体方向以及《中华人民共和国行政许可法》所体现的精神和具体要求，行政审批在会展行业管理中的应用范围应当受到严格的限制。政府的目标是逐步减少行政审批环节，直至最终彻底取消这些环节。然而，由于我国目前在相关配套制度、机制和法规方面还存在不足，缺乏对展会活动的事后监督机制，在某些地区取消审批制度后，出现了重复办展、多头办展以及恶性竞争加剧的混乱局面。因此，在当前阶段，审批与认定作为会展行业管理的有效手段，仍将在一定时期和范围内继续存在，以确保会展活动的有序进行和行业的健康发展。

资料卡

　　商务部服务贸易和商贸服务业司是全国会展行业的主管部门，负责会展业促进及管理工作，仅保留展会冠名"中国""中华"及"全国"的审批。

　　中国国际贸易促进委员会作为全国性对外贸易投资促进机构，根据国务院授权，审批和管理各地区、各单位出国举办经贸展览会。

　　各省、市会展业管理工作主要由地方商务局负责，部分省、市在国家和地区相关主管部门的领导下成立省、市级会展办公室、博览局或会展行业协会，共同统筹规划、指导和协调地方会展业发展。

　　中国会展经济研究会作为商务部主管的学术性、全国性的非营利性社团组织，主要组织会展研究人员参与会展政策、会展发展规划及有关法律、法规的制定，为各级决策部门提出合理化建议。

做一做

　　扫描二维码"国家层面会展业制度"(见193页)，用Z(指导)、J(监督)、X(协调)、G(规范)、S(审批)、R(认定)字母标识各法规的会展行业管理的手段。

任务二　熟识会展行业组织

■ 一、国际会展行业管理组织

(一) 国际展览业协会(UFI)

　　国际展览业协会(Union of International Fairs，UFI)是世界博览业最具代表性的协会，也是展览业界唯一的全球化组织。国际展览业协会前身为"国际博览会联盟"，2003年10月改为现名。该组织于1925年4月15日在意大利米兰成立，总部现设在法国巴黎。

　　经过近百年的发展，国际展览业协会(UFI)现已在全球拥有数百家会员组织，其中包括组展机构(主办)、会展场馆、会展服务机构、会展协会和会展媒体等。会展机构都以加入国际展览业协会(UFI)为荣。

(二) 国际大会及会议协会(ICCA)

国际大会及会议协会(International Congress & Convention Association，ICCA)，创建于1963年，总部位于阿姆斯特丹，是全球国际会议最主要的机构组织之一，是全球化组织，包括会议的操作执行、运输及住宿等各相关方面的会议专业组织。

ICCA在全球拥有80个成员国家，其首要目标是通过对实际操作方法的评估，促使旅游业大量地融入日益增长的国际会议市场，同时为企业对相关市场的经营管理提供信息。作为会议产业的领导组织，ICCA为所有会员提供最优质的组织服务，为所有会员间的信息交流提供便利，为所有会员最大限度地发展提供商业机会，并根据客户的期望值提高专业水准。我国有不少会展企业加入了ICCA。

(三) 电气电子工程师学会(IEEE)

电气电子工程师学会(Institute of Electrical and Electronics Engineers，IEEE)的前身是美国电气工程师协会(American Institute of Electrical Engineers，AIEE)和无线电工程师协会(Institute of Radio Engineers，IRE)。AIEE于1884年在纽约州成立。1963年1月1日，拥有150 000名会员的IEEE协会诞生。IEEE每年在全球84个国家举办超过1 900场会议，会议是IEEE会员参与活动的重要形式，丰富和满足会员生活，同时，会议论文和会议收入也成为IEEE数据库文献和财务盈余的重要来源。近十几年来，IEEE会议在中国发展迅速，仅2021年，IEEE批准在中国的会议达到261个，中国也成为除美国本土外的第一大IEEE会议举办地。

(四) 国际展览与项目协会(IAEE)

国际展览与项目协会(International Association of Exhibitions and Events)成立于1928年，代表了展销会、博览会组织者的利益，是全球会展行业协会的旗帜，汇聚了来自58个国家的将近7 000人和1 400多个组织/机构/企业，致力于拉近买方与卖方的距离，提供渠道、促成合作。

IAEE分别在北京、布鲁塞尔、新加坡和达拉斯设有办事处，总部设于美国达拉斯。该协会与UFI在国际展览界均享有盛誉，都被认为是关于国际展览业重要的行业协作组织，两者现已结成全球战略伙伴，共同促进国际会展业的发展与繁荣。在中国，IAEE与中国国际贸易促进委员会通力合作提出的注册展览管理专家认证(Certified in Exhibition Management，CEM)影响力较大，曾先后有300多个国内会展业的专业机构获得CEM称号。

(五) 国际会议中心协会(AIPC)

1958年，国际会议中心协会(International Association of Convention Centres，AIPC)成立于比利时布鲁塞尔，是全世界会展中心管理者的行业协会，致力于为国际会议和会展场所提供优质服务，同时通过研究、教育培训和关系网络为会员单位提高管理水平和服务质量提供支撑。

AIPC在代表各类会议行业的组织中拥有举足轻重的地位。这是一个务实的国际组织，代表来自60个会员国家的利益。该协会尤其关注会展中心的问题解决、商机和挑战，致力于促进多元化国际会务产业的合作，不断提升会员场馆的运营水平和专业能力，促进全球会展业的健康、可持续发展。

(六) 国际展览局(BIE)

国际展览局(英语：International Exhibitions Bureau；法语：Bureau International des Expositions，BIE)。负责协调管理世界博览会的国际组织就是国际展览局。国际展览局的宗旨是通过协调和举办世界博览会，促进世界各国经济、文化和科学技术的交流和发展。

国际展览局成立于1928年，总部设在法国巴黎，国际展览局的常务办事机构为秘书处，秘书长为该处的最高领导，其章程为《国际展览公约》。该公约由31个国家和政府代表于1928年在巴黎签署，分别于1948年、1966年、1972年以及1988年5月31日做过修正。

任何国家都可以参加世博会，但是只有作为国际展览局的成员国，才能申请举办世博会。作为BIE的成员国，在决定世界博览会承办国家时有投票权。鉴于世界博览会在国际中的影响日益增大，许多国家决定申请加入BIE，以便在今后与主办国间的政治、经济交往中有协商的优势。

(七) 国际会议中心协会(IACC)

国际会议中心协会(International Association of Conference Centers，IACC)是一个致力于推动全球会议中心及会展业发展的非营利性组织。IACC成立于2005年，其宗旨是促进全球会议中心的合作与交流，提高会展行业的整体水平，为会员提供最佳的利益和价值。IACC的主要职能包括制定行业标准、推广最佳实践、提供培训和资源共享等。作为全球会展业的领军组织，IACC的重要性不言而喻。首先，它为会员提供了宝贵的合作机会，促进了行业内的交流与共享。其次，IACC通过制定行业标准，提高了会展行业的整体水平和信誉。此外，IACC提供的培训和资源共享服务，帮助会员不断提升自身实力，适应行业竞争。IACC作为全球会议中心和会展场馆的协会，对推动全球会展业的发展起到了重要作用。

二、国内会展行业管理组织

(一) 商务部

商务部是国家政府的重要部门，负责制定和实施国家的对外贸易政策，促进国际贸易和投资的发展。商务厅是地方政府的部门，负责本地区的对外贸易和投资的促进工作，负责制定并实施本地区的对外贸易政策，推动国际贸易的发展。而商务局是隶属于商务厅的机构，通常负责具体的对外贸易和投资的推进工作，负责具体的贸易促进活动、招商引资和海外市场拓展等工作。

会展业是一个涉及商务部、商务厅和商务局的重要领域。商务部负责制定会展业发展的总体政策和规划，促进会展业的国际化和专业化。商务厅负责具体地区会展业的发展和促进工作，制定本地区的会展业政策和规划。商务局负责具体的会展活动的组织和推广工作，协调各方资源，促进会展业的发展。

过去经常见到诸如会展办、博览局、博览事务局，现在已经基本被并入各市商务局、各省商务厅，目的就是要更好地发挥各组织的作用。商务部还有另外一重身份，是广交会琶洲展馆、天津国家会展中心、上海国家会展中心这些国家级大展馆的直管部门。

做一做

商务部服贸司、各省商务厅、各市商务局跟会展业具体有什么关系？

(二) 中国贸促会

中国贸促会全称中国国际贸易促进委员会(China Council for the Promotion of International Trade，CCPIT，简称中国贸促会)成立于1952年，总部位于首都北京，是全国性对外贸易投资促进机构。中国贸促会在全国各地设有17个行业分会，48个地方分会、600多个支会和县级国际商会，拥有全国会员企业近7万家。

中国贸促会的主要职责包括以下几项：接待境外高层次经贸代表团来访，组织中国经贸代表团出访；管理全国出国举办经贸展览会，负责中国参加国际展览局和世界博览会事务；举办和组织企业参加经贸展览会、论坛、洽谈会及有关国际会议等，搭建中外企业之间的合作平台，积极开展各类经贸交流活动，包括会展、洽谈、推介、培训等，为中国企业扩大国际市场提供服务和支持。中国贸促会还与众多国际组织、机构和商业协会建立了广泛的联系，促进国际的经济技术交流合作，推动着中国经济的转型升级。

资料卡

中国贸促会与中国会展

资深贸促人士、浙江省贸促会会务部原部长、展览部原部长、浙江省国际会议展览业协会副会长李保尔先生曾经谈及中国贸促会与中国会展业的渊源：

"在周恩来总理亲自关心下，1952年5月4日在北京兴盛胡同招待所，中国贸促会开会成立……从此，中国贸促会成为新中国成立后唯一专职出国展览的主办机构，展览成为贸促会的一项主要任务，为打破西方封锁，实现贸易畅通，担负起以经促政、以民促官特殊使命做出了独特贡献。"

"自1951年到20世纪70年代末，中国贸促会承担了我国几乎所有的出国展览任务，共赴104个国家举办了313个出国展览，这些展览均以新中国的建设成就为主要内容，发挥了独特的历史作用。"

"1956年11月，中国贸促会在广州主办了为期两个月的'中国出口商品展览会'，这是广交会的预演。1957年4月25日，由中国贸促会主办的第一届中国出口商品交易会(简称广交会)在广州拉开帷幕，成为新中国冲破西方经济封锁与政治孤立、打开通向世界大门的重要窗口。"

(三) 中国会展经济研究会

中国会展经济研究会(China Convention/Exhibition/Event Society，CCEES)经国家民政部报国务院批准，于2006年2月18日正式宣布成立，是由从事或热心会展经济研究和教学的专家、学者以及会展相关行业工作者和团体自愿组织的学术性、全国性的非营利性社团组织。中国会展经济研究会紧密联系中国会展经济的实际，聚集各方面的人才和力量，共同为促进中国会展经济的发展贡献力量。

中国会展经济研究会的主要职责包括以下几项：推动、管理、监督全国会展行业的发展；加强与相关政府部门的合作与沟通；组织和承办国内外的会展活动；开展会展市场调研和信息发布；提供会展服务和咨询等。研究会下设多个专业委员会，如会展发展委员会、会展市场委员会、国际会展交流委员会等，负责不同领域的研究和工作。CCEES还与国内外的会展组织、学术机构、企业等建立了广泛的合作关系，开展国际的学术交流与合作。

(四) 中国展览馆协会

中国展览馆协会于1984年6月在国家民政部登记注册成立，是国家AAA级协会，也是国际展览业协会(UFI)的国家级会员。业务主管单位是国务院国有资产监督管理委员会。

中国展览馆协会主要由展览主办机构、展览场馆、展览中心、展览工程公司、展览运输公司、展览媒体、高等院校、展览科研机构，以及与展览行业相关的且具有法人资格的企事业单位自愿参加组成。会员单位业务范围涵盖了整个会展产业链的各个环节。

为顺应我国展览业快速发展的形势，应对国际展览界的竞争与合作，根据业界的普遍意见，经国务院国资委和民政部批准，中国展览馆协会内设组展专业委员会、展览工程专业委员会、展览理论研究委员会、展示陈列专业委员会。

做一做

搜索以上会展行业组织网站，了解其职能和最新动态。

任务三 ▶ 掌握会展相关政策法规

■ 一、国家层面的会展政策与法规概览

1. 会展业发展规划与战略导向

自"十一五"规划以来，国家高度重视会展业的发展，将其视为提升国家竞争力、促进经济转型升级的重要抓手。多部委联合或单独发布了多项政策文件，聚焦在进出口及国际贸易展会领域，旨在通过会展平台促进国内外经贸交流与合作，提升中国产品的国际知名度和竞争力。中国会展行业政策历程如图8-1所示。例如，"十三五"时期发布的《关于加快内外贸一体化发展的若干措施》明确提出，要发挥好中国国际进口博览会、中国进出口商品交易会、中国国际服务贸易交易会等展会的作用，推动国内外贸高效畅通，促进国内国际双循环。

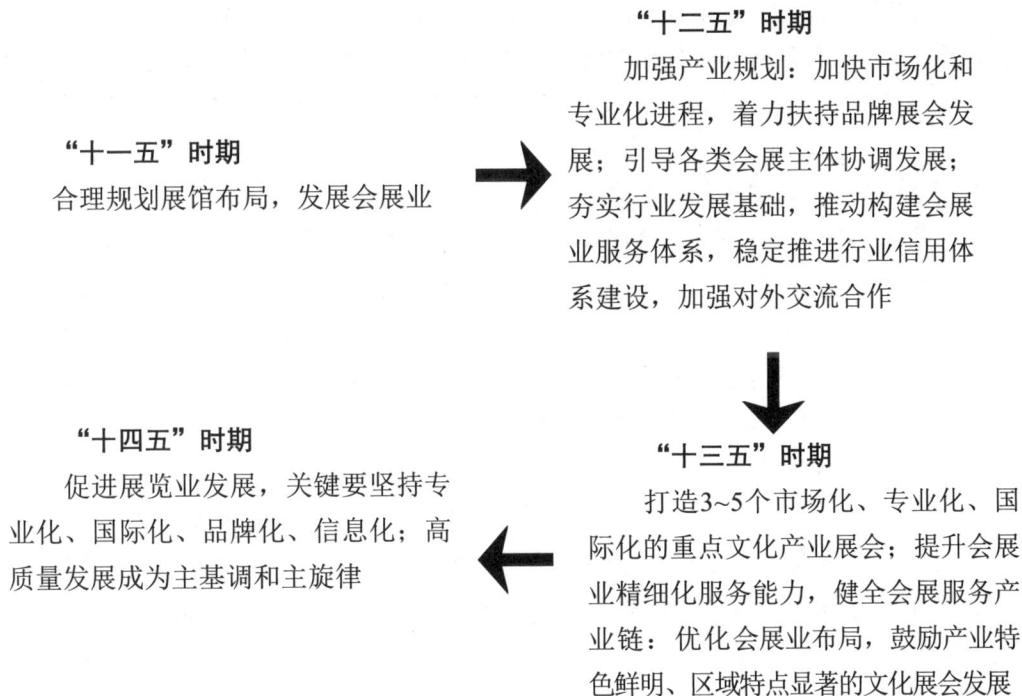

"十二五"时期

加强产业规划：加快市场化和专业化进程，着力扶持品牌展会发展；引导各类会展主体协调发展；夯实行业发展基础，推动构建会展业服务体系，稳定推进行业信用体系建设，加强对外交流合作

"十一五"时期

合理规划展馆布局，发展会展业

"十四五"时期

促进展览业发展，关键要坚持专业化、国际化、品牌化、信息化；高质量发展成为主基调和主旋律

"十三五"时期

打造3~5个市场化、专业化、国际化的重点文化产业展会；提升会展业精细化服务能力，健全会展服务产业链；优化会展业布局，鼓励产业特色鲜明、区域特点显著的文化展会发展

图8-1 中国会展行业政策历程

2. 扶持政策的多元化与精准化

为了促进会展业的快速发展，国家出台了一系列扶持政策，涵盖了税收优惠、财政补贴、金融支持等多个方面。这些政策旨在减轻会展企业的运营负担，提高其市场竞争力，同时鼓励会展业与文旅、科技、商贸等相关产业融合发展，推动会展产业链的延伸和价值

链的提升。例如，对符合条件的会展项目给予资金补贴，对会展企业的创新活动给予税收减免，对会展业的融资需求提供金融支持等。

3. 市场准入与监管的规范化

为了确保会展市场的公平竞争和有序发展，国家制定了严格的市场准入条件和监管政策。一方面，设定了会展经营者的资质要求，包括注册资本、经营范围、专业人员配备等，以确保会展企业的专业性和服务质量；另一方面，加大对会展活动的监管力度，建立了完善的监管体系，包括会展活动的审批、备案、检查、处罚等环节，以确保会展活动的合法合规和安全有序。

二、地方层面的会展政策与法规实践

1. 会展业发展规划的本地化与特色化

各地方政府及相关部门根据自身的经济发展情况和会展资源优势，密集出台了会展业相关发展规划。这些规划不仅明确了会展业的发展目标、空间布局、重点项目等，还注重与本地产业的深度融合和特色化发展。例如，广东省提出利用会展业优势资源，推动会展业与文旅产业深度融合发展；上海市则注重提升会展业的国际化水平，打造国际会展之都。

2. 会展活动审批与管理的精细化

地方政府在会展活动审批与管理方面进行了精细化探索。一方面，设立了会展活动审批及备案制度，要求会展主办单位在举办展会前向相关部门提交申请，经过严格的审批程序后方可举办。审批内容涵盖了主办单位资质、展会主题、规模、时间、地点、安全保障措施等多个方面。另一方面，加强了对会展活动的现场管理，建立了完善的应急预案和处置机制，确保观众的安全和会展活动的顺利进行。

3. 会展场馆管理规定的标准化与人性化

地方政府还制定了会展场馆管理规定，对场馆的设施维护、安全管理、卫生环境等方面提出了明确要求。这些规定不仅确保了会展场馆的设施完好和安全可靠，还注重提升场馆的服务质量和观众体验。例如，要求会展场馆定期检查和维护场馆设施，保持良好的卫生环境；建立健全的安全管理制度和应急预案；提供便捷的交通和餐饮服务等。

4. 扶持政策的创新与实施

各地政府根据实际情况制定了具体的会展业扶持政策，并注重政策的创新和实施效果。例如，北京市对搭建中小微企业经贸交流平台的展会项目给予一定资金支持，以降低企业的参展成本；上海市加大对会展行业的信贷支持，帮助企业缓解资金压力；深圳市制定会展业发展三年行动规划，明确未来三年的发展目标和重点任务等。这些政策的实施有效促进了会展业的快速发展和产业升级。

三、行业规范与标准的建立与完善

1. 会展行业标准体系的构建

为了规范会展行业的操作流程和服务质量，行业协会、标准化组织等制定了系列会展行业标准和规范。这些标准和规范涵盖了会展项目的策划、执行、评估等各个环节，为会展企业提供了可操作的指导和依据。例如，中国会展经济研究会等机构发布了多项会展行业标准和规范，包括会展服务标准、会展安全管理规范、会展知识产权保护指南等。

微课十六

2. 知识产权保护政策的强化

在会展活动中，知识产权保护是一个重要环节。为了保障参展商和观众的合法权益，国家及地方政府加强了会展知识产权保护政策的制定和实施。一方面，完善了知识产权法律法规体系，明确了会展活动中知识产权的保护范围、侵权行为的认定和处罚措施等；另一方面，加大了知识产权执法力度，建立了快速响应和处置机制，及时打击和处理知识产权侵权行为。

3. 行业协会的自律与引导

行业协会在会展业发展中发挥着重要作用。它们不仅制定行业标准和规范，还加强行业自律和信用建设，引导会员规范经营、诚信服务。同时，行业协会还积极开展市场研究、人才培训和评价评估等工作，为会展企业提供全方位的服务和支持。例如，中国会展经济研究会等机构定期发布会展行业报告和数据，为政府和企业提供决策参考；举办各类培训班和研讨会，提高会展从业人员的专业素质和技能水平。

四、会展政策与法规对行业发展的影响

1. 推动会展业规范化发展

会展政策与法规的制定和实施推动了会展业的规范化发展。通过明确会展活动的组织原则、审批流程、安全规范等要求，有效遏制了会展市场中的乱象和违法违规行为。同时，行业标准和规范的建立也为会展企业提供了可操作的指导和依据，提高了会展项目的专业性和服务质量。

2. 提升会展业竞争力

会展政策的扶持与法规的引导提升了会展业的竞争力。通过税收优惠、财政补贴、金融支持等政策措施，降低了会展企业的运营成本和市场风险，提高了企业的市场竞争力和创新能力。同时，会展业与文旅、科技、商贸等相关产业的融合，拓展了会展业的发展空间和市场前景。

3. 促进地方经济发展

会展业作为经济发展的"晴雨表"和助推器，对地方经济的增长和转型具有重要意义。会展政策与法规的制定和实施促进了会展业的快速发展和产业升级，带动了相关产业

和区域经济的整体提升。例如，通过举办大型展会和活动，可以吸引大量的参展商和观众前来参观和交流，促进商品流通和技术交流，同时还可以提升城市的知名度和美誉度，吸引更多的投资和人才流入。

4. 加强国际交流与合作

随着全球化的深入发展，会展业的国际化水平不断提升，会展政策与法规的制定和实施加强了国际交流与合作，推动了会展业的国际化发展。例如，政府支持会展企业"走出去"和"引进来"，加强与国际组织和知名会展企业的合作与交流，同时还鼓励会展项目与国际标准接轨，提高会展项目的国际化水平和影响力。

随着全球经济的不断融合以及数字化、智能化技术的广泛应用，会展业将面临更多的机遇和挑战。一方面，会展业将继续保持快速增长的态势，成为推动经济发展的重要力量；另一方面，会展业将面临市场竞争加剧、技术创新不足、人才短缺等问题和挑战。因此，政府、企业和社会各界需要共同努力，加大政策引导和支持力度，推动会展业的创新发展和转型升级。

具体而言，政府应继续完善会展政策与法规体系，为会展业的发展提供坚实的法律保障，同时还应加强与国际组织和知名会展企业的合作与交流，推动会展业的国际化发展。企业应积极适应市场变化和技术创新的要求，加强自主研发和创新能力建设，并重视人才的培养和引进工作，提高从业人员的专业素质和技能水平。社会各界应加大对会展业的关注和支持力度，为会展业的发展营造良好的社会氛围和舆论环境。

总之，会展政策与法规是保障会展业健康、有序发展的重要法律框架和基石。通过制定和实施完善的会展政策与法规体系以及加强行业自律和引导等措施，可以推动会展业的规范化、专业化、国际化发展，促进地方经济的增长和转型，加强国际交流与合作，并为未来的可持续发展奠定坚实的基础。

做一做

请列表梳理你所在省、市会展政策法规和行业协会情况。

知识检测

扫码做题

实战训练

1. 请收集违背会展行业管理规定的会展项目案例，分析问题原因并提出解决对策。

2. 请选择某一城市为对象，调查研究该城市的会展业管理现状。

📖 岗课赛 证 融通

行业协会颁发的职业证书，是特定行业内对从业人员专业能力和职业素养的权威认可。以会展行业为例，这类证书通常由具有影响力的会展行业协会或机构颁发，旨在提升行业整体水平，规范从业行为。

会展职业证书分会展业职业经理人(CCEM)证书和会展职业经理人(CEPM)证书。

1. 会展业职业经理人(CCEM)证书

2007年5月23日中国商业联合会发布了《会展业职业经理人》协会标准(CGCC/Z 0003—2007)，于2007年6月15日实施。此外，根据国家标准化管理委员会《关于下达2007年第五批国家标准制修订计划的通知》(国标委综合〔2007〕100号)，由中国商业联合会提出的《会展业职业经理人执业资格条件》作为推荐性国家标准已纳入2007年第五批国家标准制修订计划(计划编号为20076489-T-322)，并成为我国会展行业唯一批准立项的国家标准。

职业名称：会展业职业经理人(certified convention and exhibition professional Manager, CCEM)

职业代码：1-05-01-02

职业分类：专业技术管理人员

职业定义：运用系统的现代企业管理知识和技能，专门从事会议、展览及相关活动的策划、组织、运营等相关经营管理工作并以此为职业的管理人员。

主管单位：国务院国有资产监督管理委员会

主办单位：中国商业联合会

认定单位：中国商业联合会商业职业技能鉴定指导中心

颁证单位：中国商业联合会

　　　　　人力资源和社会保障部专业技术人员管理司

　　　　　中国企业联合会现代管理领域知识更新工程办公室

2. 会展职业经理人(CEPM)证书

职业名称：会展职业经理人(qualifications for convention and exhibition professional manager, CEPM)职业定义：运用系统的现代管理知识和技能，专门从事会议、展览及相关活动的策划、组织、运营等相关经营管理工作并以此为职业的管理人员。

认定单位：CCPITCSC、中国国际贸易促进委员会商业行业分会、中国国际商会商业

行业商会

　　参考标准：《会展职业经理人资质条件》(T/CCPITCSC005—2017)

　　等级划分：初级会展职业经理人、中级会展职业经理人、高级会展职业经理人

　　证书颁发：证书由中国国际贸易促进委员会商业行业分会和中国国际商会商业行业分会联合用印

项目九
数字化会展

知识目标：了解会展数字化概念和表现；熟练应用在线会展服务平台作为学习工具；了解会展数字化挑战和对策；掌握会展数字化路径。

能力目标：能够收集和评估第三方数字会展方案；能够分析会展数字化案例；能够利用相关数字平台了解行业发展。

素质目标：与时俱进、不断创新；探索、发现、成长。

引导案例

近年部分省市会展数字化政策

1. 北京市——提升场馆数字化水平

北京市发展和改革委员会《关于促进本市会展业高质量发展的若干措施》提到："支持现有场馆进行智慧化改造升级，完善5G分布系统建设，实现5G全覆盖，拓宽联网带宽，满足大流量、5G+8K线上线下同步办展需求。支持场馆建设智慧管理平台，实现运营、设备、财务、安保、人员、能源等一体化管理，提升场馆运营效率。支持在建和新建场馆在规划、建设和运营中，布局新一代信息技术基础设施，运用物联网、人工智能、数字孪生(BIM技术)等信息技术，打造数字化、智能化场馆。"

2. 上海市——打造展览场馆新优势

上海市商务委员会关于印发《上海市推动会展经济高质量发展 打造国际会展之都三年行动方案(2023—2025年)》的通知提到："充分发挥国家会展中心(上海)、新国际博览中心、世博展览馆等展览场馆的特色优势，支持展览场馆加强合作，在档期信息共享、行业联合推广等方面建立合作机制。鼓励展览场馆大力推进智慧场馆建设，通过数字化手段整合资源，提高展会技术水平、服务功能和风险防范能力。积极研究优化展览场馆布局，进一步提升展览场馆承接大型展会的能力。"

3. 天津市——推动会展产业创新发展

《天津市推动会展业发展三年行动方案(2022—2024年)》提到："促进会展产业技术创新，培育展览业发展新动能。支持会展场馆持续推进设施设备改造提升和智慧场馆建设，提高场馆技术服务功能。鼓励企业开发会展大数据服务平台，研发符合不同类型展会需求的网络精准预约、注册认证、会议服务等系统，在保障数据安全的前提下，促进展会延伸数据服务。发展智能会展，加快公共数据资源开放利用，实现数据赋能会展安全、防疫服务，推动传统会展项目数字化转型，支持线上线下会展融合发展。发展绿色会展，倡导节能、环保、低碳办展，鼓励会展设计、搭建等企业利用新工艺新技术和可循环利用材料，推广绿色展台搭建，提升绿色办展水平。"

4. 重庆市——加快会展业绿色数字化转型

《重庆市推动会展业高质量发展若干工作措施(征求意见稿)》提到："探索制定重庆市绿色会展评价机制，鼓励在各类展会活动中设立绿色低碳主题展区，打造高水平、高标准、高层次的绿色投资贸易促进平台。推进悦来会展城、重庆国际会议展览中心等现有场馆绿色数字化迭代升级，建立绿色设计、绿色装修、绿色运输等'绿色+'数字展厅、数字服务和营销管理、数字公共平台'数字+'会展供应链体系。积极引进申办国际国内知名绿色低碳和数字经济展会论坛活动。"

5. 广东省——鼓励会展模式创新、推进绿色生态会展

《广东省推动会展业高质量发展的若干措施》提到："运用5G、VR/AR、大数据等现代信息技术手段，积极打造线上展会平台，开展云推广、云对接、云洽谈、云签约等活动，推进展会业态创新。推动传统展会项目数字化转型，促进展会线上线下融合发展，不断创新会展业发展模式。组织宣传推广广东省会展模式创新案例，发挥线上展会龙头企业和品牌线上展会的示范和带动作用。"

6. 江西省——引导会展业智能化发展

《江西省会展业"十四五"发展规划》提到："充分结合江西省在虚拟现实、移动物联网等领域取得的先发优势，运用5G、VR/AR、大数据等现代信息技术，打造线上展会新平台，举办'云展览'，开展'云展示''云对接''云洽谈''云签约'，提升展示、宣传、洽谈等方面的效果。促进线上线下办展融合发展，推动传统展会项目数字化转型，整合展会资源，打造网络展会集群。加大互联网平台和数字化技术应用，提供线上注册、电子签到、在线展示等一站式智慧化服务，优化参展商和专业观众的线上线下参展体验，提高展会供需双方交易合作匹配度，提升展会实效。""鼓励会展设计、组展、搭建、场馆运营等相关企业应用3D打印、多点互动触摸、全息投影、裸眼3D、AR／VR、AI智能互动等新工艺新技术。推动会展场馆设施智能化改造，应用楼宇自动化系统对会展设施场馆进行信息化和智能化管理，实现场馆人流管理、安全管控等服务动态化、智能化、信息化。鼓励运用三维建模打造VR线上展馆，搭建'微展厅'，构建会展产品线上发布平台。""推动智慧会展与智慧城市建设的对接，破除数据壁垒和信息孤岛，实现与交通、公安、市场监管、卫健等相关职能部门的信息共享和对展会展位布置、人群分布、

配套需求的动态监测。进一步优化会展申办流程，推进涉企会展服务在政务大厅窗口统一受理，逐步实现在'赣服通'一站式办理。"

7. 湖南省——支持专业会展场馆功能升级，提升会展场馆服务效能

《湖南省推动会展业高质量发展的若干措施》指出："支持专业会展场馆开展服务标准化试点，提升会展场馆服务水平。鼓励会展场馆通过品牌输出、管理输出、资本输出等形式提高运营效益。支持现有专业会展场馆运用现代信息技术进行智能化改造，建设智慧场馆，优化场馆服务功能，提升参展观展舒适度。会展场馆智能化改造项目(不含场馆基础设施建设，不包括办公条件、娱乐设施等改造项目)完成后，按照不超过项目投入费用的30%给予一次性补助，补助金额最高不超过100万元。""引导会展企业运用现代信息技术，开展服务创新、管理创新、市场创新和商业模式创新，发展新兴会展业态。支持办展主体在注册登记、审核认证、预约观展、商务服务、线上商城、交易统计等会展服务方面积极应用5G、大数据、云计算、人工智能、物联网等数字'新基建'技术，提升全流程会展服务能力，形成线上线下有机融合的办展新模式。"

> **敲黑板 划重点**
>
> 新技术的发展为会展业带来了前所未有的机遇，数字化会展应运而生，成为行业转型升级的关键。数字化会展通过运用大数据、云计算、人工智能、虚拟现实等前沿技术，不仅打破了传统会展的时空限制，还极大地提升了展览效率与观众体验。参展商与观众可以随时随地参与线上展会，实现远程交流、互动体验与在线交易，极大地降低了成本，拓宽了市场边界。数字化会展以其高效、便捷、低成本的优势，正成为会展业发展的新趋势，引领行业迈向智能化、精准化运营的新阶段。

知识精讲

任务一 认识会展数字化

一、会展数字化的概念

会展数字化，简而言之，是指利用现代信息技术，特别是互联网、大数据、云计算、人工智能、虚拟现实(VR)、增强现实(AR)等前沿技术，对会展活动的各个环节进行数字化改造和升级的过程。这一过程涵盖了会展的策划、组织、宣传、展示、交流、交易及后续服务等全链条，旨在通过数字化手段提升会展的效率、扩大影响力、增强互动性，并创造新的价值。

会展数字化是一个涉及多个方面的综合概念，它不仅包括会展活动的线上化，还涵盖了会展各个环节的数字化转型。具体来说，会展数字化包括但不限于以下几个方面。

(1) 数字会展平台的构建是会展数字化的核心。通过线上会展平台，可以实现展品的数字化展示、在线交流、虚拟参观等功能，从而打破地域和时间的限制。观众可以在任何

时间、任何地点通过互联网访问会展平台，浏览展品信息，与参展商进行实时交流，甚至通过虚拟现实技术进行沉浸式的参观体验。

(2) 展台展位的数字化也是会展数字化的重要组成部分。参展方可以利用多媒体技术、触摸屏、VR/AR等先进技术手段，可以显著提升展台的互动性和展示效果。观众可以通过触摸屏了解展品的详细信息，通过VR/AR技术获得身临其境的体验，从而更加深入地了解产品和服务。

(3) 会展管理的数字化也是会展数字化的重要方面。通过运用信息化手段，可以优化会展管理流程，如在线报名、票务管理、数据分析等。这些数字化手段可以大大提高管理效率，减少人力物力的投入，同时提高决策的科学性。例如，通过在线报名系统，可以快速完成参会者的注册和票务分配，大大节省了时间和成本。

(4) 会展营销的数字化也是会展数字化的重要组成部分。参展方可以利用社交媒体、大数据分析等工具，可以进行精准营销和个性化推广，从而提升会展的知名度和参与度。通过社交媒体平台，可以将会展信息迅速传播给目标受众，吸引更多的观众参与会展活动。

(5) 会展服务的数字化是会展数字化的重要专业力量。展会服务的数字化正深刻改变着会展行业的运作模式，极大地提升了效率与用户体验。这一变革主要体现在展会门户网站、App、小程序和第三方数字会展方案提供者两大方面。展会门户网站作为会展信息的核心发布平台，集成了展会预告、参展商名录、展位布局、观众报名、电子票务、住宿预订等功能，为参展商和观众提供了一站式服务。这些网站利用先进的互联网技术，确保信息的实时更新与精准推送，有效促进了展会信息的广泛传播与互动。同时，展会App和小程序的出现，进一步打破了时间与空间的限制。用户可以随时随地通过手机查看展会详情、预约参观、参与互动活动，极大地提升了参与便捷性。这些应用还集成了地图导航、展品搜索、在线交流等功能，为参展各方提供了更加丰富的参展体验。第三方数字会展方案提供者为展会主办方、参展商、采购商和搭建商等核心主体提供了一站式数字化解决方案。这些方案通过线上平台和智能化设备，实现了会展流程的全数字化管理，包括展位划分与预订、展品信息管理、观众报名与签到等各个环节。此外，通过大数据和智能化技术，这些方案还能实现精准营销和个性化推荐，为参展各方提供更加精准高效的服务。

资 料 卡

　　会展门户网站：中国贸促会展览公共服务网、E展网、会展管家、去展网、展大人、外展网等

　　App：会展管家

　　小程序：展大人

　　数字化服务商：31会议、上海汇展信息科技有限公司(EXPOTEC)、微会动(其数字信息化服务全景见图9-1)。

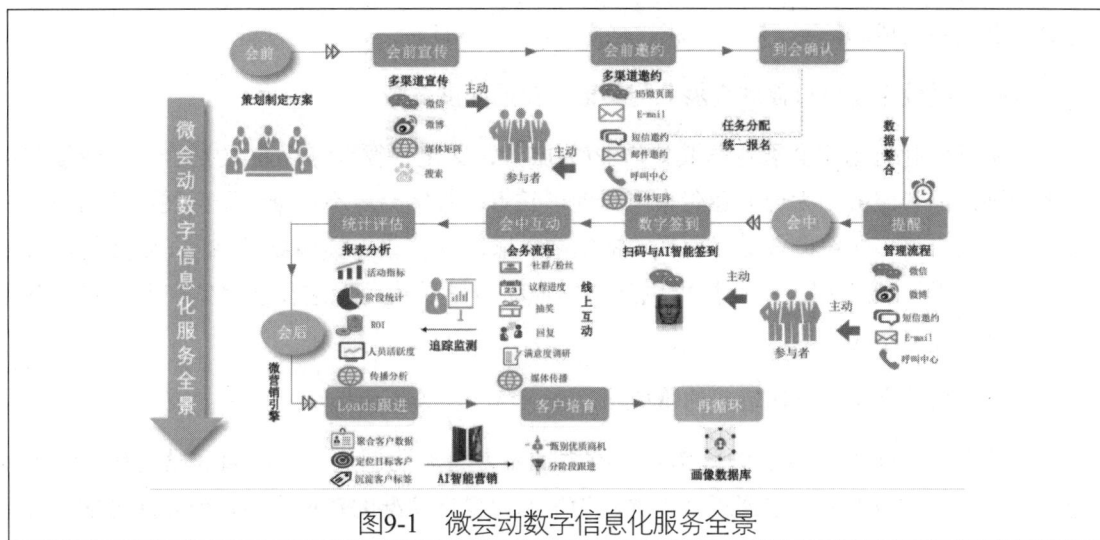

图9-1　微会动数字信息化服务全景

做一做

　　上述会展服务平台和企业的产品与服务为产业发展赋能，同时能够助力我们学习会展专业知识与技能，如在"展大人"小程序上可以查询全国展馆、展会信息，请大家在这些平台上学习吧，看看有什么新发现！

二、会展数字化的意义

(一) 会展数字化的实施可以显著提升会展的整体效率

　　通过采用数字化手段，会展的筹备和运营流程得以简化，从而减少了大量的人力和物力投入。与此同时，信息传递和处理的效率也得到了显著提高。举例来说，利用在线报名和票务系统，可以迅速完成参会者的注册和票务分配工作，不仅大大节省了时间和成本，还提高了整个会展的运作效率。

微课十七

(二) 会展数字化的推进可以有效扩大会展的影响力

　　借助数字会展平台，会展活动能够突破传统的地域限制，吸引更多的观众参与。这样一来，会展的覆盖范围和影响力得到了显著扩大。此外，通过社交媒体和其他网络渠道的广泛传播，会展的知名度和品牌形象也得到了进一步的提升，从而吸引了更多的潜在客户和合作伙伴。

(三) 会展数字化的引入可以显著增强会展的互动性

　　数字化技术为会展提供了多种多样的互动手段，例如在线交流、虚拟试用、实时反馈等，这些手段使得观众能够更加深入地了解展品和服务的细节。同时，这些互动方式也为参展商提供了更多与观众互动的机会，有助于彼此建立更加紧密的商业联系，从而促进业务合作和交易的成功。

(四) 会展数字化可以促进会展业与其他产业的深度融合

会展数字化推动了会展业与其他产业(如旅游、文化、教育等行业)的结合，形成了跨界的会展产品和服务，为会展业带来了新的增长点。数字会展不仅推动了会展产业的技术革新，也契合诸多传统产业数字化变革的需要，顺应国家重点推动数字经济与实体经济融合发展的趋势，能为相关产业技术更新提供推动力量，从而促进社会整体产业链转型升级，实现产业数字化联动融合发展。

(五) 会展数字化可以创造新的价值

数字化不仅提升了会展的效率和影响力，还为会展业创造了新的商业模式和盈利机会。例如，通过数据分析挖掘观众需求，为参展商提供精准的营销服务，或者通过虚拟现实技术打造独特的展示体验，吸引更多观众付费参与。会展数字化转型有助于提升数据精准管理和使用效率，有助于提供需求精准对接、贸易对接、数字营销等增值服务，从而为客户创造更大价值。同时，通过数字化技术加持打造的线上信息平台，有助于实现与客户全天候实时互动，延长会展项目在各产业平台的生命周期，提升客户黏性。会展业在数字技术的加持下，会展品质高低不再只取决于营销手段，而是靠实打实的数据和口碑沉淀，因此数字会展能自然驱逐低品质展会，让会展更具品质。

(六) 会展数字化有助于推动会展业的可持续发展

会展数字化的推广和应用，对于减轻实体会展活动对环境所造成的负面影响具有显著作用。通过采用数字化技术，可以大幅度减少对印刷材料的依赖，从而降低纸张的消耗，减少树木的砍伐，进而保护森林资源。数字化会展还能有效降低能源消耗，减少交通和物流带来的碳排放，进一步减轻对环境的压力。此外，通过线上平台和虚拟技术，会展组织者可以将各类资源进行整合和优化配置，避免资源的浪费。例如，虚拟展览可以使得更多的参展商和观众参与其中，不需长途跋涉，从而减少交通带来的环境负担。

微案例

杭州市打造国际会展之都 突出数智引领

《2024—2026年杭州市打造国际会展之都三年行动计划》明确提出"突出数智引领"的观点，具体如下："以头部会展企业为引领，运用云计算、大数据、物联网、5G、人工智能等信息和通信技术手段，对包括策展、组展、运营、设计、配套服务等在内的全产业链上的各种资源做出智能配置。借鉴全球数字贸易博览会数字平台经验，研发符合不同类型展会需求的网络精准预约、注册认证、会议服务等系统，促进展会延伸数据服务。"

　　"推动传统会展项目数字化转型，支持线上线下会展融合发展，推广应用全息技术、AR/VR虚拟以及AI智能互动等新技术，以节能、环保、绿色低碳的理念办展办会。围绕'一站通'和'CITY PASS'等应用开展联合运营和深化拓展，以高质量、数字化、可持续的城市公共服务推动国际'赛''会'之城建设。"

三、会展业数字化发展历程

(一) PC时代(20世纪90年代中期至2010年)

　　20世纪90年代中期，随着互联网的普及和发展，会展业开始尝试信息化运作流程。当时以现场观众登记为主，填写的是纸质的表单，用Foxpro等单机版本的数据库做登记处理。后来随着互联网技术的发展，网上登记在20世纪90年代后期逐步开展起来。

　　2002年，会展业出现了由独立的第三方提供的登记、门禁和现场数据处理服务，提升了展览业信息化水平。可以说，2011年之前是以PC Web应用为主的信息化时代，整体发展比较缓慢，采用的是较传统的数据库工具和技术路线。除观众登记信息的处理外，参展商管理和观众的数据分析才刚起步。

(二) 移动时代(2010—2018年)

　　随着2008年iPhone 3的推出、2011年微信的推出，特别是2013年下半年微信服务号的推出，极大地推动了展览信息化往移动化发展。有主办方起初想开发独立的App，后发现人们极少采用。而微信公众号和H5的结合，以较低的成本解决了移动化技术问题。2018年，微信发布小程序，进一步方便了观众从移动端进入会展。基于微信生态的第三方蓬勃发展的情形，出现了第三方服务，这些公司提供微信公众号、H5和小程序的开发。与此同时，支付宝和微信提供的支付基础设施也方便了展会门票销售，各种红包促销引流营销手段也同步发展。

(三) 万物互联时代(2018年至今)

　　随着物联网技术、人工智能技术、大数据技术、云计算技术的不断迭代，万物互联和数字化时代得以开启，会展业信息化基础设施更加完善和便利。例如，物联网技术(如RFID和iBeacon)在会展业中得到广泛应用，降低了成本，提高了效率；人工智能技术(如人脸识别)在门禁等场景中获得普及，提升了会展的安全性和便捷性；大数据和云计算技术为会展业提供了强大的数据处理和分析能力，有助于主办方制定更精准的营销策略。这种基于大数据的连接，已经不仅仅是基于本身的自有数据，更多的是基于社会化的数据。

　　未来，随着技术的不断进步和创新，数字化会展将融合更多先进技术，如5G、区块链等，进一步提升会展的便捷性、互动性和安全性。

任务二 应对会展数字化挑战

一、会展数字化挑战的表现

(一) 数字化收入指标不明确

在当前阶段，会展企业通过采用数字化的运营模式来实现大规模的收入增长仍然不是普遍的现象。许多企业尚未形成一个明确且清晰的商业模式，同时能够带来稳定收入和变现的途径也相对匮乏。这种情况反映出，以数字化为驱动力的会展行业的新商业模式尚未完全成熟并独立发展。

(二) 行业标准与规范缺失

在会展业的数字化转型过程中，缺乏统一的行业标准，导致会展服务的质量参差不齐，同时也带来了数据安全方面的隐患。这种标准的缺失不仅会对客户体验产生负面影响，还可能对会展企业的声誉造成不可忽视的损害。

(三) 初期投入与沉没成本大

在当今快速发展的数字化时代，会展主承办机构在进行数字化转型的过程中，往往需要投入大量的初期资金和承担一定的沉没成本。这些初期投入不仅包括硬件设备的购置费用，还包括软件开发、系统维护和升级的费用。原有设备的折旧和废弃、旧系统的淘汰等则归入沉没成本。这些沉没成本虽然不会直接体现在财务报表上，但也会对企业的资金状况产生一定的影响。

(四) 人才短缺

会展行业的数字化转型已经成为不可逆转的趋势，这一过程中不可或缺的是具备数字化运营技能和丰富运营经验的专业人才。然而，目前市场上这类人才相对稀缺，难以满足会展企业的需求。

(五) 数据整合与分析能力不足

会展企业在多年的发展过程中积累了大量的数据，这些数据往往分散存储在不同的系统和部门中，难以形成统一的整体。由于缺乏有效的数据整合机制，这些宝贵的数据资源无法充分发挥其协同价值，会展企业在利用数据进行决策和提升管理效率方面受到了极大的限制。

二、会展企业应对数字化转型策略

(一) 明确数字化收入指标，探索盈利模式

会展企业应在数字化转型过程中，明确收入指标，探索可持续的盈利模式。一方面，可以通过线上展会平台提供增值服务，如虚拟展位租赁、线上广告推广、在线交易撮合等，增加收入来源；另一方面，可以利用大数据、人工智能等技术，对参展商和观众进行精准营销和个性化推荐，提高转化率和用户黏性。

(二) 引进外部人才与加强数字化培训并举

一方面，会展企业需要积极从外部引进具备数字化运营技能的专业人才。这些人才不仅能够带来先进的技术和经验，还能为企业的数字化转型注入新的活力。通过引进外部人才，企业可以迅速填补人才缺口，加速数字化转型的进程。

另一方面，会展企业还需要加强内部员工的技能培训，培养一支具有数字化运营能力的人才梯队。通过定期组织培训课程、研讨会和工作坊，员工可以不断提升自身的数字化技能，适应数字化转型的需求。此外，企业还可以通过内部晋升机制，激励员工积极参与数字化转型，从而培养出更多具有实战经验的数字化人才。

数字化时代会展人的软技能

(三) 集成业务系统，建设数据中台

会展企业迫切需要加强数据整合与分析能力，建立统一的数据平台，实现数据的集中管理和高效利用。通过数据分析，会展企业可以更好地把握市场趋势，优化展会活动，提升客户满意度，从而在激烈的市场竞争中脱颖而出。会展企业应重视数据分析在会展业务中的应用，集成业务系统，建设数据中台。通过数据中台的建设，可以实现数据的集中存储、整合与分析，为企业的决策提供支持。数据中台还可以沉淀数据资产，为企业的长期发展奠定基础。

(四) 打造完善的线上展会平台

会展企业可以借鉴第三方数字会展解决方案，打造完善的线上展会平台。通过线上展会平台，可以实现365天全在线化的数字化转型，降低运营成本，提升数据协同、运营效率、服务体验和组织竞争力，还可以进行多渠道推广展示，如电脑端、手机端、H5、小程序、2.5D虚拟展馆等，打造全方位的线上线下商贸洽谈服务。会展企业可以利用这些平台，将展会信息、参展商信息、观众信息等进行整合，实现数据的互联互通，提高展会的运营效率和服务质量。

(五) 利用虚拟现实和增强现实技术提升展示效果

虚拟现实和增强现实技术为参展商提供了更加生动和逼真的展示方式，使观众能够更

深入地了解产品和服务。会展企业可以积极应用这些先进技术，提升展会的展示效果和互动体验。通过线上展会平台，观众可以随时随地参观展览，与参展商进行实时互动，提高参与度和关注度。

(六) 强化数据分析与个性化服务

会展企业应通过数据分析技术，对参展商和观众进行精准画像和个性化推荐。通过收集和分析用户行为数据、市场调查数据、社交媒体数据等，会展企业可以了解目标受众的兴趣、偏好、购买行为等信息，从而制定有针对性的营销策略，提高用户的满意度和忠诚度。同时，通过数据分析，会展企业可以提供更加个性化的推荐和服务，满足用户的不同需求，提升用户体验。

(七) 推动智慧会展场馆建设

智慧会展场馆是数字化转型的一个重要领域。通过应用信息技术，可以实现场馆运营的高效数字化、自动化和智能化。智慧会展场馆可以自动生成财务报表、预判收入和支出情况、实现部门间的无缝对接和数据共享等功能。智慧会展场馆还可以实现智能导览、智能安防、智能照明等功能，提高场馆的运营效率和客户体验。

微课十八

做一做

收集一下智慧会展场馆案例，分析评估其智慧体系。

三、政府推动会展数字化转型对策

(一) 政策支持：构建会展数字化的政策环境

1. 制定发展规划，明确发展方向

政府应基于对当前会展业发展现状的深入分析，结合未来技术发展趋势，制定会展数字化发展的中长期规划。规划应明确会展数字化的总体目标、阶段性任务、重点发展领域以及保障措施，为会展业的数字化转型提供清晰的政策导向。同时，政府还应定期评估规划实施情况，及时调整优化政策，确保规划的有效执行。

数智经济背景下浙江打造数字会展强省的路径研究

2. 出台扶持政策，降低转型成本

为了加速会展业的数字化转型，政府应出台一系列扶持政策，包括财政补贴、税收优惠、贷款贴息等。这些政策旨在降低会展企业在数字化转型过程中的成本负担，激发企业

的创新活力。政府还可以设立专项基金，支持会展数字化项目的研发与应用，推动行业技术创新。

3. 优化营商环境，促进公平竞争

政府应持续优化会展业的营商环境，简化审批流程，提高行政效率，为会展数字化提供便利条件，同时要加强知识产权保护，严厉打击侵权行为，维护会展数字化市场的公平竞争秩序。政府还应建立健全会展业的市场监管体系，加强对会展活动的监管，确保会展市场的健康发展。

> **做一做**
>
> 结合本章开篇案例，补充收集全国各省(自治区、直辖市)政府支持会展数字化政策。

(二) 基础设施建设：打造会展数字化的技术支撑

1. 加强信息基础设施建设

信息基础设施是会展数字化的基石。政府应加大对5G、大数据、人工智能等新一代信息技术的投入，加快信息基础设施建设，为会展数字化提供强有力的技术支撑，特别是要推动5G网络在会展场馆的覆盖，实现高速、低延迟的数据传输，为会展活动的线上化、智能化提供可能。

2. 推动线上线下融合，拓展会展发展空间

线上线下融合是会展数字化的重要趋势。政府应支持会展企业开发应用会展新场景、新模式，提升以云上会展为主的线上会展平台服务能级。政府应鼓励线上线下融合办展，通过线上展示、线下体验、线上交易等方式，增强品牌展会的线下功能和数字化服务水平。政府还应推动会展业与旅游、文化、体育等产业的融合发展，拓展会展业的发展空间。

(三) 标准制定：保障会展数字化的质量与安全

1. 推动行业标准研制，规范市场秩序

针对会展数字化过程中可能出现的服务质量不一、数据安全问题等，政府应推动会展业数字化标准的研制工作，通过制定统一的行业标准，规范会展数字化项目的建设、运营和管理，保障数字会展的服务质量与安全。同时，政府还应加强对会展数字化项目的监管和评估，确保项目符合行业标准要求。

微案例

全国范围内首个关于数字展览的省级行业团体标准《线上数字展览(会)服务规范》。由浙江米奥兰特商务会展股份有限公司起草，经浙江省会展行业协会和浙江省会展业标准化技术委员会审查通过，自2021年1月1日起正式实施。为线上形式开展各种展览会项目的

行业主承办方提供服务流程、服务内容、服务保障、应急预案和服务监督与评价等内容方面的参考，同时为企业应用提供甄别和选择标准。《线上数字展览(会)服务规范》将推动中国线上数字展览产业的标准化发展，展现中国线上数字展览的先进性和规范性。

2. 完善评估体系，提升项目效益

为了评估会展数字化项目的质量和效益，政府应建立完善的评估体系。评估体系应涵盖项目的技术创新性、经济效益、社会效益等多个方面，通过科学、客观的评估方法，对会展数字化项目进行全面、准确的评价。评估结果可作为政府决策的重要依据，为优化政策、提升项目效益提供有力支持。

(四) 人才培养：打造会展数字化的智力支撑

1. 加强教育培训，提升数字化技能

人才是会展数字化的关键。政府应加大对会展数字化人才的培养力度，通过设立专项基金、提供培训补贴等方式，鼓励和支持会展企业提升员工的数字化技能。同时，政府还应与高校、研究机构等合作，开展会展数字化的教育培训项目，培养具备数字化技能和创新能力的复合型人才。此外，政府还可以推动校企在数字化领域的合作，通过实习实训、项目合作等方式，加速行业的数字化进程。

2. 引进高端人才，提升行业水平

为了提升会展业的数字化水平，政府应制定优惠政策吸引国内外高端会展数字化人才落户本地，通过提供优厚的待遇和广阔的发展空间，吸引高端人才为会展数字化贡献智慧和力量。政府还应加强对本土人才的培养和激励，鼓励他们在会展数字化领域创新创业，推动行业的持续发展。

3. 建立人才库，促进人才流动

政府应建立会展数字化人才库，将具备数字化技能和创新能力的人才纳入其中，通过人才库的建立和管理，促进人才的合理流动和优化配置，为会展业的数字化转型提供有力的人才保障。政府还可以定期举办人才交流会、招聘会等活动，为会展企业与人才搭建沟通交流的平台，推动人才的交流与合作。

(五) 推动行业合作：促进会展数字化的协同创新

1. 促进产学研用合作，推动技术创新

产学研用合作是推动会展数字化技术创新的重要途径。政府应鼓励会展企业、高校、研究机构等开展产学研用合作，共同研发新技术、新产品和新模式，通过合作创新，推动会展数字化技术的突破和应用，提升会展业的整体竞争力。政府还应加强对产学研用合作项目的支持和引导，为合作双方提供政策、资金等方面的支持。

2. 加强国际交流与合作，提升国际影响力

国际交流与合作是推动会展数字化发展的重要手段。政府应积极引进国际先进的会展数字化理念和技术，加强与国际会展组织的交流与合作，通过参与国际会展活动、举办国际会展论坛等方式，提升我国会展业的国际影响力和竞争力。政府还应鼓励会展企业走出

国门，参与国际会展市场的竞争与合作，推动会展业的国际化发展。

3. 构建行业联盟，促进资源共享

为了促进会展数字化资源的共享和利用，政府应支持构建行业联盟或协作平台，通过行业联盟的建设，推动会展企业之间的信息共享、技术交流和合作创新。此外，政府还可以通过行业联盟推动会展业与其他产业的融合发展，拓展会展业的发展空间。

知识检测

扫码做题

实战训练

你身边举办的展会有哪些数字化的表现形式？

岗课赛 证 融通

全球会展活动行业的50个认证和课程

随着全球会展活动行业的数字化转型和人才流动越来越快，专业人士面临着新的挑战和机遇。为了在这个充满活力的领域中脱颖而出，掌握并更新行业技能变得至关重要。一些由全球知名的协会社团和领军企业机构提供认证和课程受到从业者的青睐，这些认证和课程涵盖了从基础的会展策划管理、目的地营销、场馆管理、酒店管理到高级的AI应用等多个层面。它们不仅包括传统的会议和展览管理知识，还强调数字化技能的重要性，如虚拟活动策略、数字活动管理，以及AI在会展活动中的应用。通过这些认证，专业人士可以证明他们对最新行业趋势的理解和应用能力，从而在竞争激烈的市场中脱颖而出。目前主要的认证项目简介，请扫下方二维码可见。

全球部分会展从业者资格认证项目简介

参考文献

[1] 俞华，屈佳欣，彭浪. 新质生产力与会展业[J]. 中国会展，2024(9)：38-41.

[2] 方静. 浅析新时代会议策划与服务策略[J]. 知识经济，2020(18)：61+71.

[3] 王璐. 义博会推动义乌外向型经济高质量发展研究[J]. 对外经贸实务，2023(8)：73-77.

[4] 吴忠丽. 以展为"媒"，创新发展：会展在企业品牌建设中的作用与实践探索[J]. 中国会展，2024(11)：76-78.

[5] 张凡. 如何做优、做强、做大展会[J]. 中国会展，2023(15)：46-47.

[6] 李梦吟，程榆真. 国际节事活动对中国传统音乐跨文化传播的影响：以古筝音乐为例[J]. 艺术教育，2024(3)：104-107.

[7] 杨岭. 博物馆节事活动体系构建：以东台市博物馆为例[J]. 文物鉴定与鉴赏，2023(14)：76-79.

[8] 陈然. 青岛与世界干杯：青岛国际啤酒节打造超级城市IP品牌，助推国际时尚城建设[J]. 走向世界，2021(33)：50-53.

[9] 毛洋洋. 我国奖励旅游现状及对策[J]. 合作经济与科技，2019(16)：26-27.

[10] 赵艳丰. 打破我国奖励旅游发展的瓶颈(下)[J]. 中国会展(中国会议)，2020(8)：44-47.

[11] 赵艳丰. 打破我国奖励旅游发展的瓶颈(上)[J]. 中国会展(中国会议)，2020(6)：44-47.

[12] 于婕. 论会展场馆的作用[J]. 青春岁月，2017(5)：255.

[13] 殷建栋，胡英飒. 探析我国会展建筑与城市关系的发展趋势[J]. 建筑技艺，2023(S2)：114-116.

[14] 唐雪. 关于会展场馆品牌打造的思考[J]. 中国会展，2023(23)：68-69.

[15] 刘秀丽，刘杰. 我国会展场馆绿色发展现状及对策分析[J]. 现代商业，2021(35)：40-42.

[16] 李知矫. "馆"中窥豹：会展场馆设计方、展会主办方话"场馆设计建设"[J]. 中

国会展，2018(11)：36-39.

[17] 唐雪. 场馆职能部门图鉴(七)——现场管理部[J]. 中国会展，2019(11)：70-71.

[18] 李铁成，刘勇，吴娜妹. 全国统一大市场与会展产业升级：基于会展市场创新与升级的视角[J]. 商展经济，2024(10)：5-11.

[19] 庞华，许悦，苏依格，等. 基于地域文化的会展业创新发展研究：来自珠三角的调研与实证分析[J]. 改革与开放，2017(17)：80-82.

[20] 徐洁. 国际会展中心城市评价指标体系研究[D]. 上海：华东师范大学，2010.

[21] 乔小燕. 专业观众参观展览会的决策影响因素研究[D]. 上海：华东师范大学，2012.

[22] 叶增妹. 传播仪式观下动漫节事活动的媒介建构[D]. 杭州：浙江传媒学院，2023.

[23] 尹书华. 节事空间的秩序建构研究[D]. 广州：华南理工大学，2022.

[24] 鲁俊. 旅游目的地节事活动的开发策略研究[D]. 天津：天津商业大学，2016.

[25] 俞娜. 旅游节事活动的社区参与研究[D]. 海口：海南大学，2014.

[26] 薄一欣. 基于城市形象的节事活动管理研究[D]. 徐州：江苏师范大学，2019.

[27] 邱诗韵. 节事活动提升城市品牌的路径研究[D]. 上海：华东政法大学，2022.

[28] 乔木. SERVQUAL模型在奖励旅游服务质量评价上的应用研究[D]. 北京：北京第二外国语学院，2018.

[29] 陈开拓. 城市奖励旅游运行系统研究[D]. 西安：西安外国语大学，2014.

[30] 敖勇. 奖励旅游在我国大型企业的应用研究[D]. 南昌：南昌大学，2013.

[31] 高静. 国内外奖励旅游发展比较研究[D]. 上海：上海师范大学，2004.

[32] 苏悦. 会展基础[M]. 北京：对外经贸大学出版社，2011.

[33] 徐静，高跃. 会展概论[M]. 北京：北京大学出版社，2017.

[34] 刘存绪，邱云，彭白桦，等. 会展概论[M]. 北京：清华大学出版社，2011.

[35] 杨春兰，杨慧敏. 会展概论[M]. 上海：上海财经大学出版社，2021.

[36] 崔益红. 会展概论[M]. 北京：北京大学出版社，2015.

[37] 向国敏. 会议学与会议管理[M]. 4版. 北京：首都经济贸易大学出版社，2023.

[38] 朱运海. 会展旅游[M]. 武汉：华中科技大学出版社，2016.

[39] 刘慧霞. 会议组织与服务[M]. 2版. 北京：北京大学出版社，2019.

[40] 徐静，林亮景. 会展概论[M]. 北京：北京大学出版社，2023.

[41] 来逢波. 会展概论[M]. 北京：北京大学出版社，2020.

[42] 张翠娟，尹丽琴，洪晔. 会展策划实务[M]. 2版. 北京：清华大学出版社，2022.

[43] 乔治·费尼奇. 会展业导论[M]. 4版. 重庆：重庆大学出版社，2018.

[44] 罗秋菊. 会展概论[M]. 北京：高等教育出版社，2021.

[45] 王春雷. 参展管理：从战略到评估[M]. 北京：高等教育出版社，2021.

[46] 罗伊玲. 节事活动策划与管理[M]. 2版. 武汉：华中科技大学出版社，2023.

[47] 卢晓. 节事活动策划与管理[M]. 5版. 上海：上海人民大学出版社，2023.

[48] 孙晓霞. 奖励旅游策划与组织[M]. 2版. 重庆：重庆大学出版社，2023.

[49] 李晓莉. 奖励旅游创意策划：理论与实务[M]. 北京：中国旅游出版社，2018

[50] 高峻，张健康. 会展概论[M]. 重庆：重庆大学出版社，2021.

[51] 徐仲. 办公室工作实务指南[M]. 北京：华文出版社，2022.

[52] 万涛. 会展业数字化转型之路：铺设与延伸[N]. 中国贸易报，2021-8-5(5).

[53] 中国会展经济研究会. 2023年度中国展览数据统计报告[R]. 2024.

[54] 中国国际贸易促进委员会. 中国展览经济发展报告2023[R]. 2024

[55] 杨琪. 会展与会展产业. 微信公众号"会展学研究"，2017-09-14.

[56] 路远行业观察. 会展业的发展变迁(1851至今)，知乎. 2022-02-13.

附录

附录A　国际展览会公约

附录B　UFI Global Membership(UFI全球会员名录2024)